Heinz Becker | Roland Frickenhaus

»Wer nun weiß, Gutes zu tun ...«

Heinz Becker | Roland Frickenhaus

»Wer nun weiß, Gutes zu tun ...«

Erinnerungen, Erfahrungen und Entwicklungen aus 40 Jahren Tätigkeit in der Behindertenhilfe und die Verantwortung des Einzelnen

Die Autoren

Heinz Becker, Jg. 1953, Sozialpädagoge, von 1989 bis 2019 Bereichsleiter ASB-Tagesförderstätte in Bremen, zuvor Mitarbeit bei der Auflösung Klinik Kloster Blankenburg, seit 1992 Lehrbeauftragter Hochschule Bremen, diverse Buch- und Zeitschriftenveröffentlichungen.

Roland Frickenhaus, Jg. 1956, Sozialpädagoge, Heilerziehungspfleger, von 1980 bis 2020 in verschiedenen Funktionen im Bereich der Behindertenhilfe tätig (u. a.: QM-Beauftragter, Einrichtungsleiter, Referent bei zwei Spitzenverbänden), Vorträge, diverse Veröffentlichungen von Fachbeiträgen, Kolumnen und Texten, Dozenten- und Beratungstätigkeit. Inhaltliche Schwerpunkte sind Teilhabe und Inklusion.

Dieses Buch ist erhältlich als:
ISBN 978-3-7799-8490-0 Print
ISBN 978-3-7799-8491-7 E-Book (PDF)
ISBN 978-3-7799-8492-4 E-Book (ePub)

1. Auflage 2024

Herstellung: Hanna Sachs
Satz: Helmut Rohde, Euskirchen
Druck und Bindung: Beltz Grafische Betriebe, Bad Langensalza
Beltz Grafische Betriebe ist ein Unternehmen mit finanziellem Klimabeitrag
(ID 15985-2104-100)
Printed in Germany

Weitere Informationen zu unseren Autor:innen und Titeln finden Sie unter: www.beltz.de

Inhalt

Alles hat seine Geschichte …

Alles hat seine Geschichte. Auch die Strukturen, in denen in Deutschland die Hilfen für behinderte Menschen organisiert und erbracht werden, haben ihre Geschichte. Hierzu kann man in Archiven und Bibliotheken stöbern und sich relativ umfangreich zur „Geschichte der Behindertenhilfe in Deutschland" belesen. Viele große Träger haben darüber hinaus ihre Geschichte erforscht, bzw. erforschen lassen und auch diese Berichte sind verfügbar. Auch in Jahresberichten, Chroniken und ähnlichen Publikationen kann man sich zur Geschichte von Trägern und Institutionen belesen.

Aber nicht nur die geschichtliche Entwicklung einzelner Träger und ihre Sicht auf Vergangenes ist relativ klar beschrieben, auch die Zahl der Berichte Betroffener hat erfreulicherweise in den letzten Jahren deutlich zugenommen. Auch hier kann man fündig werden und lesen, wie es ihnen im Laufe der letzten Jahrzehnte ergangen ist.

Auch Angehörige von behinderten Menschen haben sich artikuliert und ihre Erfahrungen und Erlebnisse niedergeschrieben. Eine Perspektive allerdings fehlt bis heute: Der Blick der Mitarbeiterinnen und Mitarbeiter. Wie haben sie ihren Alltag wahrgenommen, was beschäftigte sie? Wie lebte und arbeitete es sich so zwischen Anspruch und Wirklichkeit?

Wir haben uns entschlossen, über unsere Erlebnisse und Erfahrungen der letzten vierzig Jahre zu berichten. Wir haben etwas zu sagen. Solange wir als Mitarbeitende nicht sagen, wie sich „die Behindertenhilfe" für uns angefühlt hat und was sie mit uns gemacht hat, fehlt ein Stein im Mosaik, das den Titel „Behindertenhilfe" trägt.

Systeme und Institutionen bringen Aussonderung hervor, aber letztendlich sind es die in diesen Institutionen tätigen Menschen, die sie tagtäglich umsetzen. „Deshalb muss man einen Weg finden, wie das Einzigartige in den Raum kommt: Wie geht es dieser Person? Was geht in ihr vor?" Wir wollen versuchen, „das Konkrete, Individuelle und vergleichsweise Subjektive ins Zentrum zu stellen. … Nicht als Dogma, sondern eher als Ergänzung und Korrektur des Verallgemeinerten, Abstrakten und scheinbar Objektivem" (Stadler, Gut 2022, 15). Das kann man „Narrative Heilpädagogik" (ebd.) oder „Romantische Wissenschaft" (vgl. Becker 2018, 13 ff.) nennen. Geschichten von Menschen sind im Grenzbereich zwischen Literatur und Wissenschaft angesiedelt. Sie sind wichtig, weil wir es mit Individuen zu tun haben. Erzählungen über sie schaffen Nähe. Auch wir haben Veränderungen unserer Einstellungen erlebt und Erfahrungen gemacht. Erzählungen anderer Personen waren auch für uns Anlass, über unsere Entwicklungen, Haltungen und Erfahrungen nachzudenken.

Dieses Buch berichtet von Dingen, wie Roland Frickenhaus sie gesehen und erlebt habt. Diese Erinnerungen sind charakteristisch, aber auch einmalig. Deswegen ergänzen wir sie durch verallgemeinerte Rückblicke von Heinz Becker.

Bei jedem von uns kommen mehr als vierzig Jahre beruflicher Tätigkeit in der Behindertenhilfe zusammen. Darunter befinden sich Wohlfahrtsverbände, große und kleine, kirchliche und nichtkirchliche Träger sowie Arbeitsplätze in Ost und West. Entstanden ist nicht nur ein Geschichtsbuch, sondern auch ein Buch voller persönlicher Geschichten.

Der Weihnachtscousin

Regelmäßig in der Weihnachtszeit erhöhte sich die Zahl meiner Cousinen und Cousins. Dann holten Onkel Herbert und Tante Hildegard ihren Sohn Reinhard nach Hause. Reinhard lebte in einer Einrichtung für Behinderte und Weihnachten dann für ein paar Tage sogar auch zu Hause.

Ich war vielleicht so zwischen 10 und 12 Jahre alt, als ich Reinhard, den die Tante immer „Reini" nannte, zum ersten Mal sah. Seine Erscheinung machte mir Unbehagen. Er war groß, ging etwas gebeugt, hatte unreine Haut und trug Kleidung, die weder modern noch passend war. Große Hosenträger halfen da aus. Er war nett zu mir, aber ich konnte mit dieser kindlichen Fröhlichkeit und Neugier nichts anfangen, Erwachsene waren eigentlich anders. Und Reinhard war vermutlich 20 Jahre älter als ich.

Als ich die Tante fragte, was denn mit Reinhard sei und warum er nur Weihnachten nach Hause käme, antwortete sie: „Ach, weißt Du, der Reini, der ist bethelkrank."

Heute weiß ich, dass er Epilepsie hatte und dass die körperliche Unreinheit eine Nebenwirkung der Medikamente war, die er einnahm. Ich weiß auch, dass Bethel ein Ort ist, in dem überwiegend behinderte Menschen leben. Ich weiß auch, dass die Tante überfordert war und dass sowohl die Verniedlichung seines Namens als auch die „Diagnose" „bethelkrank" Hilflosigkeit ausdrückte.

Während zu Weihnachten die Familie durch die Anwesenheit von Reinhard komplettiert wurde und ich mir so meine Gedanken machte, wusste ich noch nicht, dass mir das später im Beruf öfter begegnen würde: behinderte Menschen werden häufig nicht mit ihren richtigen Namen angesprochen und sind nicht selten auch unvorteilhaft gekleidet. Ja, und natürlich, dass es besondere Orte gibt, losgelöst und außerhalb der Familie, an denen behinderte Menschen leben.

Jahre später erfuhr ich, dass Reinhard Opfer eines Gewaltverbrechens wurde, ein Mitbewohner hatte ihn getötet.

Das ist meine erste mir erinnerliche Begegnung zu dem Thema, das mein berufliches Lebensthema werden sollte: Teilhabe von behinderten Menschen.

1 Rückblick: Wo wir herkommen. Die Geschichte der Anstalt

> *„In einem Milieu, wo das Abnorme die normale Erwartung ist, wird das Normale niemals wiedererkannt.“*
> Erving Goffman (1973, 88)

Auf der Suche nach den Ursprüngen des heutigen Hilfesystems für behinderte Menschen und den dort tätigen Menschen mit ihren Berufen und Einstellungen beginnen wir am Anfang des 19. Jahrhunderts. Der Umgang der Gesellschaften mit Menschen, die wir heute behindert nennen, zeigte sich in unseren Breiten davor sehr unterschiedlich und war „immer auch Spiegelbild gesellschaftlich-politischer Wandlungsprozesse“ (Ellger-Rüttgart 2010, 65).

Die meiste Zeit galt Behinderung als Makel und Krankheit, als Zeichen von Besessenheit oder Minderwertigkeit. Schon im 12. Jahrhundert gab es einige große Spitäler und Hospitalgemeinschaften, die noch bis ins 17. Jahrhundert allgemeinen Charakter und keinen Heilungsanspruch hatten. „Ruhige und harmlose“ Menschen landeten in Hospitälern und Klöstern. Anders war es bei „lärmenden, schmutzigen und gefährlichen Tollen. Den Lepra-Kranken vergleichbar, die ja wegen der drohenden Ansteckungsgefahr in Siedlungen vor der Stadt leben mussten, verbrachte man lästige Irre ebenfalls vor die Tore. In holzgezimmerte transportable Kisten eingesperrt, lebten sie teils an den Ausfallstraßen der Städte, um Reisende anbetteln zu können, oder aber in den ausbruchssicheren Türmen der Befestigungsmauer“ (Jetter 1981, 10). Bettler, Vagabunden, Besitzlose, Arbeitslose, Asoziale, Unmoralische, Straffällige, Wüstlinge, Dirnen, Kranke, Aufrührer, entjungferte Töchter, verschwenderische Söhne, missliebige Ehefrauen, Geschlechtskranke, Alkoholiker, Narren, Schwachsinnige, Sonderlinge, Irre: alle landeten in den Zucht-, Arbeits-, Toll- und Korrektionshäusern. Nach Abklingen von Pest und Lepra wurden auch Leprosorien und Pesthäuser für sie genutzt. Alle, die die bürgerliche Ordnung irgendwie störten, wurden zusammengeworfen und unsichtbar gemacht (vgl. Dörner 1999, 20; Köhler 1977, 151). Klaus Dörner (1999, 21) nennt diese Zeit die „Epoche der administrativen Ausgrenzung der Unvernunft“. Oft waren die Insassen weitgehend sich selbst überlassen, es gab kein oder nur wenig Personal und die Lebensbedingungen waren erbärmlich. „Im 15. Jahrhundert begann man, in Spitälern besondere Räume als Gefängnisse einzurichten für ‚ungehorsame Kranke‘ und für Geisteskranke. Vor den Fenstern derselben wurde manchmal ein nur nach dem Himmel hin Aussicht gewährender Holzverschlag angebracht; man nannte diesen einen Trichter. Solche Einrichtungen … hätten damals die meisten Städte gehabt“ (Kirchhoff 1890, 20). Seit Jahrhunderten galten als Umgangsmethoden heilsame Furcht, heilsamer Schreck, heilsamer Schmerz, mitunter auch heilkräftige Reliquien mit „wunderwirkenden Knochen, Zähnen und Resten der Religionsstifter und ihrer Nachfolger" (Jetter 1981, 2 f.). Weitere „Heilungsversuche" wurden höchstens in Form von Exorzismus vorgenommen, so „treffen wir alle Formen geistiger Störung unter den unglücklichen Opfern der Hexenverfolgung" (Kirchhoff 1890, 50). Dieser soziale Ausschluss geschah in erster Linie in kirchlicher oder polizeilicher Zuständigkeit. Erst im 19. Jahrhundert differenzierten sich die Anstalten, zum Beispiel in Kinderheime, Krankenhäuser, Gefängnisse oder Irren- und Idiotenanstalten (vgl. Ellger-Rüttgardt 2008, Becker 2020). „Die Irren wechseln sozusagen aus der Hand der Polizei in die der Ärzte" (Köhler 1977, 153). Die alte Zwangsverwahrung erscheint nun in der neuen Form der Gesundheitsfürsorge. „Der wesentliche Schritt ist getan: die Internierung hat ihren ärztlichen Adelsbrief erhalten, sie ist zum Ort der Heilung geworden" (Foucault 1973, 454).

Außerdem dienten die Einrichtungen den „braven Bürgern" zur Abschreckung. Die Schaustellung der Irren war ein Sonntagsvergnügen der Bourgeoisie. „Man läßt die Wärter die Irren ausstellen, wie der Dompteur auf dem Jahrmarkt von Saint-Germain die Affen zeigt. Einige Wärter waren bekannt für ihr Geschick, die Irren Tänze und Akrobatik vorführen zu lassen, während sie mehrmals mit der Peitsche knallen" (Foucault 1973, 138).

1.1 Das 19. und 20. Jahrhundert

Bis in das 19. Jahrhundert gab es keine „Behinderten". Es gab Krüppel (Lahme, Invalide, Missgeburten), Blinde, Taubstumme, Blöde (Idioten, Schwachsinnige), Irre (Geisteskranke) oder Epileptiker (Mürner, Sierck 2009, 12). Die Menschen, für die über 100 Jahre später der Begriff „geistig behindert" eingeführt wurde, waren noch nicht behindert, sondern krank. Erstmals wurde 1828 auf Anregung von Jean Etienne Esquirol im Pariser „Hopital de Bicetre" eine besondere Abteilung für idiotische Kinder (Cretinen) eingerichtet, die später Edouard Seguin leitete (Jetter 1981, 74), bald folgten weitere Anstalten in der Schweiz (so die „Heilanstalt für Cretinismus" in Abendberg/Interlaken von Johann Jakob Guggenbühl) und in Deutschland. Eine diagnostische und institutionelle Trennung von „Irren und Idioten", also von psychisch kranken und geistig behinderten Menschen war aber noch sehr lange eher zufällig. In fast allen Anstalten waren beide Gruppen gemeinsam untergebracht und wurden auch diagnostisch nicht getrennt.

In der zweiten Hälfte des 19. Jahrhunderts veränderten sich in Folge des aufstrebenden Kapitalismus und seiner Industrialisierung die gewachsenen Versorgungsstrukturen in Gesellschaft, Familien und Gemeinden. Wenn Männer und Frauen (und oft auch Kinder) 14 Stunden am Tag in der Fabrik arbeiten müssen, um die Familie wenigstens notdürftig zu ernähren, können sie kaum noch kranke, alte oder ganz junge Familienmitglieder betreuen. Besonders in den Städten wurde es für das verarmte Proletariat immer schwieriger, denn „mit der fortschreitenden Auflösung der traditionellen Großfamilien, der dörflichen Sozialverhältnisse, mit der Mobilisierung der Arbeitskräfte, mit der Zusammenballung der Massen in den neuen industriellen Zentren und Städten, mit der Unterwerfung auch der Frauen und Kinder unter die kapitalistische Ausbeutung wird es für die arbeitenden Klassen immer schwieriger, ihre Schwerkranken selbst zu versorgen, zu pflegen und zu beaufsichtigen" (Köhler 1977, 156).

So entstanden parallel zu den großen kommerziellen Fabriken auch „Hilfefabriken", die man „Anstalten" nannte. Besonders ab der Reichsgründung 1871 haben Kommunen diverse Aufgaben der Daseinsvorsorge übernommen, um Folgen der Industrialisierung abzufedern (Hammerschmidt et al. 2017, 35 ff.). Ab 1890 wurden verstärkt auch evangelische Anstalten für behinderte Menschen gegründet (Hammerschmidt et al. 2017, 51). 1874 lebten in Deutschland etwa 2.000 Insassen in 30 Anstalten, 1885 zählte Sengelmann (80 f., 136 ff.) 4.040 Insassen in 32 Idiotenanstalten. Um 1900 gab es etwa 100 Anstalten mit 20.000 Insassen (Rohrmann, E. 2012, 277). 1913 lebten im Deutschen Reichsgebiet schon 240.000 Menschen in Heil- und Pflegeanstalten (Hammerschmidt et al. 2017, 49). Die ersten Anstalten hatten 30 bis 100 Plätze, Mitte des 19. Jahrhunderts lag die Norm bei 250 bis 300 Plätzen, gegen Ende des Jahrhunderts waren Anstalten mit mehr als 1.000 Patienten die Regel (Höll, Schmidt-Michel 1989, 15). Dieser Ausbau der Irrenanstalten war nicht etwa ein Fortschritt der Humanität in der Psychiatrie, sondern eine Reaktion des Staates auf die im Zuge der kapitalistischen Umwälzung unhaltbar werdenden Verhältnisse (Köhler 1977, 157).

Als Folge der vermehrten Anstaltsgründungen beanspruchte die Psychiatrie nun eindeutig die fachliche Führung in diesem Bereich. Das war allerdings mit starken Einschränkungen der Autorität innerhalb der Medizin verbunden. „Die Grundlage ihrer professionellen Autorität war mehr eine amtliche als eine fachliche, ihr hauptsächliches Arbeitsfeld war vom Rest der Medizin isoliert und ihr Prestige innerhalb und außerhalb der Medizin war gering" (Forster 1997, 194). Es kamen immer mehr mittellose und chronische Patient*innen in die Anstalten, sodass Psychiater tendenziell zu Verwaltern von Armenhäusern wurden. „Die Außenseiterstellung der Psychiater innerhalb der Medizin und ihre geringe Reputation in der Öffentlichkeit hing nicht zuletzt mit dem chronischen Legitimationsdefizit als medizinische Disziplin zusammen" (Forster 1997, 194). Hierin mag ein Grund liegen, warum Psychiater später so zahlreich wie kaum eine andere Berufsgruppe in die Organisationen des Nationalsozialistischen Staates geströmt sind. Hier wurden sie gebraucht, fanden die Anerkennung und Bedeutung, die ihnen bisher versagt wurde.

In der zweiten Hälfte des 19. Jahrhunderts änderte sich die Welt rasant. Der aufstrebende Kapitalismus brauchte neue Produktionsmethoden und die Forscher waren befreit vom jahrhundertealten kirchlichen Druck, nichts erforschen zu dürfen. Die Anforderungen des Arbeitslebens hatten sich verändert, Leistungsgleichmäßigkeit und reibungsloses Funktionieren waren gefragt. Die Brauchbaren wurden Personal der Fabriken, die Unbrauchbaren kamen in Anstalten. Die massenhafte Unterbringung von Menschen in Anstalten gaben den Medizinern der neuen Fachrichtung „Psychiatrie" zum ersten Mal die Möglichkeit, eine große Anzahl von Patient*innen zu untersuchen. Es wurde kategorisiert, gemessen und sortiert. Ziel war „die Überführung der Ordnungslosigkeit der Krankheiten in die Ordnung der Pflanzenwelt" mit der gleichen Exaktheit wie die Botaniker oder Chemiker mit ihren neuen systematischen Ordnungen in Klassen, Gattungen und Arten (Foucault 1973, 184).

Aber nicht nur die Krankheiten, auch die Menschen wurden sortiert. Aus dem Gedanken, „dass die Menschheit in Arten und Unterarten unterteilt sei, die man unterscheiden, voneinander trennen und in einer Rangordnung anordnen könne" (Mbembe 2014, 130), entstanden Rassismus und ein bis heute wirkendes Bild von Behinderung. Die Ängste der herrschenden Minderheit der Weißen, die sich konfrontiert sah mit „den Massen der Schwarzen, der Braunen" (Hobsbawm 2004, 109) betrafen nicht nur die unzähligen fremden Menschen aus fernen Kontinenten. Auch viele Menschen aus der „eigenen Rasse" gehörten zu denen, die als gefährlich oder minderwertig angesehen wurden (ebd., 109). Mitte des 19. Jahrhunderts entstanden die Wurzeln des Gedankens, „lebensunwertes Leben" zu definieren, es (mindestens) zu verhindern und notfalls auch zu vernichten. Thomas Robert Malthus (1766–1834) entwickelte die „Überbevölkerungstheorie", nach der die ärmsten Schichten sich zu schnell vermehrten. Er forderte die sexuelle Enthaltsamkeit der Armen und die Entziehung von Unterstützungsleistungen. Francis Galton (1822–1911) kreierte für seine ähnliche Theorie den Begriff „Eugenik". Auch Charles Darwin (1809–1882) war ungewollt einer der Vordenker, obwohl er selbst solche Überlegungen ablehnte (vgl. Becker 2020a, 29 ff.). Der deutsche Zoologe Ernst Haeckel (1834–1919) hat Darwins Erkenntnisse auf die gesellschaftlichen Verhältnisse der Menschen übertragen: „Gerade solche verheerende Uebel, wie Schwindsucht, Scrophelkrankheit, Syphilis, ferner viele Formen der Geisteskrankheiten, sind in besonderem Maße erblich und werden von den siechen Eltern auf einen Theil ihrer Kinder oder gar die ganze Nachkommenschaft übertragen. Je länger nun die kranken Eltern mit Hülfe der ärztlichen Kunst ihre sieche Existenz hinausziehen, desto zahlreichere Nachkommenschaft kann von ihnen die unheilbaren Uebel erben" (Haeckel 1879, 154).

In den Anstalten wurde das Verhalten der Anstaltsinsassen nach äußeren Merkmalen in Krankheitsbilder oder „Krankheitseinheiten" klassifiziert, ein bis heute angewendetes Prinzip der Diagnostik. Die Ursachen von Krankheit lägen in der Endogenität, in dem angeborenen Defekt und entfalteten sich schicksalhaft. Emil Kraepelin ist einer der führenden Konstrukteure dieses nach wie vor oft verfolgten psychiatrischen Paradigmas (vgl. Becker 2020, 37 ff.). „Ärztliches Handeln versandete in einer psychiatrischen Kasuistik, der es nur noch ums

Registrieren, nicht mehr um therapeutische Zuwendung ging“ (Blasius 1980, 94). Dass „die Krankheitseinheit erst durch die entwürdigende Behandlung in der Anstalt hervorgebracht wurde, lag außerhalb Kraepelins Horizont“ (Jantzen 1982, 56 f.). Es entstand ein „Raum ohne Tiefe, diese Definition der Krankheit allein durch die Fülle der Phänomene“ (Foucault 1973, 186).

Neben der Klassifizierung hat Kraepelin „auch dem Eindringen von Eugenik und Rassenhygiene in das psychiatrische Denken seiner Zeit Vorschub geleistet“ (Baader 2005, 19): „Wenn die Geisteskranken für den Staat eine Gefahr und eine Last bedeuten, so wird er unter allen Umständen auf eine Verminderung ihrer Zahl oder doch auf eine Verlangsamung ihrer Zunahme hinzuwirken haben“ (Kraepelin 1900, 2). Deswegen war Kraepelin für eine Sterilisation von „Psychopathen“ und „Gesellschaftsfeinden“.

Wenn man annimmt, dass die sozialen und gesellschaftlichen Probleme biologischen Ursprungs sind, braucht man ein Instrumentarium, um sie zu steuern. Dazu muss man der Natur und dem menschlichen „Kampf ums Dasein“ unterstützend unter die Arme greifen. Auf dieser Grundlage konnten sich Wissenschaften wie „Eugenik“ und „Rassenhygiene“ entwickeln. Neben positiven Maßnahmen einer nationalen Menschenzucht entwickelten sich vor allem Vorstellungen einer negativen Selektion, der Auslese und Ausmerzung.

Alfred Ploetz begründete um die Jahrhundertwende den Begriff „Rassenhygiene“. Er befürwortete die „Ausjätung der dauernd Schwachen“ (Ploetz 1906, 256). Die neue Kranken- und Arbeitslosenversicherung lehnte Ploetz ab. Ärztliche Hilfe sei nicht immer positiv: „Wenn die natürliche Auslese der Schwachen doch in Form von allerlei Kinderkrankheiten, besonders Verdauungsstörungen und Entzündungen der Athmungsorgane in ihr Recht treten will, kommt der Arzt dazwischen und bereichert in vielen Fällen die Menschheit um eine schwache Constitution, die sich später oft nur selbst zur Last wird“ (Ploetz 1895, 150).

Derartige Gedanken genossen seit Ende des 19. Jahrhunderts große Popularität und fanden Eingang in Medizin, Pädagogik und Psychiatrie, in die Köpfe und Handlungen der dort tätigen Fachkräfte und vermischten sich mit rassenhygienischen Ansichten. Besonders nach dem 1. Weltkrieg sahen immer mehr Menschen das deutsche Volk dem degenerativen Untergang geweiht. Man konstatierte die „Austilgung der tüchtigen Rassenelemente durch den Krieg. Mit immer größerer Zuverlässigkeit werden die körperlich und geistig Untüchtigen vom eigentlichen Felddienste ferngehalten. Diese bleiben nicht nur vom feindlichen Feuer ferngehalten, sondern sie haben infolge des Todes eines großen Teils der Tüchtigen sogar in erhöhtem Maße Gelegenheit, zu heiraten und Kinder zu erzeugen“ (Baur, Fischer, Lenz 1921/1932, 79). Die besten, stärksten und mutigsten Deutschen seien auf den Schlachtfeldern des 1. Weltkrieges gefallen, jetzt streckten die Minderwertigen die Hand nach der Macht aus: „Der Weltkrieg schonte die körperlich Untauglichen, die Feigen und die Drückeberger; die Blüte aber des Volkes, die Erlesenen an Körper und Geist, die Träger des besten Keimplasmas mähte der

Tod“ (Liek 1927, 82). Behinderung wurde zunehmend als Minderwertigkeit und Belastung des Volksganzen gesehen. Dieser Gedanke erlangte bis Mitte der 1920er Jahre wachsende Popularität.

Der Jurist Karl Binding und der Psychiater Alfred Erich Hoche veröffentlichten 1920 ein schmales Buch mit dem unmissverständlichen Titel „Die Freigabe der Vernichtung lebensunwerten Lebens“. Beide verfügten über hohes wissenschaftliches Ansehen und gehörten zu den bedeutendsten Fachleuten ihres Gebietes. Sie beklagten das hohe Maß „von oft ganz nutzlos vergeudeter Arbeitskraft, Geduld, Vermögensaufwendung“, das nur darauf verwendet werde, „lebensunwertes Leben“ zu erhalten (Binding, Hoche 1920, 28) und rechneten aus, dass die Pflege von „Idioten“ pro Kopf und Jahr 1.300 Mark koste. „So ist leicht zu ermessen, welches ungeheure Kapital ... dem Nationalvermögen für einen unproduktiven Zweck entzogen wird“ (Binding, Hoche 1920, 54f.). Sie empfanden es als „eine peinliche Vorstellung, daß ganze Generationen von Pflegern neben diesen leeren Menschenhülsen dahinaltern, von denen nicht wenige 70 Jahre und älter werden. Die Frage, ob der für diese Kategorien von Ballastexistenzen notwenige Aufwand nach allen Richtungen hin gerechtfertigt sei, war in den verflossenen Zeiten des Wohlstandes nicht dringend, jetzt ist es anders geworden“ (Binding, Hoche 1920, 54f.). Ihr Büchlein erfuhr eine weite Verbreitung und Binding und Hoche haben damit das Thema aus fachlichen Diskussionszirkeln in die Öffentlichkeit gehoben.

Jahrzehnte vor der Machtübergabe an die Nationalsozialisten 1933 diskutierten Psychiater mit Rassenhygienikern und Sonderpädagogen die Ausrottung „Minderwertiger“ als Belastung des „Volkskörpers“. Dahinter standen große Teile der Medizin, Psychologie, Pädagogik und die ganze Psychiatrie. Viele Jahre vor der Machtübergabe an die Nationalsozialisten diskutierten sie die Ausrottung der „Ballastexistenzen“. Auch Sozialdemokraten und Pioniere der Sozialen Arbeit fanden sich darunter, wie Karl Kautsky, Alfred Grotjahn, Oda Olberg, Alice Salomon, Marie Jucharcz und Ellen Key sowie namhafte Vertreter der katholischen Kirche wie beispielsweise Hermann Muckermann (vgl. Kappeler 2000, Becker 2020). Emil Kraepelin formulierte 1918 seine Vision: „Ein unumschränkter Herrscher, der, geleitet von unserem heutigen Wissen, rücksichtslos in die Lebensgewohnheiten von Menschen einzugreifen vermöchte, würde im Laufe weniger Jahrzehnte bestimmt eine entsprechende Abnahme des Irreseins erreichen können“ (nach Güse, Schmacke 1984, 16).

Und sie alle konnten wissen, was die konsequente Fortsetzung dieser Gedanken und Konzepte bedeuten würde. In seiner Abschlussrede auf dem Nürnberger Parteitag der NSDAP im Jahr 1929 sagte Adolf Hitler: „Würde Deutschland jährlich 1 Million Kinder bekommen und 700.000–800.000 der Schwächsten beseitigen, dann würde am Ende das Ergebnis vielleicht sogar eine Kräftesteigerung sein. Das Gefährliche ist, daß wir selbst den natürlichen Ausleseprozess abschneiden ... Das geht soweit, daß sich eine sich sozial nennende Nächstenliebe um Einrichtungen bemüht, selbst Kretins die Fortpflanzungsmöglichkeit zu verschaffen … Verbrecher haben die Möglichkeit ihrer Fortpflanzung … Das Entsetzliche ist, daß wir nicht die Zahl vermindern“ (nach Bock 2010, 21).

Klaus Dörner (1990, 211) weist darauf hin, „daß die Nazis bei ihrem Beschleunigungsschub nichts, aber auch gar nichts Neues hinzu erfinden mußten, was nicht schon in den 100 Jahren zuvor als Gedanke und Mentalität sich allmählich entwickelt hätte“. Die geistigen Väter der rassenhygienischen Gedanken waren Ärzte, Landgerichtspräsidenten oder Professoren. Durchgeführt haben die Ermordung hunderttausender Menschen dann die Fachkräfte in den Anstalten. Die Psychiatrie wurde nicht von den Nazis missbraucht, die Psychiatrie brauchte die Nazis, brauchte einen Staat, der ihren „Reformbestrebungen“ aufgeschlossen gegenüberstand (Klee 1999).

Vererbungslehre, Rassenkunde, Rassenhygiene, Familienkunde und Bevölkerungspolitik wurden in den Schulunterricht eingeführt. „Von den Hilfs- bis zu den Hochschulen wurde solches gelehrt und gelernt“ (Bock 2010, 94). Kerngedanken der rassenhygienischen Wissenschaft und Volksaufklärung zeigen sich in volkstümlichen Redensarten wie „An ihren Früchten sollt ihr sie erkennen“, „Wie die Kuh, so das Kalb“, „Wie die Alten sungen, so zwitschern die Jungen“ oder „Der Apfel fällt nicht weit vom Stamm“ (Bock 2010, 33).

Es folgte das „Tausendjährige Reich“ der Nazis. Es dauerte nur 12 Jahre. Weil es diesen reichhaltigen und gut vorbereiteten ideologischen Nährboden gab, reichten die wenigen Jahre für schicksalhafte und folgenschwere Maßnahmen. Die Sterilisation war „schon seit Ende des 19. Jahrhunderts vielfach an ‚Minderwertigen‘, und zwar meist an Frauen, erprobt worden und löste nun die zuvor gebräuchliche Gebärmutterentfernung ab, die bei Störungen (insbesondere ‚Hysterie‘) im Zusammenhang von Schwangerschaft, Menstruation und Geburt als ‚kausale Therapie‘ galt. Die Praxis rassenhygienischer Sterilisation begann nicht erst im Januar 1934, als das Sterilisationsgesetz in Kraft trat, sondern bereits Ende des 19. Jahrhunderts. Sie verdichtete sich in den zwanziger Jahren und besonders in der Weltwirtschaftskrise. Das Gesetz von 1933 konnte nicht nur auf früheren einschlägigen Erfahrungen aufbauen, sondern entstand auch aus dem Bedürfnis, eine schon zuvor in beschränktem Umfang gängige Praxis zu legalisieren“ (Bock 2010, 40). Schon bald nach Verabschiedung des Gesetzes gab es kaum noch Diskussionen darüber, was erblich sei und was nicht, schnell verwischten die Grenzen: „Es ist sicher kein Unglück, wenn auch einmal ein nichterblicher Schwachsinnsfall sterilisiert wird, da Schwachsinnige als Erzieher von Kindern überhaupt ungeeignet sind“ (Verschuer 1937, 171).

Dem Sterilisations-„Gesetz zur Verhütung erbkranken Nachwuchses“ folgten die „Nürnberger Gesetze“, die „Kinderfachabteilungen“, die „Aktion T4“ und deren Gutachter, die von den Anstalten die Meldebögen bekamen und dann mit einem „+“ oder einem „–“ ein Todesurteil am Schreibtisch aussprachen und die in der BRD (und zum kleineren Teil auch in der DDR) nach dem 2. Weltkrieg weiter

Karriere machten, die Psychiater und Ärzte, die an ihren Opfern brutale medizinische Experimente durchführten, sich Gehirne von Euthanasieopfern bestellten um daran forschen zu können. Bis heute finden sich Bilder dieses Ursprungs in Psychiatrie-Lehrbüchern. Wohlfahrtsverbände wurden verboten, in die „Nationalsozialistische Volkswohlfahrt“ (NSV) integriert oder „auf die Sorge derjenigen reduziert, die für die Interessen des Nationalsozialismus keine Bedeutung hatten“ (Schäper 2006, 171). Die NSV kümmerte sich um die „Volksgesunden“, Innere Mission und Caritas bekamen die überlebenden „Erbkranken“ und „Asozialen“.

Die Anstalten wurden „zum Schulungsgelände für die Sterilisations- wie bald auch für die Euthanasiepolitik: An Insassen demonstrierte man, was ‚nicht‘ Leben bzw. was ‚lebensunwertes‘ Leben sei. Ein Arzt in Bethel berichtete 1937 von 30.000–50.000 Besuchern im Jahr, die aus Organisationen, Schulen, Gauführerschulen ‚mit dem einen Gedanken‘ kamen: ‚Jetzt sollt ihr Erbminderwertige vorgeführt bekommen‘.“ (Bock 2010, 210).

Widerstand gegen die massenhafte Ermordung behinderter Menschen gab es nur vereinzelt. So hat sich der württembergische Kirchenpräsident Theophil Wurm mehrmals mit Eingaben und Briefen an Hitler und andere Repräsentanten des NS-Staats gewendet und gegen die „Vernichtung lebensunwerten Lebens“ protestiert (Evangelischer Widerstand o. D., o. S.).

Am 03.08.1941, als bereits 70.000 Menschen getötet worden waren, verurteilte der Bischof von Münster Clemens August Graf von Galen den Massenmord, der von den Täter*innen euphemistisch „Euthanasie“ genannt wurde. Von Galen stand dem nationalsozialistischen Wertesystem keineswegs ablehnend gegenüber (Klee 1985, 334) und verstand seine Predigt auch nicht als grundsätzlichen Widerstand gegen das Regime (vgl. Schmuhl 1987, 352). Nun entfaltete die Predigt aber eine große Wirkung. Dies lag wahrscheinlich nicht so sehr daran, was er sagte, sondern daran, dass überhaupt jemand in aller Öffentlichkeit seine Stimme gegen die Euthanasie erhob. „Die Predigt geht hektographiert in Tausenden von Exemplaren von Hand zu Hand und wird von britischen Fliegern sogar als Flugblatt abgeworfen“ (Klee 1985, 335). Von Galen sagte: „Wenn einmal zugegeben wird, daß Menschen das Recht haben ‚unproduktive‘ Mitmenschen zu töten – und wenn es jetzt zunächst auch nur arme wehrlose Geisteskranke trifft – dann ist grundsätzlich der Mord an allen unproduktiven Menschen … dann ist der Mord an uns allen, wenn wir alt und altersschwach und damit unproduktiv werden, freigegeben … Dann ist keiner von uns seines Lebens mehr sicher. Irgendeine Kommission kann ihn auf die Liste der ‚Unproduktiven‘ setzen, die nach ihrem Urteil ‚lebensunwert‘ geworden sind. Und keine Polizei wird ihn schützen und kein Gericht seine Ermordung ahnden und den Mörder der verdienten Strafe übergeben! Wer kann dann noch Vertrauen haben zu einem Arzt? Vielleicht meldet er den Kranken als ‚unproduktiv‘ und erhält die Anweisung, ihn zu töten“ (Galen o. D.).

Bischof von Galen verriet kein Staatsgeheimnis, er rückte „Handlungs- und Verhaltensweisen ins Licht, die nur im Halbdunkeln erträglich bleiben konnten“ (Aly 2012, 175). Durch das Beispiel von Galens ermutigt, wendeten sich auch andere Bischöfe in Predigten und Hirtenbriefen gegen die Euthanasie (vgl. Schmuhl 1987, 351), wie der Leiter der Hoffnungstaler Anstalten in Lobetal, Pastor Gerhard Braune und weiterhin Theophil Wurm.

Erschreckend an diesen Berichten ist nicht nur die Zahl der Opfer, sondern auch die Zahl der Menschen, die davon gewusst haben und daran beteiligt waren. Die Zahl der Täter*innen und der Mitwisser*innen ist kaum zu übersehen. Vierzig oder mehr Psychiater aus dem Anstalts- und Universitätsbereich waren als Gutachter tätig und entschieden, wer getötet werden soll. Mehrere Hundert Ärzte waren aktiv an der Masseneuthanasie beteiligt. Dann noch Pfleger und Schwestern, Busfahrer, Hausmeister, Sekretärinnen … „In der autoritären und antidemokratischen Struktur wie den reaktionären Inhalten liegen Momente, die es bewirken, daß ganze Generationen, die angetreten waren um zu helfen, real zu Terroristen geworden sind, sofern wir die effektive Struktur ihrer Tätigkeit gegenüber psychisch Kranken und Behinderten untersuchen“ (Jantzen 1982, 60). Neben diesen Täter*innen gab es eine große Zahl der „Geschehenlasser*innen“, die sich nicht direkt beteiligten, aber davon wussten (vgl. Becker 2020, 89 ff.). „Selbstverständlich wusste die Bevölkerung Hessen-Nassaus, in Weilburg ebenso wie in Braunfels oder Dillenburg und in anderen Orten längs von Lahn und Dill, was der Rauch in Hadamar bedeutete“ (Jantzen 2016, 6).

Der Philosoph Günter Anders beschreibt die „entsetzliche Harmlosigkeit des Entsetzlichen“ (Anders 1985, 272), in der derselbe Mensch Angestellter in Vernichtungslager und guter Familienvater sein kann. Diese „Normalität“ war charakteristisch für die nationalsozialistischen Täter*innen. Mitarbeiter*innen im Vernichtungslager waren keine blutrünstigen Bestien, sondern nette Nachbarn und gute Väter und Mütter. „Unter anderen Umständen wären es ehrbare Leute mit ehrbaren Berufen: Ärzte, Krankenschwestern, Handwerker, Angestellte, von denen unter rechtsstaatlichen Verhältnissen kaum einer kriminell geworden wäre. Eine nicht gerade ermutigende Erkenntnis: Unter bestimmten gesellschaftlichen Voraussetzungen leisten Menschen gehorsam ihren Verwaltungsbeitrag zur Beseitigung der Minderwertigen, der Ballastexistenzen“ (Klee 1985, 171).

In seinem Gedicht „Fragen eines lesenden Arbeiters“ fragt Bertolt Brecht: „Wer baute das siebentorige Theben? In den Büchern stehen die Namen von Königen. Haben die Könige die Felsbrocken herbeigeschleppt?“ – Natürlich nicht. Menschen wie wir haben die Felsbrocken herbeigeschafft, nicht Hitler, sondern Menschen wie wir haben im „Dritten Reich“ die Autobahnen gebaut und Menschen wie wir haben in den Mordanstalten den Gashahn aufgedreht. Aber auch Menschen wie wir wurden in als Duschen getarnte Gaskammern geschickt.

Der größte Krieg der Weltgeschichte war im Frühjahr 1945 beendet. Deutschland wurde am 08.05.1945 mit der militärischen Niederlage vom Faschismus befreit. In der BRD hieß es allerdings noch viele Jahrzehnte „Kapitulation". Hannah Arendt (1950/1993, 25) spricht von „einer tief verwurzelten, hartnäckigen und gelegentlich brutalen Weigerung, sich dem tatsächlich Geschehenen zu stellen und damit abzufinden." Es gab „wichtigere" Dinge, als die Helfer, Vordenker, Hintermänner und -frauen der Nationalsozialisten aufzuspüren, aus ihren Ämtern zu entfernen oder gar zu bestrafen. Oftmals geschah das Gegenteil: ihre Fachkompetenz wurde gesucht. Man wollte nichts mehr hören von Faschismus, Krieg und Großkapital. Adenauers Motto „Keine Experimente" traf genau den Zeitgeist. In seiner ersten Regierungserklärung forderte Adenauer (1949, o. S.), man solle in Deutschland „Vergangenes vergangen sein lassen". Wenn überhaupt von den Verbrechen gesprochen wurde, dann geschahen sie „im deutschen Namen". So wurde und wird „suggeriert, daß es sich um eine kriminelle Vereinigung oder Clique gehandelt habe, die sich den ehrenvollen Titel deutsch unrechtmäßig aneignete … So distanziert sich der Biedermann von den Brandstiftern" (Kappeler 2000, 19).

Alexander und Margarete Mitscherlich beschrieben die „Unfähigkeit zu trauern", die Unfähigkeit dieser Generation, über das nachzudenken, was sie angerichtet hatte. „Wir nennen die Stunde der bedingungslosen Kapitulation der Deutschen Wehrmacht ‚Stunde Null' und reden uns damit ein, daß nun eine neue Zeit begann, mit der fertig zu werden wichtiger sei als die alte Zeit selbstkritisch zu bearbeiten. Dabei könnte uns das Bild von der Uhr daran erinnern, daß jede ‚Stunde Null' gleichzeitig auch ‚Vierungszwanzig Uhr' bedeutet, daß also jeder neue Tag auf den Schultern des alten beruht" (Müller, C. W. 1988, 202).

Die Psychiatrie arbeitet nach Kriegsende im Großen und Ganzen mit dem gleichen Personal und mit ungebrochener struktureller und fachlicher Kontinuität weiter. Dieses Personal, das 50 Jahre lang gelernt hatte, Geisteskranke als minderwertig anzusehen, hat mit dem Einmarsch der Alliierten im Patienten nicht plötzlich einen gleichwertigen Mitbürger gesehen. Von wenigen Ausnahmen abgesehen, betrieben dieselben Pflegekräfte, Ordinarien und Chefärzte nun unter der Flagge der „freiheitlich-demokratischen" oder „sozialistischen" Grundordnung nach 1945 dieselbe Psychiatrie wie sie es zuvor für Führer, Volk und Vaterland taten. Mit einer Ausnahme: die Krankenmorde waren gestoppt. Die historische Kontinuität der Anstalt, ihrer Strukturen und ihrer Ideologie aber setzte sich fort. Anders als in den Konzentrationslagern öffneten sich hier keine Tore für die überlebenden Insassen. Exklusion und Isolation blieben Grundprinzipien der Betreuung behinderter Menschen. Es wurde still im Lande und die alten Rassenhygieniker und Psychiater saßen wieder fest im Sattel. Die Liste der Euthanasieärzte, die nach 1945 in prominenter Position in der Bundesrepublik Deutschland arbeiteten, ist lang und inzwischen vielfach dokumentiert (z. B. Roth, Aly 1984, Klee 2006).

Eugenisches Denken war noch lange Jahre auch außerhalb der Anstalten in der Bevölkerung weit verbreitet. In der Frankfurter Allgemeinen Zeitung (FAZ) vom 01.12.1964 wurde der Frage nachgegangen, ob der Zunahme der Zuckerkrankheit nicht durch Sterilisierungen Einhalt geboten werden müsse. Immer mehr Kranke kämen ins zeugungsfähige Alter. Am 16.09.1966 schrieb „Die Zeit", dass sich die Erbkrankheiten in besorgniserregendem Maße vermehrten und beklagte, dass der Bundesgesundheitsrat „sich zwar mit dem Problem der verwilderten Tauben in den Großstädten befasst, nicht aber mit dem der Bevölkerungsexplosion und der Erbkranken" (Löbsack 1966). Die deutsche Hilfsschullehrerschaft sprach sich bis Anfang der 1960er Jahre gegen die Aufnahme geistig behinderter Kinder in Hilfsschulen aus (Gröschke 2008, 127).

Behindertenpoltische Aktivitäten bezogen sich in der Frühzeit der BRD auf die berufliche Integration der 1,5 Millionen Kriegsinvaliden, „die in den Kriegsopferverbänden gut organisiert waren und nach den Gewerkschaften und den Vertriebenen die größten Verbände der jungen Bundesrepublik darstellten. Diese Lobbymacht der Veteranen schlug sich auch in Versorgungspolitik der frühen Bundesrepublik nieder" (Fangerau et al. 2021, 98). Als medizinisches Erklärungsmodell für Behinderungen und psychische Beeinträchtigungen wurde der „frühkindliche Hirnschaden", säuberlich getrennt in prä-, peri- und postnatale Ursache, in beiden deutschen Staaten populär (Fangerau et al. 2021, 194).

Nur langsam vollzog sich in den 1960er Jahren in der BRD ein „Übergang von einer fürsorgerischen und dem Grunde nach paternalistischen hin zu einer auf individuellen Rechtsansprüchen und staatlichen Gewährleistungsgarantien basierenden Sozialgesetzgebung" (Backhaus-Maul 2003, 94). Ein wesentlicher Schritt vom Fürsorge- zum Sozialrechtsstaat waren das Bundessozialhilfe-Gesetz (BSHG) 1961 und seine Folgeerlasse. Erstmals erhielten behinderte Menschen einen einklagbaren Rechtsanspruch auf Eingliederungshilfe, „um die ‚Teilhabe am Leben in der Gesellschaft zu ermöglichen und zu erleichtern' (BSHG § 39, 3). Das Gesetz löste das Fürsorgegesetz von 1924 ab, nach welchem nur ‚Bedürftige' als förderungswürdig erachtet worden waren" (Fangerau et al. 2021, 102). Der Wandel von Wohltätigkeit, die freiwillig ist und für die Dankbarkeit erwartet wird, zu Rechte-basierter Behindertenpolitik begann. In der Novelle von 1969 wurden explizit auch „körperlich, geistig und seelisch Behinderte" berücksichtigt, „gegen den Widerstand des Reichsbundes, der im Gesetzgebungsverfahren geltend gemacht hatte, es könne ‚die gemeinsame Behandlung körperlich und geistig Behinderter in der Öffentlichkeit missverstanden' werden und würde ‚auf jeden Fall von den Körperbehinderten als Abwertung aufgefasst'." (Schmuhl 2009, 41). Damit wurde an eine lange Tradition der „Behinderten-Hackordnung" angeknüpft (vgl. Becker 2020, 67). Schon bei der Diskussion um das Sterilisations-Gesetz der NSDAP „verwahrten sich Blinde und Taube, Krüppel und Alkoholiker bzw. deren Verbände häufig dagegen, mit ‚Idioten' und ‚Irren' gleichgesetzt zu werden, die sie für sterilisationswürdiger hielten" (Bock 2010, 308).

Bis weit in die 1970er Jahre blieb die geschlossene Groß-Anstalt in kirchlicher Trägerschaft mit mehreren Tausend Plätzen der vorherrschende Einrichtungstypus der Behindertenhilfe (Fangerau et al. 2021, 45f.). Nur langsam kamen die Anstalten in das Blickfeld der Öffentlichkeit. 1958 titelte die „Lebenshilfe für das geistig behinderte Kind" in ihrer ersten Werbebroschüre: „Wollt ihr, daß Eure Kinder in Anstalten verkümmern? – Nein!" (nach Rohrmann 2012, 277). Und erst in Folge dessen, was in der Bundesrepublik als „68er"- Bewegung beschrieben und manchmal auch mystifiziert wurde, wurden die Zustände in den Anstalten in den 1970er Jahren bekannter.

1.2 Das Leben in der Anstalt

Das Leben in den Anstalten war für die Insassen bis zum 19. Jahrhundert von Vernachlässigung, Gewalt und Willkür geprägt. Entweder wurden sie in Verschlägen weitgehend sich selbst überlassen oder es wurden an Folter erinnernde „Behandlungsmethoden" ausgeübt: So wurden die Schädel geöffnet oder mit glühenden Eisen traktiert, Abführ- und Brechmittel eingeflößt, Körperteile angesengt, verbrannt, verätzt, der Mensch zur Ader gelassen oder Steine des Wahnsinns aus dem Kopf herausgeschnitten. Man steckte „Patienten in Zuber mit lebenden Aalen, brachte sie in Drehmaschinen zur Bewusstlosigkeit, traktierte sie mit schmerzenden Wasserkuren, kurz, man versuchte, sie *um jeden Preis* zur Vernunft zu quälen" (Dörner, Plog 1989, 469).

In einem Bericht von 1803 werden die Zustände beschrieben: „Wir sperren diese unglücklichen Geschöpfe gleich Verbrechern in Tollkoben, ausgestorbne Gefängnisse, neben den Schlupflöchern der Eulen in öde Klüfte über den Stadtthoren, oder in die feuchten Kellergeschosse der Zuchthäuser ein, wohin nie ein mitleidiger Blick des Menschenfreundes dringt, und lassen sie daselbst, angeschmiedet an Ketten, in ihrem eigenen Unrath verfaulen. ... Man giebt sie der Neugierde des Pöbels Preis, und der gewinnsüchtige Wärter zerrt sie, wie seltene Bestien, um den müßigen Zuschauer zu belustigen" (Reil 1803, 14f.).

Aber auch nach der Differenzierung der Anstalten und der Etablierung der Psychiatrie als zuständige Disziplin für die „Irren und Idioten" änderten sich die Zustände nicht entscheidend. Aber ab jetzt galten die gewalttätigen Übergriffe als Behandlungsmethoden. Als gute Heilmittel galten das Verabreichen von „Wein und Mohnsaft", Hunger und Durst seien „zwey mächtige Gefühle, die bald zahm machen", „auch durch die Entziehung der Wärme, die das Gefühl des Frostes erregt, und durch die Entziehung des Schlafs" werde ein Heilungserfolg erreicht (Reil 1803, 189), ebenso durch „das glühende Eisen oder brennendes Siegellack, welches in die Hände getröpfelt wird. Meistens ist es zureichend, mit diesen Mitteln zu drohen oder einen leichten Vorschmack derselben zu geben" (ebd.). „Das Peitschen mit Brennnesseln auf den Rücken, die Arme und Schenkel" (Reil 1803,

190) wird ebenso empfohlen und angewendet wie „Wanzen, Ameisen, Processionsraupen und andere Insecten“ oder das Aufbringen von Pocken und Krätze, die „in dem sogenannten dumpfen Wahnsinn nützlich seyn kann“ (Reil 1803, 190 f.). Das Untertauchen im Wasser sei „Hauptmittel, die Wahnsinnigen ins Meer zu stürzen und sie so lange darin unterzutauchen, als sie es aushalten können“ (Reil 1803, 193). Natürlich gehören zu den „Heilungsmethoden“ auch „Züchtigungen durch Ruthenstreiche“ (Reil 1803, 192). Die „Heilmethoden“ änderten sich, aber mehr oder weniger erbärmliche Lebensbedingungen kennzeichneten die Einrichtungen bis zu den „Euthanasie“-Morden in der Zeit des Nationalsozialismus. Danach wurden die alten Strukturen restauriert und bestanden zum Teil bis in die 1980er Jahre.

Dies begann sich erst zu ändern, als nicht etwa Psychiater oder Sonderpädagogen, sondern Journalisten von den skandalösen Zuständen in den Anstalten berichteten. Der Germanist Frank Fischer (1969) war einer der ersten, der sich in Anstalten als Hilfspfleger einstellen ließ, seine Eindrücke veröffentlichte und ein großes Medienecho erreichte. Etwa zeitgleich ließ sich Günter Wallraff in eine Anstalt einweisen und berichtete darüber (Wallraff 1969). Aus den USA kamen Berichte von David Rosenhan, der 1973 gesunde „Scheinpatienten“ in Anstalten einweisen lies, die ihre Erlebnisse eindrücklich dokumentierten (Rosenhan 2006/1981). Noch Jahre später schrieb „Die Zeit“ vom „mühsam mit Desinfektionsmitteln gebändigtem Gestank“. „Wer nicht ziellos im Kreis herumwandert, in hastigem Zickzack den Raum durchkreuzt, sich die Bretterwände entlangtastet, lehnt taumelnd an den Fensterbrettern oder hockt zusammengesackt an den leeren Tischen.“ Menschen, die den ganzen Tag mit dem Fuß an eine Bank gefesselt sind, offene Sanitärräume, in denen Menschen auf der Toilette festgeschnallt sind, Schlafsäle mit „Eisenbetten, sonst nichts. Keine Nachttische, keine Borde, keine noch so armseligen persönlichen Nischen“ (Just 1979, 62 f.).

Auch „Der Stern“ berichtete aus einem Heim für „schwerstbehinderte Kinder“ in Lüneburg über an Stühlen und Betten festgebundene Kinder: 20 Kinder sitzen festgebunden auf dem Flur und warten auf das Mittagessen, sie schlafen in einem Käfig aus Stahlrohrstangen auf Holzplanken eingerollt in einen reißfesten Bettbezug, von denen die zuständige Heimaufsicht sagt: „Die Käfige sind medizinisch die beste Lösung und auch die menschenwürdigste Art der Unterbringung. Man muß doch sehen, daß die Kinder mit der Zeit aufsässig werden“ (König 1980). Der Journalist Ernst Klee berichtete aus dem Spastikerzentrum München: „Um eine rationelle Betriebsführung zu gewährleisten, wurden Behinderte an feste Klo-Zeiten gewöhnt. Um 10, 12 und 15 Uhr durften sie auf die Toilette, außerhalb der offiziellen Toilettenzeiten stand es den Bewohnern natürlich frei, in die Hose zu machen“ (Klee 1979, 4).

Menschen „leben – oder vegetieren – in Sälen mit bis zu 70 Betten, ohne jeglichen Schutz der Intimsphäre, in einer Art Sicht-, Lärm- und Geruchsgemeinschaft" (Finzen 2015, 3). Als „wandelnde Apotheken" verschreiben Ärzte Unmengen Psychopharmaka (Herold-Weiss 1974, 124).

Ernst Klee beschreibt noch 1992 Zustände aus einer Anstalt der ehemaligen DDR: „kahle Säle, bizarr deformierte Behinderte, Männer wie Frauen teils ganz nackt, teils in Windeln, schreiend, klagend, wimmernd. Es hatte sich kaum etwas verändert" (Klee 1993, 13). Aus einer anderen Einrichtung: „Die Zeit scheint stehengeblieben zu sein. Ich sehe die offenen Toiletten, schadhafte Abflußrohre, aus denen der Unrat dringt und den Putz aufquellen läßt. In einem Waschraum werden drei Menschen gebadet, fünf andere auf Stühlen gegenüber abgefertigt. ... Die geschlossene Frauenstation ist noch immer dunkel und trostlos, die meisten Frauen liegen im Bett ... Aber in der Verwaltung hat sich etwas getan: Die Bilder von Honecker und Stoph sind abgehängt und durch Portraits von Albert Schweitzer und Mutter Theresa ersetzt worden" (Klee 1993, 99 f.).

In dieser „Atmosphäre abgestumpfter Gleichförmigkeit" (Bude 2008, 10) verliert das Leben seine Prozesshaftigkeit, es wird geprägt durch die Monotonie des Anstaltsalltags. Es entsteht „ein knäuelhaftes Durcheinander von Geschichten, Beziehungen, Verhältnissen, Geschichten von Verhältnissen ..., die sich gegenseitig blockieren und hemmen. Sie sind ein Labyrinth von Sackgassen und Schach-Matt-Situationen, die sich durchkreuzen und sich verdichten" (Toresini 1990, 3).

Das Verhalten von Menschen, die lange in solchen Anstalten leben, ist durch Apathie und Antriebslosigkeit charakterisiert, „durch Unterwürfigkeit und allgemeinen Interessenverlust ... Fehlendes Interesse an der Zukunft und eine offensichtliche Unfähigkeit, praktische Pläne zu machen, ein Vernachlässigen der persönlichen Gewohnheiten der Körper- und Kleiderpflege, ein Abgleiten individueller Ausprägungen im allgemeinen, Verlust an Individualität und Resignation" (Barton 1974, 12). Dabei sind die Erkenntnisse aus der Hospitalismusforschung schon lange bekannt: Erwachsene Menschen mit Heimvergangenheit zeigen häufig Rückstände im körperlichen Bereich und Motorik, Verzögerungen der seelischen und Gesamtintelligenzentwicklung, Schäden in verschiedenen Intelligenzbereichen wie Sprache, abstraktes Denken, Zeitbegriff (Schmalohr 1968, 65).

Aber hospitalisierte Menschen sind „keine passiven Opfer ihrer Lebensbedingungen, sondern ‚Überlebenskünstler', insofern sie sich unter widrigen Umständen zu behaupten wissen. Dieser ‚Selbstschutz', der als ‚verhaltensauffällig' wahrgenommen werden kann, ist es, der allzu oft Skepsis oder gar mangelndes Interesse gegenüber Initiativen der Veränderung ihrer Lebensbedingungen befördert" (Theunissen 2012, 97).

1.3 Die totale Institution

Einen wichtigen Beitrag zum Verständnis der Vorgänge in Anstalten hat der amerikanische Soziologe Erving Goffman (1922–1982) in seinem Buch „Asyle" 1961 (deutsch 1973) mit dem Konzept der totalen Institution gegeben. „Eine totale Institution lässt sich als Wohn- und Arbeitsstätte einer Vielzahl ähnlich gestellter Individuen definieren, die für längere Zeit von der übrigen Gesellschaft abgeschnitten sind und miteinander ein abgeschlossenes, formal reglementiertes Leben führen" (Goffman 1973, 11).

Kennzeichnend für eine totale Institution ist die umfassende Kontrolle aller Lebensbereiche und die Aufhebung der hierzulande üblichen Trennung der Bereiche Wohnen, Freizeit und Arbeit: „In der modernen Gesellschaft besteht eine grundlegende soziale Ordnung, nach der der einzelne an verschiedenen Orten schläft, spielt, arbeitet – und dies mit wechselnden Partnern, unter verschiedenen Autoritäten und ohne einen umfassenden rationalen Plan. Das zentrale Merkmal totaler Institutionen besteht darin, dass die Schranken, die normalerweise diese drei Lebensbereiche voneinander trennen, aufgehoben sind" (Goffman 1973, 17). Alle Angelegenheiten des Lebens finden an ein und derselben Stelle, unter ein und derselben Autorität statt, in unmittelbarer Gesellschaft einer großen Gruppe von Schicksalsgenossen, auf deren Zusammensetzung der einzelne Insasse keinen Einfluss hat.

Der Alltag in solchen Einrichtungen vollzieht sich nach festen Strukturen, die den vermeintlichen Anforderungen der Einrichtung angepasst sind. „Während in dem freien normalen Leben wohnen, essen, arbeiten, medizinische und therapeutische Maßnahmen, Freizeitgestaltung an verschiedenen Orten stattfinden, notwendige Hilfen von verschiedenen Personen erbracht werden und das soziale Umfeld wechselt, vereinigt die Institution diese Sphären zu einem Machtapparat, der eine umfassende Zuständigkeit für seine Insassen entwickelt" (Frehe 2008, 4).

Ein wesentlicher Aspekt totaler Institutionen bezieht sich auf die soziale Distanz zwischen Personal und Insassen. Beide leben in verschiedenen sozialen und kulturellen Welten, die kaum Gemeinsamkeiten haben. Das Personal ist hierarchisch gegliedert und stellt Regeln für die Insassen auf. Da sich alle Lebensbereiche unter dieser gleichen Autorität abspielen, wirkt sich „negatives" Verhalten in einem Lebensbereich auch auf die anderen Bereiche aus.

Eine der bedeutendsten Schlussfolgerungen Goffmans ist die These, dass das Verhalten der Insassen mehr durch die Anstalt als durch Krankheit geprägt wird.

Veränderte Gesellschaften bringen neue totale Institutionen hervor. Die früher sichtbaren Mauern totaler Institutionen sind kaum noch vorhanden, aber auch heutige Heime zeigen Grundzüge Goffmans Charakterisierung totaler Institutionen. Das Personal, das in einem Arbeitsverhältnis im Heim beschäftigt ist, verlässt nach dem Arbeitstag die Institution und kehrt in die „Außenwelt" zurück. Im Gegensatz dazu leben die Bewohner*innen für eine lange Zeit, häufig für den

Rest ihres Lebens, in der Institution, haben meist nur beschränkten Kontakt zur Außenwelt und beschränkte Möglichkeiten, dort freiwillig gewählten sozialen Kontakten nachzugehen.

Macht- und auch Gewaltverhältnisse sind nach wie vor vorhanden und den Betroffenen stehen keine Alternativen zur Verfügung oder sie sind ihnen nicht bekannt.

Auch wenn Goffman nicht berücksichtigt, dass die Gesellschaft und ihre sozialen Systeme sich wandeln, bietet sein Konzept einen guten Rahmen, um die Vorgänge auch in heutigen Institutionen und die Auswirkungen auf die Individuen zu verstehen.

Aber nicht nur das Verhalten der Insassen, auch das des Personals ist Resultat der Anstalt (Fengler, Fengler 1980). „Die Strukturen der totalen Institution und die reaktiven Verhaltensweisen der ihr Unterworfenen sind rekursiv miteinander verbunden und reproduzieren so das System kontinuierlich“ (Kanonier-Finster, Ziegler 2011, 57). „Obwohl die Helfer dabei mehr Möglichkeiten einer Selbstverwirklichung in ihrem von den Reglements der Anstalt befreiten Privatleben haben, unterwerfen auch sie sich den Strukturen der ‚totalen Institution'.“ (Schmidbauer 2015, 156).

1.4 Arbeiten in der Anstalt I: Die Irren- und Idiotenwärter

Bis Anfang des 19. Jahrhunderts ähnelte die Arbeit in den Anstalten der eines Gefängniswärters (vgl. Höll, Schmidt-Michel 1989, 97). Erst mit der neu entstehenden Psychiatrie entwickelte sich ein Heilungsanspruch der Psychiater. So änderten sich auch die Anforderungen an das Personal. Am Ende differenzierten sich zwei Disziplinen: neben der Psychiatrie entwickelte sich auch die Heilpädagogik.

Das Werk von Jan Daniel Georgens und Heinrich M. Deinhardt „Die Heilpädagogik mit besonderer Berücksichtigung der Idiotie und der Idiotenanstalten“ von 1861/63 gilt als erste Begründung einer Heilpädagogik. Die Autoren beschrieben das neue Fachgebiet als Erweiterung der allgemeinen Pädagogik, in die medizinische Elemente eingebunden seien. Heilpädagogik verstand sich als „Zwischengebiet zwischen Medizin und Pädagogik“ (BHP 2022, 37). In Budapest entstand Anfang des 20. Jahrhunderts die erste Hochschule für Heilpädagogik. „Mit der Berufung Heinrich Hanselmanns auf eine außerordentliche Professur für Heilpädagogik an der Universität Zürich im Jahr 1931 setzt die deutschsprachige Sonderpädagogik ihren historischen Beginn als Wissenschaft und feiert dieses Ereignis als ihre eigene Geburtsstunde“ (Moser 2012, 262).

In den Anstalten des 19. Jahrhunderts jedoch verteidigten die Psychiater ihre medizinische Vormachtstellung gegenüber den neuen Heilpädagogen. Dabei war auch die Psychiatrie noch ein neues Fachgebiet. Erst im letzten Viertel des 19. Jahrhunderts gab es Ansätze einer Universitätspsychiatrie, mit ersten vereinzelten Lehrstühlen. „Die ‚Universitätspsychiatrie' blieb für einen langen Zeitraum völlig von der ‚Anstaltspsychiatrie' abgehoben … Im 19. Jahrhundert waren Anstaltspsychiater keine psychiatrisch vorgebildeten Mediziner, sondern erwarben sich ihre Kenntnisse über Geisteskrankheiten erst in den Anstalten selber" (Blasius 1980, 58).

„Bis weit ins 18. Jahrhundert hinein wurden die Irren fast ausschließlich durch Männer betreut. Die Irren wurden nicht als Kranke, sondern als unsoziale, verarmte Landstreicher, Verbrecher, Kriminelle oder ‚Sündige' betrachtet, die der Aufsicht durch Männer bedurften" (Höll, Schmidt-Michel 1989, 72). Mit den Irren- und Idiotenanstalten entstand der Beruf des Irrenwärters. „Der Irrenwärter muss ein gesunder, kräftiger, gewandter, charakterfester und lebenserfahrener Mann sein, der wo möglich schon durch seine äussere Erscheinung imponiert. Er soll Gefühl und Achtung vor dem Unglück zeigen, die nötigen Schulkenntnisse besitzen, einen guten Verstand und Sinn für Religion haben" (Kirmsse 1846, 450). Die Ansprüche der Psychiater an ihr Personal stiegen. Ernst Horn, ärztlicher Direktor der Berliner Charité, äußerte 1819: „Ohne Unterricht und Anweisung lassen sich tüchtige Irrenwärter nicht anschaffen, veraltete Tagelöhner, verdorbene Handwerksgesellen und zweideutig abgelebte Mädchen, die ehemals dem Bordell angehörten und jetzt zu alt und kränklich sind, um ein solches Sündenleben fortzusetzen: solche Individuen können die Bestrebungen des Irrenarztes nicht befördern" (Höll, Schmidt-Michel 1989, 23). In einer Dienstanweisung von 1843 heißt es: „Der Wärter muss unbedingten Gehorsam leisten. Er hat demnach die Verordnungen des Hausarztes und aller übrigen Oberbeamten der Anstalt, so wie die seitens seines nächsten Vorgesetzten, des Aufsehers, ohne Widerrede und pünktlich zu vollziehen" (Kirmsse 1846, 458). Die Tätigkeit der Wärter war vollkommen abhängig, „der unbedingte Gehorsam des Wärters wurde immer wieder betont" (Höll, Schmidt-Michel 1989, 26). Die Psychiater waren die absoluten Herrscher der Anstalt, Köhler (1977, 162) spricht vom „sekundären Feudalismus auf dem Terrain des Armenwesens". „Ihre berufliche und private Sozialisation vollzog sich in einer Welt, die ihr eigenen Gesetze hatte und ihre eigenen Zwänge hervorbrachte" (Blasius 1980, 60).

Schon bald wurde aber deutlich, dass Gehorsam allein nicht ausreicht und es begannen Überlegungen, wie die „Irrenwärter" ausgebildet werden könnten. Es wurden „Irrenwärterschulen" diskutiert (Kirmsse 1846, 472 f.). Der Gründer der Alsterdorfer Anstalten, Heinrich Sengelmann, forderte 1885 eine „spezielle Vorbildung für den Beruf der Blödenerziehung" (Neumann 1988, 22), denn: „Die Wärter und Wärterinnen müssen liebevolle, reinliche, bestimmte und pünktliche Personen sein von einer kräftigen Gesundheit und mit diätetischen Kenntnissen und mancherlei Handfertigkeiten begabt" (Sengelmann 1885, 202).

Allerdings sollte das Pflegepersonal auch nicht so gut ausgebildet sein, dass es die Maßnahmen der Psychiater hinterfragen kann: „Die Krankenpflegerin soll die Helferin des Kranken und des Arztes sein; sie soll lernen, die Anordnungen des Arztes zweckmäßig und genau auszuführen, doch sie soll nicht selbst auf eigene Hand curiren wollen; sie soll ein eben so unbedingtes Vertrauen auf den Arzt haben, wie der Kranke selbst; denn wenn dies nicht der Fall ist, so wird sie immer wieder versucht sein, nach ihrem Halbwissen die Anordnungen des Arztes zu kritisiren, ihrer Meinung nach wohl gar verbessern zu wollen“ (Billroth 1881, IV). Auguste Forel drückte es 1897 so aus: „Zu einem guten Wärter gehören Geduld, Gutmütigkeit, sogar etwas Beschränktheit, wir Psychiater wären schlechte Wärter. Ein guter Wärter muss sich lachend vom Kranken prügeln lassen und die ärgsten Unreinlichkeiten unermüdlich putzen. Mit gelehrten Wärtern riskieren wir, psychiatrische Pfuscher zu erziehen, die später laienhafte Zeitungskritik an der Psychiatrie üben und Unheil anstiften“ (Höll, Schmidt-Michel 1989, 53).

Aus Sorge, dass „zuviel unnütze Gelehrsamkeit entwickelt werden könne“ (Mercklin 1900, 170), die man nicht kontrollieren kann, übernahmen die Psychiater der einzelnen Anstalten die Ausbildung ihres Personals selbst und führten sie je nach eigenem Gutdünken durch. Johann Hinrich Wichern richtete in dem von ihm gegründeten „Rauhen Haus“, einem Rettungshaus für „verwahrloste“ Kinder, schon 1833 eine Ausbildungsstätte für Diakone („Brüder“) ein, die als Erzieher im „Rauhen Haus“ arbeiten sollten (Hammerschmidt et al. 2017, 27). Dahinter stand der Versuch, der „Entchristlichung“ des Volkes durch die neuen kapitalistischen Verhältnisse entgegenzuwirken und die Verhältnisse der „guten alten Zeit“ wieder herzustellen. „Die (äußere) Heidenmission, so Wichern, müsse durch die Re-Christianisierung im inneren, eine ‚Innere Mission‘ ergänzt werden“ (Hammerschmidt et al. 2017, 28).

Ab Mitte des 19. Jahrhunderts etablierte sich zum Unmut der Psychiater, die Angst um ihre Macht hatten, die Bewegung der Diakonissen in der Irrenpflege (Höll, Schmidt-Michel 1989, 77). Das „geistliche Pflegepersonal“, so die Befürchtung, könne „in dem Arzt niemals seinen einzigen Vorgesetzten sehen“ (Snell 1897, 116). „Grosse Bedenken der Zulassung der geistlichen Orden zu der berufsmässigen Irrenpflege“ bestanden, denn „je strenggläubiger ein Christ ist, desto schwerer wird es ihm, von dem Glauben an die Besessenheit und die Nützlichkeit des Exorcismus abzuweichen“ (Snell 1897, 18). So war es 1897 offensichtlich noch nötig zu erwähnen, dass der Geistliche der Anstalt „frei von dem Glauben an Besessenheit und von der Neigung zum Teufelsaustreiben sein“ müsse (Snell 1897, 124).

Die ersten Diakonissen haben nur Frauen gepflegt, weibliche Pflege bei männlichen Patienten war noch undenkbar. Bis ins 20. Jahrhundert hinein galt für die Arbeit in der Anstalt und im Krankenhaus für Frauen das Zölibat (Neumann 1988, 43), sichtbares Zeichen war die Haube. „Mit der Haube fielen früher der Krankenschwester die Rechte einer verheirateten Frau zu: Sie durfte jetzt zum Beispiel ohne Begleitung in ein fremdes Haus gehen. Erst einmal *unter der Haube* soll die Krankenschwester jeder Zweideutigkeit, jeder sinnlichen Anspielung entrückt sein: Sie gehört schon jemand anderem – ihrem Dienst“ (Ostner,

Beck-Gernsheim 1979, 14). Aber auch für die männlichen Irrenwärter galt lange Zeit ein Heiratsverbot. Der Psychiater Otto Snell forderte 1897: „Dem männlichen Pflegepersonal muss es gestattet werden, nach einer Reihe von Dienstjahren sich zu verheirathen. Von einem eigentlichen Familienleben wird freilich bei ihnen kaum die Rede sein, da sie selbstverständlich in der Anstalt wohnen, während ihre Familie draussen bleibt. Für das Zusammensein der Eheleute erübrigen also nur die wenigen Stunden wöchentlich, welche der Mann zu seiner Erholung dienstfrei hat. Dass man den Pflegerinnen das Heirathen nicht gestatten kann, braucht wohl nicht erwähnt zu werden" (Snell 1897, 118).

Die stetige Zunahme der Anstalten, die immer mehr und immer größer wurden, und die Konkurrenz um Arbeitskräfte mit der Industrie brachten am Ende des 19. Jahrhunderts einen Fachkräftemangel mit sich: Das „Wärterproblem". Nun erst begannen die Anstalten, auch Frauen als Irrenwärterinnen einzustellen, die noch verfügbar waren und zudem den Vorteil hatten, dass sie weniger verdienten (Höll, Schmidt-Michel 1989, 73).

„Die Lösung des Wärterproblems war zum Ende des 19. Jahrhunderts so dringlich geworden, daß schließlich sogar bei der Jahresversammlung des Vereins Deutscher Irrenärzte in Heidelberg am 18./19. September 1896 die Wärterfrage zum Hauptthema gemacht wurde" (Höll, Schmidt-Michel 1989, 50). Und die Psychiater waren kreativ. Die Leipziger Zeitung schrieb ein öffentliches Preisausschreiben aus: „Wie können für Irrenanstalten menschenliebende Wärter und Aufseher gewonnen werden?" (Höll, Schmidt-Michel 1989, 24). Es wurde diskutiert, aus dem Zuchthaus Entlassene oder genesene Patienten und auch „Sträflinge leichter Art, die sich schon Jahre lang in der Strafanstalt vorzüglich gut betragen hatten" einzustellen (Kirmsse 1846, 451). Mitunter kamen die Ärzte sogar auf die Idee, „das Wartpersonal an Anstalten nach jeder Richtung hin aufzubessern und seine pekuniäre sowie sociale Stellung zu heben" (Werner 1900, 157).

1.5 Das psychiatrische Paradigma

Was haben die Irrenwärter*innen gelernt, welches Menschenbild hatten sie von den Menschen, mit denen sie arbeiten sollten?

Theodor Billroth schreibt in seinem „Handbuch für Familien und Krankenpflegerinnen": „Viele Irre sind gemeingefährlich oder sich selbst gefährlich, müssen daher ohne Unterlaß überwacht, dürfen nie allein gelassen werden. Solche Kranke sind meistens jeder Zusprache, jedem Mahnrufe oder Trostworte unzugänglich. Sie sind oft sehr unrein, müssen fortdauernd von üblen und ihnen schädlichen Gewohnheiten und Unarten abgehalten, davor geschützt werden" (Billroth 1881, 207 f.). Sie verweigerten Medikamente, „toben, schlagen um sich, zerstören Alles, was ihnen zugänglich ist, heulen, schlagen, schreien, weinen, beten, fluchen, halten sich für verfolgt, verdammt, vergiftet, werfen sich zu Boden, entblößen sich ganz und zerreißen ihre Kleider“ (Billroth 1881, 208). Von Heinrich Sengelmann lernten die Wärter, das Hauptsymptom der Idiotie sei „die Unfreiheit des Willens“: „Die motorische Seelenkraft des Idioten ist entweder ein instinktiver Trieb, oder Nachahmungstrieb, oder Willkür, oder Eigensinn, oder ein schwacher vernünftiger Wille“ (Sengelmann 1885, 24). „Der Idiot ist vor allem ein zum Handeln und Denken unfähiges Geschöpf; er ist ein unvollkommen entwickeltes Individuum. Der Imbecille dagegen ist ein abnorm, ungleichmäßig entwickeltes Individuum … Beim Idioten erreicht man mehr durch Milde, beim Imbecillen mehr durch Furcht“ (Sollier 1891, 220).

Dass behinderte Menschen in Anstalten untergebracht werden müssen, war völlig unhinterfragt. Emil Kraepelin fasst zusammen: „Auch die einfachste Nützlichkeitsrechnung wird daher zu dem Schlusse kommen, dass die Last, welche die Geisteskranken für die Gemeinschaft bedeuten, verhältnismässig am geringsten ist, wenn man sie in Anstalten unterbringt, soweit sie der Behandlung bedürfen oder gefährlich sind. … Während bei den zweckmässigen Einrichtungen der Anstalt ein Wärter genügt, um eine ganze Anzahl von Kranken zu überwachen, nimmt die Sorge für einen einzigen Geisteskranken in der Familie oft eine oder mehrere Arbeitskräfte für sich in Anspruch, die dadurch ihrer Erwerbsthätigkeit entzogen werden.“ Außerdem biete die Anstaltsunterbringung „so ziemlich die einzige Möglichkeit …, der vielleicht mächtigsten Ursache des Irreseins entgegenzuarbeiten, der Vererbung“ (Kraepelin 1900, 16).

Das Verhalten von geistig behinderten und psychisch kranken Menschen sei unverständlich und nicht beeinflussbar. Dieses Paradigma wirkt bis heute nach und schlägt sich in Habitus, Haltung und alltäglichen Tätigkeiten der Menschen nieder. So ragen die Anstalten des 19. Jahrhunderts und ihre Ideologie bis in unsere Gegenwart hinein (vgl. Blasius 1980, 14).

1.6 Arbeiten in der Anstalt II: Der Arbeitsalltag der Irrenwärter und der Beginn der Ausbildungen

Über den geforderten unbedingten Gehorsam der Irrenwärter gegenüber den Psychiatern wurde schon berichtet. „Die Wärter waren der Willkür der ärztlichen Leitung ausgeliefert bis hin zu Eheverbot und Ausgangssperre. Sie hatten bis zur Jahrhundertwende keinen Kündigungsschutz, überlange Arbeitszeiten“ (Höll, Schmidt-Michel 1989, 97). Bis zum Ende des 19. Jahrhunderts hatten Wärter so gut wie keinen privaten Bereich und keine regulierten Arbeitszeiten. Nachts mussten sie in den Schlafsälen zusammen mit den Patienten schlafen.

Erst um 1900 begann sich das Recht auf Nachtruhe und begrenzte Arbeitszeit durchzusetzen (Höll, Schmidt-Michel 1989, 81). So haben Psychiater in der Psychiatrischen Wochenschrift 1900 (wahrscheinlich erstaunt) gelesen, dass es eine Anstalt gebe, in der den Wärtern und Wärterinnen „besondere Zimmer abseits und völlig getrennt von den Krankenräumen eingerichtet (wurden), wohin sie sich in ihrer Müsse- und Urlaubszeit ungestört zurückziehen und sogar übernachten können … und neuerdings ist sogar wieder der Vorschlag gemacht worden, eigene Zimmer für das Pflegepersonal einzurichten“ (Werner 1900, 157). Aber dieses Vorgehen berge auch Risiken: „Pflegepersonal, und wenn es noch so streng controlirt wird, zieht sich viel zu häufig in seine Privatzimmer zurück, denn Gelegenheit macht bekanntlich Diebe, vernachlässigt also den Dienst und hat dann immer Besorgungen etc. als Entschuldigung anzuführen, wenn es dabei ertappt wird“ (Werner 1900, 157). So gab es „noch heute Anstalten, wo dem Pflegepersonal noch nicht einmal ein gemeinsamer Erholungsraum zur Verfügung steht, wo also der Pfleger nur die Wahl hat, seine dienstfreie Zeit entweder in den Krankenräumen oder ausserhalb der Anstalt zuzubringen. Hat er draussen keine Freunde, die er aufsuchen kann, so geht sein Weg natürlich, zumal bei schlechtem Wetter, in die Kneipe. Dass solche Zustände ganz ungesund sind, liegt auf der Hand“ (Scholz 1900, 447).

Eine allgemeine Ausbildung der Irrenwärter*innen gab es bis zu Beginn des 20. Jahrhunderts nicht. Die jeweiligen Ärzte der Anstalten haben ihr Personal nach eigenem Gutdünken mehr oder weniger unterrichtet.

Der Wandel der Fürsorge zum Beruf begann durch Soziale Frauenschulen. Die erste wurde 1908 von Alice Salomon mitbegründet. Salomon wandte sich gegen die meist von wohlhabenden Damen geleistete ehrenamtliche Wohltätigkeit. „Je verwickelter die Verhältnisse des sozialen Lebens werden, umso unmöglicher wird es, Notstände irgendwelcher Art allein ‚mit dem guten Herzen‘ und ‚dem gefüllten Beutel‘ zu beseitigen“ (Salomon 1908, IV). Sie kritisierte, dass die Helferinnen von der wirklichen Lebenswelt der Menschen weit entfernt seien: „Niemand ist so weltfern, so weltfremd wie ein Mädchen, das als ‚höhere Tochter‘ erzogen ist; niemand so isoliert im eigenen Volke, so ahnungslos vom Leben der Volksgenossen, von den Bedürfnissen und Aufgaben seiner Zeit, des öffentlichen Lebens“ (Salomon 1908, S. 12 f.). Nicht mehr die Barmherzigkeit sei die Triebkraft Sozialer Arbeit, sondern die Gerechtigkeit: „Diese Aufgaben sind andere als die früherer Zeiten. Sie verschieben sich weit mehr von der Barmherzigkeit zur Gerechtigkeit“ (Salomon 1908, 7). Es folgte eine Gründungswelle von Ausbildungsstätten im ganzen Bereich der Sozialen Arbeit, in geringerem Maß gab es auch Ausbildungsstäten für männliche Fürsorger (Hammerschmidt et al. 2017, 71 ff.). Für Frauen aus dem bürgerlichen Milieu war es eine der wenigen Möglichkeiten, eine Lebensperspektive zu bekommen, in der sie nicht als Anhängsel eines Mannes auftreten und in das Feld der ehrenamtlichen und geduldeten Wohlfahrtspflege abgedrängt wurden (vgl. Müller 1999, 126 f.).

Diskussionen darüber, ob Irrenpfleger die gleiche Ausbildung haben sollen wie Krankenpfleger und Fürsorgerinnen gibt es seit Beginn des 20. Jahrhunderts, entschieden wurde sie erst 1962. Zu Beginn des 20. Jahrhunderts gab es eine zuerst einjährige, bald zweijährige Krankenpflegeausbildung, sie galt aber nicht für die Irrenpflege. Erst 1962 wurde Irrenpflege in die allgemeine Krankenpflege einbezogen (Höll, Schmidt-Michel 1989, 90 ff.). „Der Pflegeberuf in stationären Einrichtungen galt in der frühen Bundesrepublik als wenig attraktiv, war gesellschaftlich kaum anerkannt, wurde schlecht bezahlt und war darüber hinaus mit enormen psychischen und physischen Belastungen verbunden" (Fangerau et al. 2021, 55). In den überwiegend konfessionellen Einrichtungen gab es kaum eine Trennung von Privat- und Berufsleben, da das Pflegepersonal, in der Regel Ordensschwestern und -brüder, häufig in der Einrichtung lebte. Die Mehrzahl der in den Anstalten tätigen Personen hatte bis weit in die 1960er Jahre keine entsprechende Ausbildung (vgl. Fangerau et al. 2021, 56 f.).

1958 gründete sich die „Lebenshilfe für das geistige behinderte Kind" in Marburg, die eine Abkehr vom medizinisch-psychiatrisch geprägten Verständnis von „Schwachsinn" beförderte. Im gleichen Jahr wurde in der Anstalt Stetten durch Pfarrer Ludwig Schlaich (1899–1977) die erste Schule für Heilerziehungspflege in der BRD gegründet und damit eine berufliche Alternative zur Irrenpflege geschaffen. Grundlage war die Erkenntnis, dass die bisherigen Ausbildungen in Krankenpflege oder nicht ausgebildete Kräfte als „Wärter" nicht ausreichten (Greving, Niehoff 2009, 11). Die Heilerziehungspflege-Ausbildung zielte aber noch auf die Institution „Anstalt" und sollte Anteile der Pflege und der Erziehung vereinen. Von 1963 bis 1973 wurden etwa 20 neue Ausbildungsstätten gegründet (Thesing 2011, 38), alle durch kirchliche Träger.

In diesen Ausbildungen ging es nicht um Teilhabe, Bildung oder Selbstbestimmung, sondern hauptsächlich um das Seelenheil der Insassen und, besonders in einigen Studiengängen der Heilpädagogik, das der Betreuer*innen. Extrem trat das in der Schweizer Ausprägung der Heilpädagogik zutage: „Der Heilzögling, auch der schwachsinnigste, gibt dem Heilerzieher mehr als umgekehrt. Denn er nimmt gleichsam Schuld und Sühne ab. Er vermehrt in dem Maße das Einströmen der göttlichen Liebe, als wir ihm Liebe spenden" (Bopp 1958, 113). Nach Linus Bopp lässt sich „alles menschliche Elend und Leid psychischer, sittlicher und geistiger Art (…) auf die Ur- und Erbsünde" zurückführen, es sei „Lebensaufgabe" von behinderten Menschen, „stellvertretend zugunsten anderer und (…) des Kirchenganzen" zu leiden (Bopp 1958, 3). Im „Lexikon der Pädagogik" von 1930 schreibt Bopp zum Heilerzieher: „Im besondern braucht er die Gabe des ‚Verstehens'; er muß wirklich beseelt vom ‚Heilswillen am Kinde' sein; darum muß ihm Selbstlosigkeit u. Geduld eignen. Er bedarf reichlich techn. Wissens u. Könnens, der Willensstärke, die gleich fern sein muß von Wehleidigkeit u. von Gefühllosigkeit; er sollte eine ganz einheitliche, gesunde oder gesund gewordene, über seine Schwächen Sieger gewordene, reife Persönlichkeit sein" (Bopp 1930, 1128).

Eine langsame Veränderung Haltung und Verhalten des Personals in den Einrichtungen vollzog sich durch eine „neue Generation von Pädagogen/Pädagoginnen und Betreuern/Betreuerinnen, Sozialpädagogen/-pädagoginnen,

Beschäftigungstherapeuten/-therapeutinnen und Psychologen/Psychologinnen. Erstmals leisteten auch Zivildienstleistende in nennenswertem Umfang ihre Dienstzeit in Einrichtungen für behinderte Menschen und sorgten laut mehrerer Zeitzeugenberichte für einen freieren, unkonventionelleren Stil im alltäglichen Umgang mit den Bewohnerinnen und Bewohnern“ (Fangerau 2021, 160).

1.7 Die Psychiatriereform

Etwa 10 bis 15 Jahre nach ähnlichen Diskussionen in den USA, in Skandinavien und auch in der DDR, begann in der BRD in den 1970er Jahren eine kritische Auseinandersetzung mit dem Sondersystem der Anstalten. Ausgelöst wurde sie durch eine Skandalisierung der Zustände in den Anstalten durch Journalisten, nicht etwa durch Psychiater. Aufgeschreckt durch Berichte in Zeitungen wurde im August 1971 nach einer Entschließung aller Fraktionen des Bundestags von der damaligen Gesundheitsministerin Käthe Strobel eine Enquete-Kommission zur Lage der Psychiatrie in der Bundesrepublik Deutschland mit 200 Mitarbeiter*innen unter der Leitung von Caspar Kulenkampff einberufen.

Es ging um Anstalten „mit knapp 100.000 Betten, 80 Prozent der Häuser mit einer Bettenkapazität von 501 bis über 1.000, überfüllt mit fehlplatzierten geistig Behinderten und nicht krankenhausbedürftigen chronisch psychisch Kranken, häufig weit abgelegen und schwer erreichbar“ (Kulenkampff 2001, 39). Die „Anstaltslobby … verteidigte den Bestand der Häuser mit Klauen und Zähnen“ (ebd., 40), auch die Vorstellung, „daß die geistig Behinderten doch der Präsenz der Psychiater bedürfen“ (ebd.).

Ein erster Zwischenbericht wurde 1973 vorgelegt. Hierin stellte die Enquete-Kommission fest, „daß eine sehr große Anzahl psychisch Kranker und Behinderter in den stationären Einrichtungen unter elenden, zum Teil als menschenunwürdig zu bezeichnenden Umständen leben müssen. Überalterung der Bausubstanz, katastrophale Überfüllung in gewissen Bereichen, Unterbringung in Schlafsälen, unzumutbare sanitäre Verhältnisse und allgemeine Lebensbedingungen, vor allem für chronisch Kranke, kennzeichnen einen gegenwärtigen Zustand, dessen Beseitigung nicht einfach auf unabsehbare Zeit verschoben werden kann“ (Deutscher Bundestag 1973, 23).

Im Sommer 1975 folgte der Endbericht, der in zwei Bänden als Bundestagsdrucksache (7/4201) vorliegt (Deutscher Bundestag 1975). „Das Ergebnis ist ein Monster: Alles in allem 1800 DIN-A4-Seiten mit über 3 Kilo Gewicht und ohne Stichwortverzeichnis. Das Elend der Psychiatrie ist beschrieben, erfaßt, in Tabellen aufgelistet, größtenteils für den Laien unverständlich geschrieben und durch Unübersichtlichkeit unbrauchbar gemacht“ (Klee 1978, 53). Erst vier Jahre später äußerte sich die Bundesregierung zur Enquete und dokumentierte „lauwarmes Engagement“ (Finzen, Schädle-Deininger 1979, 243).

Die Enquete blieb noch in der Logik der Psychiatrie. Der Schluss, dass Anstalten nicht nur oft nicht „heilen“, sondern selbst krank machen, kam in der Enquete nicht vor. Auch die Forderung, große Anstalten aufzulösen, wurde in der Enquete nicht gestellt, „sondern lediglich eine Verkleinerung der Bettengröße und eine Schaffung von zusätzlichen und ergänzenden Einrichtungen“ für fehlplatzierte Patient*innen angeregt (Wulff 1983, 12 f.). Die Erkenntnisse der Psychiatrie-Enquete führten nicht zu einer grundsätzlichen Infragestellung der Anstalt. Viele Ausgliederungsvorhaben sind „quasi in ‚Umhospitalisierungen‘ in Großheime der Behindertenhilfe versandet“ (Droste 2000, 127).

Für geistig behinderte Menschen hat die Enquete jedoch einige wegweisende Vorschläge enthalten, beginnend mit der Feststellung: „Für geistig und seelisch Behinderte, die einer ständigen Betreuung bedürfen, ist die Unterbringung in einem Fachkrankenhaus in der Regel nicht erforderlich“ (Deutscher Bundestag 1975, 189). Vorgeschlagen wurden Behindertenzentren mit der Größe von 200 bis 400 „Betten“ mit komplementären Diensten, Übergangsheimen, Wohnheimen, beschützenden Wohnungen, Wohngruppen und Patientenclubs (ebd., 23 f.).

Der größte Teil der Gelder, die infolge der Psychiatrie-Enquete zur Verfügung gestellt wurden, „wurde für die Sanierung der bestehenden stationären Einrichtungen, insbesondere für die Bausanierung“ verbraucht (Wulff 1983, 14). „Die Ghettos wurden neu verputzt“ (Klee 1993, 190). Die meisten Menschen verblieben in Großeinrichtungen, nun aber getrennt in Bereiche für Suchtkranke, Alterskranke, akut und chronisch psychisch Kranke und geistig behinderte Menschen.

Deutschland hat „auf dem Gebiet der Großeinrichtungen und alten Anstalten keinen wirklichen Prozess der De-Institutionalisierung durchlaufen und gestaltet … . Anders als in den skandinavischen Ländern, in Großbritannien oder in den USA und anderswo beließ man es hier weitgehend bei einer vorsichtigen De-Zentralisierung, während die traditionellen Strukturen des 19. und 20. Jahrhunderts konzeptionell beibehalten … wurden“ (Clausen 2012, 215 f.). Trotzdem zeigte die Psychiatrie-Enquete langfristig eine große Wirkung und bildete einen Ausgangspunkt für viele Umstrukturierungen der Anstalten in der Bundesrepublik Deutschland.

Die Unterstützung von geistig behinderten Menschen wurde institutionell und fachlich weitgehend aus dem Zuständigkeitsbereich der Psychiatrie gelöst und von der (Sonder-)Pädagogik als Leitdisziplin übernommen. Dadurch änderten sich die Berufsbilder und das Selbstverständnis der dort tätigen Mitarbeiter*innen.

Die grundsätzliche Idee der institutionellen Versorgung wurde jedoch nicht aufgegeben. Das zeigt „die Geschichte der Elternvereinigung ‚Lebenshilfe‘. Im Unterschied zu Elternbewegungen im westlichen Ausland (skandinavische Länder, USA) wurden von Lebenshilfe-Organisationen zumeist nur Wohnheime für relativ selbstständige Menschen mit Behinderungen als Alternative zu Anstalten favorisiert. … Es wurde keine Deinstitutionalisierung durch Auflösung von Anstalten oder Heimen in den Blick genommen; stattdessen wurde eine

Humanisierung von Lebensbedingungen innerhalb von Einrichtungen bevorzugt (z. B. durch Renovierung, Umbauten, Verkleinerung von Gruppen; normale Möblierung)" (Theunissen 2009, 37 f.).

Weiterhin lebten viele behinderte Menschen unter unmenschlichen Bedingungen in großen Einrichtungen, die nun nicht mehr „Anstalten", sondern „Komplexeinrichtungen" hießen.

2 Rückblick: Die 1980er Jahre

> *„Das Ende der Verwahrung hinter sichtbaren Mauern der Sonder-Institutionen ist aber nicht automatisch das Ende der Verwahrung der Betroffenen."*
> Georg Feuser (1995, 43)

„Kein chronisch psychisch Kranker und kein schwieriger geistig Behinderter muß dauerhaft in einer Anstalt leben. Das klingt wie eine Provokation und wie eine Spinnerei – aber es ist der fachliche internationale Standard" (Dörner 1999, 1). Diese „Spinnerei" von Klaus Dörner wurde bereits 1984 ins Bundessozialhilfegesetz aufgenommen: „Die erforderliche Hilfe ist soweit wie möglich außerhalb von Anstalten, Heimen oder gleichartigen Einrichtungen zu gewähren." (§ 3a) Viel passiert ist aber zunächst nicht. Der Alltag in den Anstalten, die nun „Komplexeinrichtungen" hießen, änderte sich nur wenig.

2.1 Arbeiten in der Anstalt: Die Ordnung

Zentrale Themen und Aufgabenbereiche für die Fachkräfte in der Anstalt und später in den Heimen, sind Sicherheit, Kontrolle und Ordnung. Erving Goffman beschrieb in seiner Analyse der totalen Institution die dauernde Angst der Wärter, dass man versuchte, sie „anzuschmieren", zu provozieren oder sonst wie in Schwierigkeiten zu bringen (Goffman 1973, 84). In totalen Institutionen hält das Personal „die Insassen für wenig vertrauenswürdig, heimtückisch, unberechenbar, verbittert und verschlossen" (Schmidbauer 2015, 155).

Das Personal ist permanent damit befasst, „geordnete Verhältnisse" herzustellen und Unordnung zu bekämpfen. Es „ist in einem ständigen Kampf begriffen, ‚Ordnung' in den Ablauf des Stationslebens zu bringen" (Fengler, Fengler 1980, 25). „Das oberste Ziel der Pfleger-Kultur ist die Ausübung der Kontrolle über die Patienten" (Goffman 1973, 88).

Dazu muss das Personal die Klient*innen „im Blick behalten". Auch der räumliche Aufbau der Anstalten und Heime ist darauf ausgerichtet: „Die Praktik der indirekten Bewachung ist freilich nur möglich, wenn der Aufenthalt der Patienten auf Räume konzentriert wird, zu denen eine solche Hör- und/oder Sichtverbindung hergestellt werden kann. In der Regel sind auch die Stationen so aufgebaut, daß der Tagesraum der Patienten in unmittelbarer Nähe zum Dienstzimmer liegt" (Fengler, Fengler 1980, 47).

Bestenfalls sehen sich die Fachkräfte in einer Doppelrolle: Sie müssen die in ihrem Zuständigkeitsbereich lebenden Menschen in der Bewältigung ihres

Alltags unterstützen, aber auch die Einrichtung als Ganzes verwaltbar machen (Neumann 1988, 203). Fachkräfte repräsentieren die Einrichtung und üben neben der Hilfeleistung immer auch Kontrolle aus, achten „auf die Einhaltung vorgegebener Regeln und Normen" und stehen dafür ein, dass „die Ordnung der Institution aufrechterhalten bleibt" (Neumann 1988, 122 f.).

In den Einrichtungen existiert eine „institutionell legitimierte pädagogische Autoritätsmacht", die von den behinderten Menschen „in der Regel auch fraglos als legitim anerkannt wird". Hinzu kommt, dass die Mitarbeitenden nicht nur als Repräsentanten der Institution über Macht verfügen, „sondern auch in ihrer Rolle als professionelle Fachkräfte ein Zugriffs- bzw. Eingriffsprivileg auf sehr persönliche Bereiche" von behinderten Menschen besitzen und das sehr viele, manchmal alle Lebensbereiche umfasst (Glammeier 2018, 13 f.). Was und wie viel gegessen wird, wo der Mensch sich aufhält, welche Zuwendung der Mensch erfährt, alles bestimmt die Fachkraft der Institution. Dabei fällt allen Beteiligten „das bis ins einzelne ausgeklügelte Anstaltsreglement, das, obwohl meist ‚therapeutisch begründet', eine einzige Kette von Demütigungen und Entwürdigungen darstellte", kaum noch auf (Fischer, F. 1969, 18).

Neue Mitarbeiter*innen, die in dieses Feld hineinkommen, „finden ein vordefiniertes und vorstrukturiertes Handlungsfeld vor, dessen Stamm-Mitglieder daran interessiert sind, ihre je eigene Arbeitskonzeption aufrechtzuerhalten und durchzusetzen" (Fengler, Fengler 1980, 229). Sie treffen auf ein Handlungsfeld, „das durch vielerlei Regelungen, Bräuche, Verfahrensweisen etc. schon vorstrukturiert ist" (Fengler, Fengler 1980, 78). „Betten trimmen, Essen austeilen, ‚Wäsche fahren', Blut, Urin u. a. ins Labor bringen, Fenster putzen, Patienten baden, zum Röntgen begleiten oder sonntags in die Kirche, sie in Haus und Garten beaufsichtigen, und vor allem immer wieder Türen abschließen – das tägliche Einmaleins des Anstaltspflegers" (Fischer, F. 1969, 11). „Um 5.45 Uhr sind durch die Mithilfe mehrerer gesunder Kranker die Betten gemacht, die Bettnässer notdürftig eingewickelt. Sie werden nie gewaschen. Nur Puder wird auf den urinfeuchten Körper gestreut. Es geschieht alles mit Abstand; kühle Berufsauffassung; mit den Jahren abgestumpft; wenig Arbeit, gut bezahlt; ungewöhnliche Macht über eine große Zahl von Menschen" (Herold-Weiss 1974, 143).

So sind Veränderungen des Systems aus sich heraus schwer. „Die Organisationsmitglieder wollen sich nicht den Boden unter den Füßen wegziehen, auf dem sie jahrelang fest und sicher gestanden sind. Denn wer in einem relativ stabilen System etwas ändert, geht ein Risiko ein, setzt sich der Gefahr aus, Fehler zu machen oder Enttäuschungen zu erleben" (Neumann 1988, 327). Menschen, die in diesem System arbeiten, entwickeln eine „persönliche Organisationsgeschichte": „Sie gräbt sich in die Biographie, in die Geschichte eines Menschen, sie strukturiert sein (Berufs-)Leben; sie führt zur beruflichen Zufriedenheit oder in berufliche Katastrophen, sie stiftet – wie auch immer – einen Teil der Identität" (Bauer, Schmidtbauer 2005, 65).

Diese Praxen werden nicht allein von den Mitarbeiter*innen hervorgerufen. „Vielmehr entstehen sie aus einer Eigenlogik der Einrichtung, welche letztlich durch die Struktur der ‚Versorgung' von außen vorgegeben ist" (Trescher 2018, o. S.). Trotzdem sind die in den Einrichtungen tätigen Fachkräfte keine Objekte der Verhältnisse, sondern letztlich verantwortlich für ihr Handeln. So gab es immer wieder Kritik an den Verhältnissen in den Institutionen. „Nach einer Epoche der Begeisterung für die Verberuflichung und Verwissenschaftlichung des Helfens ist die Professionalität im Umgang mit gesundheitlichen und psycho-sozialen Problemlagen heute wachsender Kritik ausgesetzt" (Braun 1985, 237). Ivan Illich unterstellte einen antisozialen Charakter von Erziehern, Ärzten, Sozialarbeitern und schlug vor, „die Mitte des 20. Jahrhunderts die Epoche der entmündigenden Expertenherrschaft" zu nennen (Illich 1979, 7).

Entscheidende Anstöße zu einer Weiterentwicklung der Arbeit in den Anstalten und Heimen kamen aber nicht von der Psychiatrie oder der Sonder- und Heilpädagogik, sondern von behinderten Menschen.

2.2 Jedem Krüppel seinen Knüppel

Schon lange gab es Selbsthilfeorganisationen behinderter Menschen wie Kriegsopferverbände oder Verbände der Angehörigen (wie die Lebenshilfe), die sich mit ihren Forderungen und Einflussnahmen weitgehend innerhalb des bestehenden Hilfesystems bewegten.

Seit Anfang der 1970er Jahre jedoch wurde dieses System der Aussonderung von behinderten Menschen grundsätzlich infrage gestellt. Erste Organisationen wie der „Club Behinderter und ihrer Freunde" (Cebeef) in Frankfurt am Main oder Volkshochschulkurse von Ernst Klee und Gusti Steiner gingen mit für die damalige Zeit provokativen Aktionen in die Öffentlichkeit. „Wir haben uns im Innsbrucker Stadtzentrum verteilt und kleine Geldbeträge an Passantinnen und Passanten verteilt – unter dem Motto: Behinderte spenden Nichtbehinderten. … Kinder und Jugendliche haben das Geld freudig angenommen und sind damit meist schnell weggelaufen. Männer mittleren Altern gingen immer ohne Reaktion vorbei, als wären wir nicht vorhanden. … Frauen mittleren Alters antworteten oft mit einer kurzen freundlichen oder verständnisvollen Bemerkung oder blieben stehen und erkundigten sich darüber, was wir hier machen. Ältere Personen reagierten durchwegs schroff ablehnend bis zornig. … Eine sprachbehinderte Frau aus unserer Gruppe kam mit wesentlich mehr Geld zurück, als sie mitgenommen hatte – sie wurde bei dem Versuch, Geld zu verschenken vielfach selbst beschenkt" (Schönwiese 2011, 148 f.).

Es gab Aktionen gegen ein Urteil des Frankfurter Landgerichts von 1980, das den Anblick einer Gruppe behinderter Menschen als Minderung des Urlaubsgenusses anerkannte und gegen das UNO-Jahr der Behinderten 1981, an dessen Planung in Deutschland kaum behinderte Menschen beteiligt waren. 1978 wurden die Krüppelgruppen um Franz Christoph und Horst Frehe gegründet, die sich klar gegen Nichtbehinderte, aber teilweise auch gegen geistig behinderte Menschen, abgrenzten. Ein Krüppeltribunal 1981 in Dortmund machte Menschenrechtsverletzungen öffentlich (vgl. Becker 2020, 150 ff.). Die Heilpädagogik „reagierte seinerzeit geschockt und verstört. Nachdem sie sich gerade erst als akademische Disziplin etablieren konnte und gerade erst das Sonderschulwesen qualitativ und quantitativ erheblich ausgebaut worden ist, gingen Teile derjenigen, denen all diese Segnungen zugedacht waren, auf die Straße und sagten, das alles wollen wir gar nicht“ (Rohrmann, E. 2019, 7).

Mit ihren Aktionen und Veröffentlichungen hat die Krüppelbewegung nicht nur die „Normal-Bevölkerung“, sondern auch die Fachkräfte in den Einrichtungen irritiert. „Behinderte, die sich wehrten, waren ein absolutes Novum“ (Köbsell 2009, 218). Franz Christoph regte Fachkräfte mit provokanten Formulierungen zum Nachdenken über die eigene Rolle an: „Wenn man mit uns Krüppeln arbeitet, kann man in der Regel noch gesellschaftliche Anerkennung einheimsen. Weil man so stabil ist, sich mit uns zu beschäftigen! Man fragt nicht, wie stabil wir eigentlich sind, daß wir euch überhaupt aushalten“ (Christoph 1983, 40).

2.3 Alles normal?

Nicht nur behinderte Menschen selbst forderten eine veränderte Sichtweise auf und einen anderen Umgang mit Behinderung. In einem kleinen Teil der universitären Behindertenpädagogik wurde ein sozialwissenschaftliches Verständnis von Behinderung entwickelt, das der bisherigen biologisch-medizinischen Sicht diametral entgegenstand und von dieser Seite massiv angefeindet wurde. Schon 1973 schrieb Wolfgang Jantzen: „Behinderung kann nicht als naturwüchsig entstandenes Phänomen betrachtet werden. Sie wird sichtbar und damit als Behinderung überhaupt erst existent, indem Merkmale und Merkmalskomplexe eines Individuums aufgrund sozialer Interaktion und Kommunikation in Bezug gesetzt werden zu jeweiligen gesellschaftlichen Minimalvorstellungen über individuelle und soziale Fähigkeiten. Indem festgestellt wird, dass ein Individuum aufgrund seiner Merkmalsausprägung diesen Vorstellungen nicht entspricht, wird Behinderung offensichtlich, sie existiert als sozialer Gegenstand erst von diesem Augenblick an“ (Jantzen 1977/1973, 43). Diese Äußerungen klingen heute fast normal, für diejenigen Fachkräfte in den Einrichtungen, die diese Ausarbeitungen damals zur Kenntnis nahmen, taten sich aber völlig neue Perspektiven auf den Sachverhalt „Behinderung“ und ihre eigene Praxis auf.

Zunächst größeren Einfluss auf die Praxen in den Einrichtungen hatte das Normalisierungsprinzip. Es kam aus Skandinavien und traf zur rechten Zeit auf eine Praxis, in der einige der dort Tätigen das unbestimmte Gefühl hatten, dass es so nicht weiter gehen könne.

Niels Erik Bank-Mikkelsen, ein Beamter im dänischen Sozialministerium, vertrat den Gedanken, „ob die Querulanten, ob diese Bürger vielleicht doch mehr Recht hätten als die medizinischen Experten, auf die man bislang notorisch gehört hatte. Darauf schuf er das Normalisierungsprinzip als Spielmarke, das sich über Skandinavien in Windeseile verbreitete. Diese handvoll dänischer Bürger war es, von denen die ganze Modernisierung im Behindertenbereich ausgegangen ist" (Dörner 2010, 32 f.). Der aus heutiger Sicht naheliegende, aber immer noch nicht umgesetzte Grundgedanke des Normalisierungsprinzips war die Anforderung, „allen Menschen mit geistiger Behinderung Lebensmuster und Alltagsbedingungen zugänglich zu machen, die den üblichen Bedingungen und Lebensarten der Gesellschaft soweit als möglich entsprechen" (Nirje, Perrin 1991, 2).

2.4 Ändert sich das Berufsverständnis?

Im Laufe der Zeit hat sich das berufliche Selbstverständnis der in Anstalten und Heimen tätigen Mitarbeiter*innen gewandelt. Die Aussonderung wurde zwar nicht infrage gestellt, aber die Tätigkeit war häufig nicht mehr religiös als christlicher Auftrag motiviert. Betreuer*innen begriffen ihre Tätigkeit als Beruf „mit der dazugehörigen klaren zeitlichen und inhaltlichen Begrenzung ihres Arbeitsauftrages" (Wacker et al. 1985, 283). Außerdem wurde eine neue, alternative Fachlichkeit sichtbar, die den behinderten Menschen nicht mehr als unheilbar und unverstehbar ansah. Neben die Aufgabe, die Ordnung auf der Station zu organisieren und aufrecht zu erhalten trat der Anspruch, eine Beziehung zu gestalten.

1965 wurde in der BRD die dreijährige Krankenpflegeausbildung eingeführt. Bis dahin war Pflege eine in kirchliche Strukturen eingebundene Domäne bürgerlicher Frauen und wurde als christliche Aufgabe und weniger als Beruf gesehen. Meist wohnten Krankenschwestern (die oft Ordensschwestern waren) auf dem Klinikgelände, oftmals erhielten sie kein Gehalt. Für die Betreuung geistig behinderter Menschen gab es noch keine Ausbildung. Diese Menschen lebten vorwiegend in psychiatrischen Anstalten. Der Verband Deutscher Evangelischer Heilerziehungs-, Heil- und Pflegeanstalten formulierte 1966: „Für die Tätigkeit in Heilerziehungs-, Heil- und Pflegeanstalten und entsprechenden Einrichtungen sind daher Spezialausbildungen erforderlich, die schwerpunktmäßig auf die besonderen Belange der Arbeitsbereiche ausgerichtet sind" (nach Thesing 2011, 38). Daraus wurde dann das in dieser Zeit entwickelte Berufsbild „Heilerziehungspflege" mit seinen Ausbildungsstätten.

Die Institution Anstalt wurde aber von der neuen Heilerziehungspflege nicht infrage gestellt. In einem Lehrbuch lernten die angehenden Heilerziehungspfleger*innen: „Die Anstalt bietet nicht nur ein ‚Heim' und ein

‚Zuhause', sondern versteht sich als Lebensgemeinschaft, als eigene kleine Welt, als ‚Soziotop' für Menschen, die nicht so leben können, wie der Durchschnitt der Bevölkerung" (Thesing 2011, 152). In einem anderen Lehrbuch wird noch 1996 nur an einer Stelle kurz erwähnt, „daß sehr viel Wert auf die Nachbarschaft, auf Einkaufsmöglichkeiten, auf Nähe zu kulturellen Einrichtungen und Lokalen, auf Anbindung an Verkehrsmittel usw. gelegt werden sollte" (Bentele, Metzger 1996, 98), das war es aber dann auch. Teilhabe kommt weder als Begriff noch als Konzept vor, Integration auch nicht. Im Gegenteil. Die angehende Heilerziehungspflegerin lernt viel über die Bedeutung der Raumgestaltung für Menschen mit schwerer und schwerster Behinderung, „da diese Menschen die überwiegende Zeit innerhalb der Wohnung verbringen und nicht wie andere Menschen die Möglichkeit haben, auszugehen" (Bentele, Metzger 1996, 94). Sie lernt viel über Entwicklungsstände der frühkindlichen Entwicklung und über Förderung der Motorik, der Kommunikation, der Wahrnehmung. Aber nichts über Teilhabe am gesellschaftlichen Leben, oder um den zu dieser Zeit bereits geläufigen Terminus zu benutzen, über Integration. Aber auch hier deutet sich ein langsamer Wandel an. In einem Lehrbuch von 2009 geht es zwar immer noch viel um Pflege, Förderung und Therapie, aber auch um soziale Integration in der Freizeit und Gemeinwesenorientierung. Der Gedanke der Teilhabe kommt implizit vor. Auch ein neues Verständnis von Behinderung erscheint: „Behinderung als solche stellt – wie auch immer – eine Störung des Verhältnisses Mensch-Mensch und Mensch-Umgebung dar. Sie hängt deshalb nicht nur von der persönlichen Situation des behinderten Menschen, sondern auch von dem Umfeld ab, in dem er lebt" (Greving, Niehoff 2009, 139).

So zeigt sich das Berufsverständnis sehr resistent gegen Veränderungen. Institutionelle Hilfen für behinderte Menschen haben weitgehend ihre Wurzeln nicht im Gemeinwesen, sondern möglichst weit außerhalb. Es ging von Anfang an nicht darum, Ressourcen des Gemeinwesens zu nutzen, sondern die Exklusion der „Unvernünftigen" aus der Welt sichern. Unsere Fachlichkeit hat sich aus der Überzeugung entwickelt, dass ein gutes und „heilsames" Milieu nur abseits der Gesellschaft entstehen kann. Gedanken wie Gemeinwesenorientierung haben kaum eine Rolle gespielt. Daraus ist unser Hilfesystem entstanden, es ist alt und mächtig und ändert sich nicht mal so eben, weil wir grade Inklusion und Selbstbestimmung gut finden (vgl. Schwarte 2010, 2).

So ist es erklärbar „mit welcher Brutalität, mit welcher Eigensüchtigkeit wir Profi-Helfer, egal ob Psychiater, Psychologen, Sozialarbeiter, Krankenpfleger oder Ergotherapeuten, alles immer wieder getan haben, um die Integration zu verhindern" (Dörner 2010, 34). Auch die Vorstellungen, das Verhalten von behinderten Menschen sei unverständlich und nicht beeinflussbar, „resultieren aus einer langen, zum Mythos verdichteten Tradition erziehungswissenschaftlichen und medizinisch-psychiatrischen Denkens" (Feuser 2009, 233) und finden sich nach wie vor in Paradigmen und Handlungen von Fachkräften.

2.5 Supervision, Helfersyndrom und Burn-out: die hilflosen Helfer sind ausgebrannt

Der Wandel des Anforderungsprofils für die Mitarbeiter*innen brachte andere Anforderungen und Belastungen mit sich. Wenn das Gegenüber nicht mehr nur ein eigentlich die Ordnung störender und zu „bändigender" Faktor in meinem Arbeitsalltag ist, sondern ein Mensch, der etwas lernen, sich entwickeln und zu dem ich in Beziehung treten soll, wird meine eigene Person viel stärker in den Arbeitsprozess einbezogen. Ich habe „nicht nur meine neue Umgebung wahrzunehmen, sondern auch mich in ihr. Zur Wahrnehmung kommt die Selbstwahrnehmung" (Dörner, Plog 1989, 29).

Die Neudefinition der Tätigkeit in den Berufen der Behindertenhilfe führte zunächst zu einer wachsenden Attraktivität bei jungen Menschen, die versuchten, die „erlebte Hilflosigkeit mit Aktivität zu überwinden – nach dem Motto: irgend etwas muß es doch geben; irgend etwas muß doch zu machen sein" (Fischer, D. 1997, 34), was Vertreter der traditionellen Anstaltspsychiatrie durchaus verwundert und misstrauisch beobachteten: „Wo diese modisch anmutende Tendenz zu sozialen, pädagogischen und therapeutischen Berufen, speziell zur Sozialpädagogik, herrührt, dazu gibt es mancherlei Vorstellungen" (Lempp 1985, 267).

So gab es seit den 1970er Jahren hohe Zuwachsraten in sozialen Berufen, „die als Zukunftsbranche entdeckt wurden, und die sich überdies mit allen positiven Attributen des ‚Helfens' schmückten", auch nachdem die Psychiatrie-Enquete den großen Bedarf an Professionalisierung festgestellt hatte, im Bewusstsein, emanzipatorisch und kritisch zu arbeiten (Kleiber, Enzmann 1986, 52).

Die Begegnung mit dem Arbeitsalltag, seinen Bedingungen und Belastungen führten jedoch bei vielen neuen Mitarbeiter*innen zu Anzeichen von Überlastung. Das Einsetzen der eigenen Persönlichkeit als wichtiges Instrument zeigte die Grenzen ihrer Belastbarkeit auf (vgl. Schmidtbauer 2015, 7). Wer dem nicht gewachsen war, bekam schnell ein „Helfer-Syndrom" attestiert, „die zur Persönlichkeitsstruktur gewordene Unfähigkeit, eigene Gefühle und Bedürfnisse zu äußern, verbunden mit einer scheinbar omnipotenten, unangreifbaren Fassade im Bereich der sozialen Dienstleistungen" (Schmidbauer 2015, 15). Häufige seelische Störungen bei Helfer*innen wie Depressionen, Suizid, Alkoholismus oder andere Drogenabhängigkeit wurden als Ursachen identifiziert (Schmidbauer 2015, 21). Eine mangelhafte Ausbildung und Begleitung der „hilflosen Helfer" (Schmidtbauer 2015) im Beruf wurde nicht als Grundproblem erkannt, sondern „die an einem starren Ich-Ideal orientierte soziale Fassade, deren Funktionieren von einem kritischen, bösartigen Über-Ich überwacht wird" (Schmidbauer 2015, 25). Ursachen seien erfahrene Ablehnung als Kind, versteckte orale Bedürftigkeit, Identifizierung mit dem Über-Ich, verborgene narzisstische Bedürftigkeit

(Schmidbauer 2015, 66 ff.) und nicht etwa die unzureichenden Arbeits- und Ausbildungsbedingungen.

Immerhin wurde in den Einrichtungen erkannt, dass es begleitender Maßnahmen bedarf. Aus den USA kam die Supervision nach Europa, die sich nach und nach auch in Einrichtungen der Behindertenhilfe der BRD etablierte. Sie bot die Möglichkeit, reflektiert das eigene berufliche Handeln bezüglich sozialer Wahrnehmungen, Werthaltungen, Einstellungen und Verhaltensrepertoires zu betrachten.

Als weiteres neues Phänomen in den neuen helfenden Berufen trat das Burn-out-Syndrom auf. Zunächst wurde Burn-out noch als „eine neuere Entwicklung in der modernen amerikanischen Gesellschaft" (Maslach 1985, 249) und als „Schein-Phänomen" oder „Krankheit des Überengagements" betrachtet (Kleiber, Enzmann 1986, 58 f.). Bald jedoch erkannte man, dass hier ein wirkliches Problem besteht. Das „Syndrom aus emotionaler Erschöpfung, Entpersönlichung und reduzierter eigener Erfüllung im Beruf" (Maslach 1985, 250) wurde ernst genommen, fand Eingang in Ausbildungsinhalte und Präventionsüberlegungen. Wie in anderen Fällen wurde es jedoch auch zu einem populären Schlagwort. Mit zahlreichen mehr oder weniger seriösen Büchern, Workshops, Trainingsmaterialien und „Burn-out-Beratern" ließ sich prächtig Geld verdienen.

Daneben wurde zwar die Resilienz gegenüber Burn-out erforscht, „dabei aber tunlichst die zentrale Frage aus ihrem Diskurs ausklammert, wie es denn möglich ist, dass in den reichsten Gesellschaften der Welt das Geld für den allgemeinen Menschenrechten entsprechenden Umgang mit Menschen, die des *caring* bedürftig sind, nicht vorhanden ist. Die Vorstellung, dass man gemeinsam gegen unwürdige Arbeitsbedingungen in der sozialen Arbeit, gegen Bedingungen die den Angestellten und den KlientInnen gegenüber unwürdig sind, zur Wehr setzen könnte, können sich viele der von solchen Situationen Betroffenen schon nicht einmal mehr imaginieren" (Graf 2013, 14 f.).

So entwickelte sich vielfach eine innere Suche nach Lösungen aus dem Burn-out, die sich traf mit einer Therapiebewegung, die in der Sozialen Arbeit ab Mitte der 1970er Jahre begann und in den 1980er Jahren ihren Höhepunkt erreichte. „Selbst Intimkenner der Szene haben inzwischen den Überblick über die Vielfalt der verschiedenen Therapie-Schulen verloren, zumal die neuen Therapien es aufgegeben haben, sich noch explizit auf jene psychologischen Schulen zu beziehen, denen sie ihre teils interessanten, teils wunderlichen Konzepte, Methoden und Verfahren verdanken" (Müller, C. W. 1988, 175). Es entstand ein „Markt neuer Sensibilitäts- und Selbstbefreiungs-Therapien" (Müller, C. W. 1988, 178), der durchaus anschlussfähig war an das neue neoliberale Menschenbild vom für sich selbst verantwortlichen Menschen als individuellem Unternehmer seiner selbst, der sich selbst an den Haaren aus dem Sumpf zieht, anstatt gemeinsam mit Kolleg*innen die Frage nach den Arbeitsbedingungen und den dafür zur Verfügung gestellten Mitteln zu stellen.

3 Erinnerungen: Die Achtziger Jahre

Ich bin von Beruf Rechtsanwalts- und Notariatsgehilfe, finde den Beruf aber nicht wirklich passend für mich und bin froh, dass ich als Ungelernter nun einen neuen Job habe, in dem ich mich ausprobieren und herausfinden kann, ob „die Arbeit mit Behinderten" etwas für mich ist.

3.1 Knöchelchen und Flindrim

Etwas verhalten betrete ich das große Gelände, auf dem verschiedene Häuer stehen, teilweise gibt es noch Mauern. In der Mitte befindet sich die Anstaltskirche, die den Namen „Gnadenkirche" trägt. Es ist Montag, der 02. Juni 1980 und mein erster Arbeitstag in einer großen diakonischen Einrichtung der Behindertenhilfe in Südhessen.

Ich bin 23 Jahre alt und habe etwas Mühe, mir alles einzuprägen und die vielen Eindrücke zu verarbeiten.

Als „Helfer im Pflegedienst", so die damalige offizielle Bezeichnung für Personen ohne fachlichen Abschluss, erhalte ich einen Laufzettel. Er enthält Namen von Personen, die eine besondere Funktion haben und bei denen ich mich innerhalb einer bestimmten Frist als neuer Mitarbeiter vorzustellen habe.

In der Verwaltung wird mir erklärt, wie ich zum Sonnen-Haus gelange. Mein erster Einsatzort. Ich klopfe an das Büro des Hausvaters. Es war seinerzeit noch üblich, die Hausleiter, alles Diakone, als „Hausvater" anzusprechen. Untereinander grüßt man sich mit der Anrede „Bruder". (Ich erinnere mich, dass mich einmal ein Bewohner mit „Herr Bruder, ich muss mal!" rief, weil er zur Toilette begleitet werden musste.)

Die einzelnen Häuser werden von Diakonen geleitet, die man in der Regel an ihren blauen Kitteln erkennt. Nach einer kurzen Begrüßung erhalte ich gegen Unterschrift einige Schlüssel. Mir wird erklärt, dass nahezu alles verschlossen sei und dass die Schlüssel nicht abhanden geraten dürften.

Die freundliche Sekretärin bringt mich „auf Station" 6, die hier alle, wir sind ja im Sonnen-Haus, nur SO 6 nennen. Es gibt hier noch einige Dinge zu klären und ich bin an dem Tag noch ohne klare Aufgaben. Im Büro erklärt man mir den Dienstplan. Mein erster Frühdienst ist dann am nächsten Tag, den 03. Juni 1980. Ich bin auf SO 6 als Helfer im Pflegedienst eingesetzt. Im SO-Haus leben ausschließlich Männer, die auch ausschließlich von männlichem Personal versorgt werden.

Zum Frühdienst bin ich pünktlich. Ich mache mit beim Wecken. Ohne anzuklopfen wird jedes Zimmer betreten und werden die Bewohner, die wir damals noch „Behinderte" nannten, geweckt.

In der Dusche herrscht schon Leben. Dort steht ein Mitarbeiter, den alle nur „Flindrim" nennen, in Gummistiefeln, mit einer wasserfesten Schürze und einer Zigarre im Mund. Er duscht alle der Reihe nach ab, so, wie sie ihm zugeführt werden. Viele kommen nackt oder nur spärlich bekleidet aus ihren Zimmern. Einige Betten sind nass und verunreinigt.

Es gibt keine privaten Handtücher. Wir nehmen von dem Stapel ein Handtuch nach dem anderen und trockenen alle ab, die Flindrim uns benennt. Einer von ihnen ist Dieter, der, aufgrund seiner hageren Gestalt, von Flindrim den Namen „Knöchelchen" erhalten hat.

Für alle steht ein Rasierapparat zur Verfügung und so fällt mir die Aufgabe zu, „die Männer" zu rasieren. Ich bin sprachlos und fühle mich überfordert. Noch stelle ich nichts infrage, sondern versuche, mich anzupassen und in die Abläufe einzufuchsen; ich will ja ein guter Kollege sein.

Im Bad türmt sich ein Berg aus Nachthemden und Handtüchern, Flindrim steht mit Gummistiefeln und Gummischürze nach wie vor in der Dusche und hat den Überblick. Wer nicht schnell genug ist, bekommt auch schon mal einen Stoß und nicht selten machen die Kollegen sich ihren „Spaß" mit dem ein oder anderen Bewohner.

Ich weiß es nicht mehr genau, aber ich glaube, dass hier 19 Bewohner lebten. Ich kann mich nur an ein Einzelzimmer erinnern.

Dann ist Frühstück und der eine Teil meiner Kollegen, zu denen immer Flindrim gehört, geht dann in die Kantine und macht Pause. Zu der Zeit kann man dort noch rauchen und es wird auch Bier ausgeschenkt, Flindrim trinkt zu jeder Pause eine Flasche Bier.

An bestimmten Tagen kommt die Fußpflege und wir müssen die Bewohner vorbereiten und der Fußpflege assistieren. Da sitzen sie aufgereiht und warten, bis sie an der Reihe sind. Ebenso kommt in regelmäßigen Abständen der Friseur. Wir legen fest, bei wem es mal wieder so weit wäre und melden sie an. Hier ist die Prozedur ähnlich wie bei der Fußpflege.

Dieter, der von Flindrim „Knöchelchen" genannt wird, kann Akkordeon spielen. Wenn er gute Laune hat, dann sitzt er in seinem Zimmer und spielt auswendig. Er kann auch den Stadtplan von Frankfurt, wie es zu der Zeit war, als er dort als kleiner Junge wohnte, aus dem Kopf malen. Dieter bekam als Kind einen epileptischen Anfall und wurde vom Vater, es handelt sich um die Zeit der Dritten Reiches, aus der Schule genommen. Wenn er gut gelaunt ist, erzählt er von früher und es ist höchst interessant, sich mit ihm zu unterhalten.

Im Laufe des Tages werden noch Blutdruck, Fieber und Puls gemessen. Aber ich weiß nicht mehr, wann am Tage das erfolgte.

Unsere Tätigkeit erschöpft sich nahezu ausschließlich mit hauswirtschaftlichen Aufgaben sowie der Versorgung der Bewohner. Die Betten sind zu machen, das Bad und Küche sind zu reinigen. Es gibt eine Anstaltswäscherei und an bestimmten Tagen wird die gewaschene Wäsche schrankfertig geliefert und wir haben sie einzusortieren. Jedes Wäschestück ist gezeichnet und enthält entweder den Namen des Besitzers oder den unserer Station.

Das Essen wird zentral angeliefert. Dazu haben wir täglich eine aktuelle schriftliche Meldung in der Küche abzugeben. Wir bekommen auch Lebensmittel geliefert, die wir dann selbst zubereiten. Dies betrifft insbesondere das Frühstück und das Abendessen.

Die Einrichtung hat einen eigenen Anstaltsarzt und ein eigenes Labor. In regelmäßigen Abständen finden Visiten statt, zu denen wir Bewohner vorschlagen. Je nachdem, wie wir Sachverhalte darstellen und begründen, wird die Medikation angepasst. Es handelt sich in der Regel um Haldol und Neurocil.

Das Dienstzimmer ist der zentrale Anlaufpunkt, auch hier wird wie selbstverständlich geraucht. Wir dokumentieren jeden Tag die Vitalwerte und was wir sonst für erwähnenswert halten. Nicht immer ist alles so verlaufen, wie es sich dann im Nachhinein liest.

Im Tagesraum, wir sagen zu der Zeit noch nicht „Wohnzimmer", halten sich die Bewohner tagsüber auf, unterhalten durch einen Fernseher. Im Tagesraum sind Lautsprecher installiert. Die Gottesdienste werden übertragen, sodass auch diejenigen, die nicht persönlich am Gottesdienst teilnehmen können, indirekt doch dabei sein können.

Vor den Mahlzeiten wird gebetet. Das Ende des Tischgebetes stellt den Startpunkt der Nahrungsaufnahme dar, die dann in der Regel auch recht schnell und unverzüglich erfolgt. Einige Bewohner sind beim Essen auf Hilfe angewiesen. Wir sprechen davon, dass Bewohner zu füttern sind. Erst später wird mir deutlich, dass Tiere gefüttert werden und dass man Menschen Nahrung reicht.

Der Hausvater kommt regelmäßig zum Rundgang vorbei und erkundigt sich nach Neuigkeiten. Schnell wird deutlich, dass dies ein Ritual ist, das man am besten dadurch beibehält, indem man unverbindliche Antworten gibt.

Zu den regelmäßigen Dienstberatungen treffen sich die jeweiligen Stationsleiter, auch hier sprachen wir noch nicht von Wohngruppenleitung, im Büro des Hausvaters. Ich war nicht oft dabei, habe das aber als eher einsilbige Veranstaltungen in Erinnerung. Praktisch war, dass wir das Protokoll der Beratung im Anschluss immer gleich mitnehmen konnten. Es war offensichtlich schon vorher erstellt worden und ersetzte die Tagesordnung.

Eines Tages meint Hans, der Leiter von SO 6, er habe heute einen kleinen Pornofilm dabei, den wir uns dann ja heute am späteren Vormittag einmal mit dem stationseigenen Filmprojektor anschauen könnten. Dazu wurde der Flur verdunkelt und dann saßen wir in einer brünstigen Stille, die ekelig war und hin und wieder von Flindrims Kommentaren unterbrochen wurde.

Die Mitarbeiter sind an den dicken Schlüsselbunden zu erkennen, die sie meist außen sichtbar am Hosenbund tragen. Der Schlüssel ist ein Statussymbol, das anzeigt, wer drinnen ist und wieder raus kann.

Im Herbst des Jahres beginne ich eine Ausbildung zum Krankenpflegehelfer und verlasse die Station.

3.2 Jürgen und Lars

Der Hausvater spricht mich eines Tages an und teilt mir mit, dass er mich nach meiner Ausbildung auf die Station SO 1 versetzen wolle. Er entschuldigt sich fast dafür, denn es ist allgemein bekannt, dass diese Station den schlechtesten Ruf im Haus hat. „Wissen Sie, versuchen Sie doch wenigstens, dass die Bewohner nicht mehr auf Strümpfen laufen, sondern in Hausschuhen", sagt er nahezu ein wenig verlegen.

Die Station SO 1 befindet sich im Kellergeschoß. Neben der Bezeichnung S0 1 ist auch „Sockel" geläufig. Das Haus steht etwas am Hang, sodass die zum Hang geneigten Fenster Tageslicht haben. Das Bad, die Küche und auch das Zimmer von Lars sind ohne Fenster.

Die Bewohner tragen tatsächlich keine Hausschuhe, sondern gehen alle in Strümpfen herum. Viele tragen Overalls, die Knopfleiste auf dem Rücken. Christian trägt normale Kleidung und hat an seinen beiden Handgelenken Fixiergurte.

Hier gibt es keinen Kollegen, der in Gummistiefeln und mit Gummischürze und Zigarre die Bewohner duscht, aber es gibt Kurt, den man prima ärgern kann, wenn er morgens unter der Dusche steht und man ihn auffordert, das Lied „Danke für diesen guten Morgen" zu singen. Dann dauert es nicht lange, dass er sich in den Handballen beißt. Danach schlägt er sich ins Gesicht und dann geht es mit großem Gebrüll auf alles, was er irgendwie zerstören kann. Das ist dann der Augenblick, wo die Mitarbeiter zeigen können, was sie drauf haben. Sie stürzen sich auf ihn und versuchen ihn zu bändigen.

Jürgen ist der älteste im Team. Er kommt aus dem Ruhrgebiet und hat auch seinen Dialekt mitgebracht. Sein Zuständigkeitsbereich ist die Küche. Im Kühlschrank hat er immer etwas Apfelwein stehen. Es ist kein Geheimnis, dass er alkoholkrank ist. Weil darüber jedoch nicht gesprochen wird, ist es dann aber wohl doch eines. Er muss irgendeine große Enttäuschung erlebt haben, die im Zusammenhang mit der Einrichtung steht. Er spricht nicht drüber. Allerdings wirft er „denen da oben" Heuchelei vor. Und so kommt es mehr als einmal vor, dass er Sonntagmorgen im Frühdienst, wenn die Glocken der Gnadenkirche läuten und „die da oben" zur Kirche gehen, das Fenster aufreißt und „Guck sie Dir an, die Heuchler!" herausbrüllt.

Christian trägt die Fixiergurte, weil er sich permanent schlägt. Man kann an seinem Gesicht ziemlich gut ablesen, wie es ihm gerade so geht. Manchmal kommt Jürgen und sagt, dass es wohl wieder an der Zeit sei, Christian zu beruhigen. Dann nimmt er sich einen Handschuh, geht mit Christian ins Zimmer, legt ihn aufs Bett und befriedigt ihn sexuell. Details kenne ich nicht, aber ich hatte das Gefühl, dass eine gewisse Bewunderung für Jürgen überwog, weil er sich so etwas traute.

Lars ist blind. Das ist dann wohl auch der Grund, warum sein Zimmer kein Fenster hat. Er hat ein kleines Zimmer ohne persönliche Gegenstände. Wegen des Brandschutzes hat sein Zimmer eine dicke Eisentür, die beim Schließen ein dumpfes metallisches Geräusch produziert, das ich heute noch höre.

Das kollegiale Miteinander ist hier nicht sehr ausgeprägt und so kommt es vor, dass die einzelnen Schichten gegeneinander arbeiten. Ein Höhepunkt in diesem Gezicke ist sicherlich, als der Spätdienst eines Tages einigen Bewohnern ein Abführmittel verabreicht, damit der Frühdienst am nächsten Morgen ordentlich zu tun hat.

Die Bewohner werden alle geduzt und entweder mit ihren Vornamen, teilweise auch mit ihren Nachnamen angesprochen. Herr Schneider, der mit Vornamen Karl heißt und oftmals einkotet, wird von den Mitarbeitern „Karl anal" genannt.

Es gibt Herrn Müller, der auf Kommando onaniert. Die Mitarbeiter setzen ihn auf die Toilette, stellen sich vor ihn hin und unverzüglich, nachdem sie „Schön feste, feste" sagen, beginnt Herr Müller, sich selbst zu befriedigen.

Ich habe als Ahnungsloser in einer diakonischen Einrichtung der Behindertenhilfe als Helfer im Pflegedienst begonnen, war bemüht, fleißig mitzuarbeiten und die „Sonderwelt Heim" möglichst schnell zu verstehen. Nun muss ich ernüchtert feststellen, dass das hier weder fachlich noch ethisch zu rechtfertigen ist. Es ist befremdlich, wenn ich realisiere, dass meine Kollegen Teil der Mannschaft sind, mit denen mein Arbeitgeber sein Verständnis von Nächstenliebe umsetzt. Und dass die Euthanasie erst knapp vierzig Jahre vorbei ist, denkt man besser auch nicht.

Mittlerweile besuche ich berufsbegleitend die Schule für Heilerziehungspflege (HEP) und schließe die Ausbildung im März 1986 erfolgreich ab.

3.3 Ulf und Herr Kunze und der Tod

Ulf hat einen großen Bewegungsdrang und entfernt sich öfter aus dem Haus. Da er sich nicht orientieren kann und nicht verkehrssicher ist, machen die Mitarbeiter sich Sorgen. Sie empfehlen einen Umzug in einen geschlossenen Bereich. Dies lehnen die Angehörigen ab und übernehmen schriftlich die Verantwortung für mögliche Folgen. Eines Tages ist Ulf verschwunden. Monate später findet ein Förster seine skelettierte Leiche.

Herr Kunze, der nur „Kunz" gerufen wird, hat die Angewohnheit, immer sehr schnell zu essen. Dabei kann es auch vorkommen, dass er sich verschluckt. Eines Tages stirbt er an einer Mandarine, die er zu hastig und nur halbzerkaut heruntergeschluckt hat. Unsere Versuche, ihm zu helfen, sind leider erfolglos. Er stirbt vor unseren Augen.

Es wird mir später noch zwei weitere Male passieren, dass ich beim plötzlichen Sterben eines Bewohners zugegen bin. Herr Günther stirbt während einer Feier noch mitten im Saal, nachdem er sich verschluckt hat. Herr Fischer erleidet einen Verkehrsunfall. Ein Auto hat ihn beim Überqueren der Straße angefahren. Er stirbt am Straßenrand.

3.4 Erst Abdanken – das geistliche Leben im Stationsalltag

Vor und nach jeder Mahlzeit wird gebetet. Wir essen nicht mit, sondern helfen hier und da bei der Nahrungsaufnahme, die wir als „füttern" bezeichnen. Das Essen kommt portioniert und zugeteilt. Jürgen, der immer Küchendienst hat, schafft es dabei regelmäßig, auch für die Mitarbeiter etwas Essen abzuzweigen.

Wir stehen da mit unserem dicken Schlüsselbund, einige von uns auch im Kittel, und beobachten die Prozedur. Einer von uns geht herum und teilt die Medikamente aus. Das ist ein etwas herausgehobener Posten und darf im Prinzip nur von einer Fachkraft durchgeführt werden. Das offizielle Ende des Mittagessen findet mit dem Dankgebet statt. Dieser Vorgang wird auch gern als „Abdanken" bezeichnet. Je nach Möglichkeit gibt es schon auch den ein oder anderen Bewohner, der in der Lage ist, ein entsprechendes Gebet zu sprechen.

Die Gottesdienste werden über Lautsprecher direkt in die Tagesräume übertragen, sodass auch diejenigen, die nicht so mobil sind, dass sie an dem Geschehen teilhaben können, am Gottesdienst teilhaben können. Ob sich die Effekte, die sich die Verantwortlichen erhoffen, auch einstellen, vermag ich nicht zu sagen. Allerdings kommt es mir schon eher aufgesetzt vor. Eine Routine, die bei „Kirchens" eben irgendwie dazugehört. Man könnte das auch als „Zwangsbeschallung" beschreiben ...

Zu der Zeit ist die Kirchenzugehörigkeit ein Einstellungskriterium und wer der Kirche den Rücken kehrt, muss mit einer Kündigung rechnen.

Der Anstaltsdirektor ist Pfarrer. Er ist der Vorsitzende der Leitungskonferenz und damit den Bereichs- bzw. Abteilungsleitern vorgesetzt. Die Leitung der einzelnen Häuser liegt in der Verantwortung von Diakonen. Zu den Leitungszusammenkünften auf Wohngruppenleiterebene gibt es immer zuerst ein geistliches Wort des Hausleiters, der bis vor wenigen Jahren noch „Hausvater" genannt wurde.

3.5 Dr. Neurocil und die wunderbare Welt der Medizin

Eigentlich heißt er ja anders, aber nahezu bei jedem Bewohner, der ihm zu den Visiten entweder persönlich vorgestellt oder über den ihm berichtet wird, verordnet er entweder Haldol oder Neurocil. Letzteres führt dazu, dass wir ihn Dr. Neurocil nennen.

Ein ausgebildeter Mitarbeiter hat die Aufgabe, die Visiten vor- und nachzubereiten. Gemeinsam überlegen wir, welchen Bewohner wir ihm vorstellen könnten und welche medizinischen Fragen wir an ihn haben.

Dann öffnet sich irgendwann die Tür und in einem weißen Kittel, in der Regel von der Labormitarbeiterin begleitet, erscheint der Anstaltsarzt. Es gibt zu diesem Zeitpunkt einen Arzt und eine Vertretung, die nach meiner Erinnerung aber keine volle Stelle hat.

Wir berichten von unseren Beobachtungen und erhalten dann, gern in einem belehrendem Tonfall, Empfehlungen, Hinweise und Anweisungen zu medizinischen Fragen und zu Medikamenten. Viele der Bewohner haben eine Bedarfsmedikation. Das bedeutet, dass bei Vorliegen eines entsprechenden Bedarfs ein zuvor bestimmtes Medikament in der zuvor festgelegten Höhe gegeben werden kann. Dies sind in der Regel Psychopharmaka und es gibt dabei auch durchaus Situationen, in denen entweder der „Bedarf" nach eigenem Ermessen definiert wird, oder aber Situationen erzeugt werden, die einen Bedarf erforderlich machen.

Die Medikamente sind noch nicht personenbezogen. Im Medizinschrank, der gut sichtbar im Dienstzimmer steht, lagern große Anstaltspackungen. Entsprechend des Medikamentenplanes werden von einer Fachkraft die einzelnen Gefäße befüllt und in ein spezielles Medikamententablett gestellt. Es enthält Aussparungen, in die die kleinen Medizinbecher genau hineinpassen und mit den Namen der Bewohner beschriftet sind. Zu jeder Mahlzeit ist es nun Aufgabe einer Fachkraft, mit dem Tablett von Platz zu Platz gehen, die Medikamente zu verabreichen und die Einnahme zu überwachen. Dies ist eine Tätigkeit, zu der nicht jeder befugt ist und die sich deshalb gut eignet, seine Position innerhalb der Kollegenschaft zu demonstrieren.

Es bleibt nicht aus, dass es hin und wieder auch zu Fehlern kommt, dass jemand die falschen Medikamente oder eine falsche Dosierung erhält. Lebensbedrohliche Situationen sind mir nicht erinnerlich.

3.6 Arbeit und Beschäftigung

Einige Bewohner*innen gehen stundenweise in die Arbeitstherapie. Hier geht es um kreatives Gestalten und um zweckfreies Tun. Allerdings vollzieht sich hier ein Wandel und aus der Arbeits- wird die Ergotherapie.

Die Einrichtung erhält viele Kleiderspenden. Mit Bewohnern*innen, die wenig Geld für Bekleidung oder einen hohen Verschleiß an Kleidung haben, gehen wir regelmäßig in die Kleiderspende. Die Auswahl ist relativ groß und es gibt durchaus Brauchbares. Die Weitergabe an die Bewohner*innen ist gratis. Eines Tages wird auf jedes Kleidungsstück eine Art Gebühr erhoben und so werden die Reinigungs- und Lagerkosten entsprechend umgelegt. Der Gedanke, dass ein gespendetes Kleidungsstück von dem, dem es gespendet wird, zu bezahlen ist, weil man als Spendensammelstelle eigene Kosten einpreist, will mir nicht so recht passen und ich frage mich, wie hoch die Spendenbereitschaft wohl wäre, wenn dies den Spendenden bekannt wäre.

Es gibt einige fittere Bewohner*innen, die in der Hauswirtschaft helfen, in der Küche, beim Putzen und Reinigen der Wohnbereiche, bei der Wäsche- und der Gartenpflege. Der Träger hat auch Reinigungspersonal direkt mit Arbeitsvertrag fest angestellt.

Mit der Gründung der Werkstatt für Behinderte (WfB), die später in Werkstatt für behinderte Menschen (WfbM) umbenannt wird, ändert sich das. Plötzlich putzen behinderte Beschäftigte als Mitarbeiter der Hauswirtschaftsgruppe der WfbM ihre eigenen Wohnbereiche. Das Reinigungspersonal wird überflüssig, weil der Träger den Auftrag zur Reinigung seiner Gebäude an seine eigene WfbM vergeben hat. Und Frau M., die im Haus „Morgentau" wohnt, geht fortan in die WfbM zur Arbeit, um von dort dann als Mitarbeiterin der Hauswirtschaft wieder in ihr Wohnhaus Haus „Morgentau" zurückzukehren, um es zu säubern.

Auch die Pflege und Instandhaltung der Grün- und Außenanlagen wird an die eigene Werkstatt vergeben, sodass die Beschäftigten ihr eigenes Gelände in Schuss halten.

Das mag neben dem „Geschmäckle", den dieses Konstrukt hat, im Einzelfall sinnvoll sein, hat aber mit Integration und Inklusion rein gar nichts zu tun.

Die Abhängigkeit der Werkstätten von lukrativen Aufträgen hat zur Folge, dass sie auf diejenigen Beschäftigten, die relativ gute Arbeitsleistungen erbringen, nicht verzichten können, weil ihnen diese Beschäftigten die Aufträge sichern.

Ich erinnere mich an ein Gespräch mit einem Geschäftsführer, mit dem ich mich Jahre später einmal über eine mögliche Fusion der Werkstätten unserer beiden Träger unterhielt. Wir kamen überein, uns die „wirklichen" Zahlen zu zeigen. In diesem Zusammenhang sagte er mir: „Wenn du es als Leiter nicht schaffst, dass im Jahr eine Million Euro übrigbleiben, dann hast du etwas falsch gemacht."

3.7 Fußpflege und Friseur

Regelmäßig kommen die Fußpflegerin und der Friseur in die Einrichtung. Das ist allein schon deshalb etwas Besonderes, weil die Fußpflegerin weiblich ist und weil auch der Friseur, der im Nachbarort einen Salon betreibt, regelmäßig seine Tochter mitbringt die ebenfalls Friseurin ist. Das sorgt für eine etwas andere Atmosphäre und Abwechselung im eher monotonen Stationsalltag.

Da sitzen also die Bewohner geduldig in dem bis unter die Decke gefliesten Bad und warten auf Kamm und Schere. Wer mal wieder mit dem Haareschneiden „dran" ist, entscheiden entweder wir Mitarbeiter oder aber der freundliche Friseur selbst. Da wird auch schon mal ein derber Spruch gemacht und ob die Abrechnung immer einwandfrei ist, bleibt zu hoffen. Denn das Geld zahlen wir Mitarbeiter direkt aus. Weil den Bewohnern nicht zugetraut wird, ihr eigenes Geld zu verwalten, sind wir für die täglichen Ausgaben im Taschengeldbereich zuständig. Wir kontrollieren nicht immer genau, wer denn da gerade frisiert wird und auch nicht, ob dies tatsächlich auch erforderlich ist.

3.8 Die erste Urlaubsfahrt

Die Kolleginnen eines Wohnbereiches im Frauenhaus, das den Namen „Haus Theodor" trägt, planen eine Urlaubsfahrt. Es ist das Jahr des „Flensburger Urteils" und die Akzeptanz der Öffentlichkeit behinderten Menschen gegenüber ist nicht sehr ausgeprägt. Am Rande des Einrichtungsgeländes gibt es ein Haus für Gäste. Der Urlaub lief nun folgendermaßen ab: Die Bewohnerinnen wurden mit einem Reisebus abgeholt. Es gab eine Fahrt durch die Region. Gegen Abend näherte sich der Bus dem Gästehaus der

Einrichtung über eine andere Zufahrtsstraße. Die Bewohnerinnen stiegen mit ihrem Gepäck aus und verbrachten gemeinsam mit den Mitarbeiterinnen ihren Urlaub nur einige hundert Schritte von ihrem eigentlichen Wohnhaus entfernt.

Diese Urlaubsvariante ist sicherlich nicht nur der Skepsis behinderten Menschen gegenüber geschuldet, sondern zeigt auch, dass den MitarbeiterInnen Erfahrungen fehlten und sie ängstlich und übervorsichtig waren.

Im Laufe der Jahre hatte ich mehrfach Gelegenheit, an Urlaubsfahrten von Bewohnern teilzunehmen. Für uns war ein zentrale Feststellung die, dass die Bewohner oftmals völlig andere Verhaltensweisen als in der Wohnstätte zeigten. Mehrfach mussten Bilder, Einschätzungen, Meinungen und Einstellungen korrigiert werden. Das Verhalten eines Menschen ist immer auch von dem Kontext abhängig, in dem er sich gerade befindet.

Als vor einigen Jahren aufgrund eines Feuers in einer Einrichtung für behinderte Menschen in Brandenburg ein Haus zum Teil unbewohnbar geworden war, konnte der Träger ersatzweise Wohnungen anmieten und organisierte die Betreuung in „normalen" Wohnungen. Das funktionierte besser als gedacht, bzw. befürchtet. Es bestätigt die These, dass der Mensch in der konkreten Situation, in der er sich gerade befindet, am besten lernt, sich in ihr zu verhalten. Spanisch kann man in Spanien eben besser lernen, als daheim im Volkshochschulkurs. Daher lernt man in einem Heim vorrangig nichts anderes, als in einem Heim zu leben. Alles andere ist abstrakt und erfordert Eigenschaften, über die insbesondere Menschen mit kognitiven Beeinträchtigungen, dies ist ja gerade Teil der Behinderung, nur unzureichend verfügen.

Bei der Ermittlung des Hilfebedarfs von Menschen, die in einem Heim leben, spielt dies eine wichtige Rolle. Denn am verlässlichsten lässt sich jener Hilfebedarf feststellen, den die Person benötigt, um in dem Kontext leben zu können, in dem der Bedarf erhoben wurde. Was nichts anderes bedeutet, als dass man im Heim vorrangig jene Hilfen feststellen kann, die man benötigt, um ebendort leben zu können. Im Klartext: Wer im Heim lebt, lernt, im Heim zu leben.

3.9 Das Nest

Nach einem Jahr Ausbildung habe ich im Oktober 1981 die Prüfung zum Krankenpflegehelfer erfolgreich bestanden und gelte nun als Fachkraft. Ich darf intramuskulär spritzen, darf Tabletten und Medikamente setzen und verabreichen und pflegerische Maßnahmen durchführen.

Man überträgt mir die Leitung einer Wohngruppe in einem neu errichteten Haus mit dem Namen „Nest", das aus zwölf baugleichen Wohngruppen besteht und Platz für 144 Personen hat. Das Haus hat überall extrabreite Türen und ist als Notfallkrankenhaus für die nahegelegene Kreisstadt ausgewiesen. Sicherlich ein Finanzierungskompromiss.

Später werde ich auch noch die heimeigene Schule besuchen und den Beruf des Heilerziehungspflegers erlernen.

In dem Haus leben Männer und Frauen. Alles ist modern und hell. Weil „Kunst am Bau" sein muss, ziert das Gebäude ein Brunnen. Grundausstattung und Inventar sind identisch und wiederholen sich wohngruppenweise.

Plötzlich, ich bin gerade 25 Jahre alt und verfüge über eine einjährige Ausbildung, bin ich Mitarbeitern vorgesetzt und für 12 Bewohner verantwortlich. Ich schreibe Dienstpläne, führe Dienstberatungen und „Fallbesprechungen" durch, rede mit Angehörigen, schreibe Entwicklungsberichte, bin bei ärztlichen Visiten zugegen, verwalte und verantworte Gelder und bin für das verantwortlich, was man „einen geregelten Gruppenablauf" nennt.

Die Mehrzahl der Bewohner geht arbeiten. Ein weiterer Kompromiss hinsichtlich der Finanzierung, denn dieses Haus ist Besuchern der Werkstatt vorbehalten. Dass es fragwürdig ist, Wohnmöglichkeiten an die individuellen Bedingungen ihrer Bewohner zu knüpfen, kommt mir erst allmählich. Man kann diesen Wohntyp eigentlich am besten mit einer „Werkswohnung für Menschen, die in einer Werkstatt für behinderte Menschen arbeiten" vergleichen. Solange man arbeitet, darf man dort wohnen. In dieser Zeit entsteht, hervorgerufen durch Finanzierungs- und Förderstrukturen, ein Sachverhalt, der über Jahrzehnte zu einem zentralen Thema im Bereich der stationären Behindertenhilfe werden wird.

Der Dienstplan schreibt feste Arbeits- und Pausenzeiten vor. Der Frühdienst beginnt um 06:00 Uhr und endet um 14:00 Uhr. Der Spätdienst beginnt um 13:00 Uhr und endet um 21:00 Uhr. Es fällt nicht leicht, die Dienstzeiten so zu verändern, dass sie sich stärker an den Anwesenheitszeiten der Bewohner orientieren. Neben den klassischen Früh- und Spätdiensten gibt es einen Zwischendienst und geteilten Dienst.

Wir sind nicht selten allein im Spätdienst. Um alle Aufgaben innerhalb der Dienstzeit zu erledigen, gibt es feste Zeiten, Abläufe und Rituale. Das Abendessen wird gemeinsam um 18:00 Uhr eingenommen, nachdem zuvor ein Tischgebet gesprochen wurde. Es gibt feste Zeiten unter anderem für das Baden, das Wiegen und das Auszahlen von Taschengeld.

Es kommt öfter vor, dass Bewohner im Schlafanzug das Abendessen einnehmen, damit wir zeitlich alles schaffen.

Im Tagesraum, der nun „Wohnzimmer" heißt, steht der „Gruppenfernseher". Wenn Dienstschluss ist, schalten wir den Fernseher aus, schicken die Bewohner in ihre Zimmer und schließen das Wohnzimmer ab. Den Begriff der „institutionellen Gewalt" kenne ich zu dem Zeitpunkt noch nicht, merke aber, dass es falsch und zu einfach ist, wenn man alles „der Behinderung" zuschreibt und dass viele Verhaltensweisen, die wir als störend bezeichnen, nichts anderes als Reaktionen auf Ereignisse der Umwelt sind.

Ich fange an, mir die Frage zu stellen, wie es sein muss, dass ich ein gutes Gefühl habe.

3.10 Fritz

Fritz ist ein Kollege von mir. Er ist für eine Wohngruppe verantwortlich, die aus zwölf Bewohnern besteht. Fritz spielt mit einigen Bewohnern regelmäßig Lotto. Eines Tages gewinnen sie einen größeren Betrag. Von dem Gewinn kauft er für den Wohnbereich einen eigenen VW-Bus. Eines Tages verschwindet Fritz mit dem Bus und sämtlichen Taschengeldern der Bewohner seines Wohnbereiches. Ich habe nie wieder etwas von ihm gehört.

3.11 Besuch der Gaststätte

Wir beabsichtigen, mit einigen Bewohnern in die Gaststätte im Ort zu gehen. Ein Ereignis, das für alle Beteiligten eine Herausforderung darstellt. Als wir endlich im Lokal sind, bekommen wir einen separaten Raum zugewiesen und werden gebeten, lieber zu Zeiten zu kommen, in denen wenig Publikumsverkehr ist. Wir fühlen uns nicht wirklich ernstgenommen und wissen nicht, ob wir Verständnis für Menschen aufbringen sollen, die so tun, als gäbe es keine Behinderung und keine Behinderten. Es braucht Zeit und kann nur gelingen, wenn wir nicht aufgeben und immer öfter in die Gaststätte gehen. Immerhin sind wir ja auch Kunden.

Ein Mitarbeiter erzählt mir, dass die Mitarbeiter auch bei den Einzelhändlern im Ort nicht gern gesehen sind. „Wenn die wussten, dass wir aus den Heimen waren, dann haben die Händler so lange die Hand auf der Ware gelassen, bis der letzte Pfennig auch tatsächlich gezahlt wurde", so Herr F. einmal zu mir. „Wir waren nicht gut angesehen und irgendwie traute man uns nicht."

Wenig später verlasse ich den Wohnbereich und bin Schüler an der trägereigenen Fachschule für Heilerziehungspflege. Die Ausbildung beginnt 1983, dauert drei Jahre und gliedert sich in Theorie- und Praxisteile. In den Praxisphasen lerne ich die verschiedenen Bereiche innerhalb der Einrichtung kennen.

3.12 Sebastian, Thorsten und Daniel

Im Rahmen der Ausbildung lerne ich verschiedene Bereiche innerhalb der Einrichtung kennen. Während meines Schulpraktikums treffe ich dort auf einen kleinen Jungen. Sebastian wohnt noch bei seinen Eltern, die eine gesellschaftlich exponierte Stellung haben und durchaus vermögend sind. Sebastian ist ihr erstes Kind. Als dann einige Zeit später ein zweites Kind, das vollkommen gesund ist, geboren wird, ist die Freude der Eltern groß. Sebastian kann bald schon nicht mehr mithalten und fordert sich Zuwendung durch das ein, was wir als „Störverhalten" bezeichnen: Er zieht an den Haaren, reißt Brillen vom Kopf, betätigt permanent Lichtschalter und steckt alle Gegenstände in den Mund.

Die Eltern entscheiden, dass Sebastian ins Heim zieht. Zu der Zeit wird gerade eine Kleinstgruppe, für fünf Kinder/Jugendliche geschaffen. Hier zieht Sebastian ein. Fortan wohnt er mit Hertha, Katja, Daniel und Thorsten zusammen.

Die Leiterin erklärt, dass nun bald ein Junge einziehen werde, der noch mitten in der oralen Phase sei, weil er alles in den Mund stecke. Sie habe deshalb schon überlegt, ihm einen Schnuller zu kaufen und an einem Band an seinem Pullover festzumachen, damit er bei Bedarf etwas habe, was er in den Mund stecken könne.

Später wird sich herausstellen, dass Sebastian auf dieses Verhalten verzichtet, wenn man ihm anderweitig und offensiv Zuwendung zuteilwerden lässt. Ich fange an, über die Bedeutung von Beziehung in der Sozialen Arbeit nachzudenken. Wenn alles Verhalten erlernt ist, kann es auch wieder verlernt werden und es sind die Kontextfaktoren, die es stabilisieren und Lernerfolge sichern. Wie kann man aber in professionellen Strukturen Beziehungsarbeit leisten?

Thorsten ist zu der Zeit ungefähr zehn Jahre alt. Er hat eine autistische Beeinträchtigung und einen großen Bewegungsdrang. Oft rennt er über den Flur und macht dabei allerhand Geräusche. Der Bereich, in dem er wohnt, befindet sich im Dachgeschoss eines insgesamt dreigeschossigen Hauses. Die Fenster haben alle Dachgauben. Eines Tages, wir sitzen gerade zur Dienstberatung zusammen, schaut uns Thorsten von außen an. Er hatte ein Fenster geöffnet und war auf das Dach entlang bis vor unser Fenster geklettert. Ein Erlebnis, das sich tief eingeprägt hat und dessen Thema die Frage der persönlichen Verantwortung und Haftung für das Ergehen von Personen ist, die einem anvertraut sind.

Daniel ist klein und schmächtig. Er bekommt oft epileptische Anfälle und, so informiert uns die Mutter als sie ihn zu uns bringt, äße nur Schokoladenpudding. Wir halten uns an diese Information und geben fast ausschließlich zu den drei Mahlzeiten immer nur Pudding. Eines Tages beginnt ein neuer Zivildienstleistender. Irgendwie kam die Information mit dem Pudding wohl nicht so richtig bei ihm an. Er gibt Peter also einfach Kartoffeln und das „normale" Mittagessen und hilft ihm bei der Nahrungsaufnahme. Wir sind sehr erstaunt, als wir erfuhren, dass er alles aufgegessen hatte. Mitunter ist Unbekümmertheit durchaus etwas, dem zu wenig Bedeutung beigemessen wird.

Die Wohngruppe ist neu und hat Modellcharakter. Hier wohnen männliche und weibliche Personen gemeinsam in einem Wohnbereich, der immer verschlossen ist. Wir schließen uns sozusagen mit weg.

Wenn wir zur Toilette gehen, dann müssen wir vorher in der Nachbargruppe Bescheid geben, damit jemand von den Kollegen kommt und uns vertritt. Das gilt auch für die Pause, auf die wir aus Gründen der Kollegialität viel zu oft verzichten.

Es ist die Zeit, in der ich anfange, Texte zu schreiben und mir Gedanken zu machen.

3.13 Familie

Mittlerweile habe ich zwei kleine Kinder. In der Weihnachtszeit ist es üblich, dass der Direktor, der von Beruf Pfarrer ist, sämtliche Wohnbereiche aufsucht, um den Bewohnern und Mitarbeitern ein gesegnetes Weihnachtsfest zu wünschen.

Nach vier Jahren ist es das erste Mal, dass ich Weihnachten frei haben werde. Der Pfarrer kommt und wir haben einen kurzen Plausch, in dem ich ihm berichte, dass ich dieses Jahr erstmals Weihnachten bei meiner Familie sein werde. Er äußert zunächst seine Freude, zeigt in die Runde und sagt dann: „Na, Herr Frickenhaus, wenn man aber bedenkt, dass das hier Ihre Familie ist".

Lange kann ich keine Worte finden für das, was ich fühle. Da ist dieser hohe christliche Anspruch, den Bewohner*innen Familie zu ersetzen, bzw. Familie zu sein und da sind die Strukturen, die dieses verhindern. Immerhin hat man einen Arbeitsvertrag unterschrieben, erhält seinen Tarifurlaub und kann innerhalb der Einrichtung seinen Arbeitsplatz wechseln. Ich habe mir den Arbeitgeber ausgesucht, nicht aber die Bewohner*innen, für die ich nun „Familie" sein soll. Und dann ist da noch die eigene Familie, sind da die eigenen kleinen Kinder, die auch gern Weihnachten mit ihrem Papa verbringen möchten.

3.14 Was ist das hier eigentlich?

Nach ungefähr zwei Jahren Tätigkeit wechsele ich in den Wohnbereich, in dem auch Daniel, Thorsten und Sebastian wohnen. Es ist das erste Mal, dass ich etwas von Supervision höre und Fallberatungen kennenlerne.

Mittlerweile habe ich genügend Erfahrung und Wissen darüber gesammelt, wie die Struktur Heim funktioniert, sodass Zeit bleibt, Dinge zu hinterfragen und mir eigene Gedanken zu machen.

Es ist der Übergang von einer eher medizinisch und defizitär orientierten Sichtweise auf den behinderten Menschen hin zu seinen Ressourcen, zu den Stärken und den sog. „offengebliebenen Möglichkeiten". Mitunter zieht sich das auch wie ein Riss durch die Mitarbeiterschaft. Es gibt diejenigen, die im Dienst einen Kittel tragen und sich mit Hingabe den Dingen zuwenden, die man wiegen, messen und zählen kann. Da wird geputzt, gefegt und gewienert. Alles glänzt und wird sauber gehalten. Es wird „für" die Bewohner gemacht.

Die andere Fraktion lässt sich eher auf Beziehung mit den Bewohnern ein, macht Ausflüge, bastelt, singt und setzt sich mit ihnen gemeinsam in den Garten. Ihnen ist es nicht so wichtig, in welchem Zustand der Wohnbereich ist. Hier wird „mit" den Bewohnern etwas gemacht.

Das führt mitunter zu hitzigen Debatten und auch zu Unversöhnlichkeiten. Erstaunlich ist, dass eine klare Positionierung der Leitung der Einrichtung nicht zu erkennen ist.

Was ist es, was wir tun können und tun sollen, wenn es nicht möglich ist, eine Behinderung zu heilen?

Ich denke oft an meine eigene Kindheit und erinnere mich, dass ich die Eltern auch gern mal gegeneinander ausgespielt habe. Wenn mir Vater etwas verwehrte, ging ich zu Mutter und versuchte es bei ihr. Sie war sanfter und nicht selten erlaubte sie mir Dinge, die mir zuvor vom Vater verboten worden waren. Wie viele „Eltern" erlebt eigentlich ein Mensch, der Jahrzehnte im Heim lebt? Wie und an wem kann er sich orientieren? Er wird die Erfahrung machen, dass er selbst die konstanteste Person in seinem Leben ist. Und es sind nicht nur die plötzlichen Abwesenheiten und Wechsel, die Orientierungsschwierigkeiten darstellen können, sondern auch die vielen unterschiedlichen Charaktere, Sichtweisen, Menschenbilder und ethischen Verortungen der Mitarbeiter.

Viele meiner Bekannten und Verwandten kommentieren das, was ich gelegentlich mal über meine Arbeit kommuniziere, mit den Worten, dass sie das nicht machen könnten, was ich tue. Ich höre da zwei Botschaften: „Toll, ich bewundere Dich. Ich könnte das nicht, bei Behinderten zu arbeiten!" und: „Lass mich damit in Ruhe. Für mich kommt das nicht in Frage!". Es handelt sich dabei, so wird mir irgendwann bewusst, um das gesellschaftliche Spiegelbild. Gut, dass es „solche Einrichtungen" gibt, aber persönlich will man damit lieber nichts zu tun haben. Bei mir hinterlässt das einen schalen Geschmack.

Ich fange an, Gedichte und Texte zu schreiben. Das hilft, den beruflichen Alltag zu reflektieren und die Zusammenhänge zu erkennen, in denen er sich ereignet. Ich erkenne Parallelen und weiß mehr als genau, dass ich keinen Verdienst daran habe, dass ich der Mann mit den Schlüsseln bin.

Wie muss eigentlich ein Heim organisiert sein, dass ich mir vorstellen kann, dort selbst zu leben? Wie muss gute Heilpädagogik aussehen? Pädagogik? Medizin? Theologie? Ethik? Als ein Kollege einmal etwas lapidar äußert, dass man in der Pädagogik alles machen könne, sofern es sich begründen ließe, muss ich ihm mit Kopfschütteln zustimmen.

Es bildet sich mit der Zeit ein Kernsatz heraus, mit dessen Hilfe ich mich ganz gut in diesem Wirrwarr unterschiedlichster Sicht- und Herangehensweisen orientiere: „Mach es im Zweifelsfall so, wie Du es selbst gern hättest". Gerade weil es nicht primär um Wissenschaft, sondern um Beziehung geht, bin ich damit eigentlich immer auch ganz gut gefahren.

Es ist das Internationale Jahr der Behinderten. Im Fernsehen wird berichtet, dass der Bundespräsident, der zur Eröffnungsveranstaltung gekommen ist, von einem Menschen, der aufgrund einer körperlichen Beeinträchtigung auf einen Stock angewiesen ist, eben mit diesem Stock geschlagen wurde.

Der Leiter der Einrichtung, ein Pfarrer, geht in den Ruhestand. Sein Nachfolger ist ebenfalls Pfarrer. Er will noch Betriebswirtschaft studieren. Als er plötzlich verstirbt, wird die Stelle mit einem Betriebswirt besetzt.

3.15 Die Lebenshilfe

Zum 30. September 1988 beende ich die Tätigkeit in der Einrichtung und habe meinen ersten Arbeitstag am 03. Oktober. Mein neuer Arbeitgeber ist eine Elternvereinigung. Die Arbeitsstelle ist nicht allzu weit von dem Ort, an dem die Lebenshilfe 1958 gegründet wurde. Einige Mitglieder der Elternvereinigung gehören zur Gründergeneration der Lebenshilfe.

Ich habe mich auf eine Stelle als Leiter einer kleinen Gruppe beworben. Es handelt sich hierbei um eine Art Modellprojekt. Es geht um die „regionale Wiedereingliederung" von Menschen mit schweren geistigen Behinderungen, die teilweise jahrelang in einer nahegelegenen großen psychiatrischen Einrichtung lebten. Der Träger hat hierfür Fördermittel erhalten, die er in den Umbau eines bereits bestehenden Wohnhauses steckt.

Warum, so frage ich mich, hat man behinderte Menschen überhaupt außerhalb ihres vertrauten sozialen Umfeldes in Großeinrichtungen untergebracht. Die „regionale Wiedereingliederung" hätte man sich sparen können. Noch ist von „Integration" die Rede. „Inklusion" kommt später. Wenn man Menschen nicht erst aus ihren sozialen Kontexten gerissen hätte, so dämmert es mir allmählich, hätte wir jetzt vermutlich auch weniger Mühe, sie zu integrieren.

Ich lerne Bärbel kennen. Sie ist über fünfzig Jahre alt, kann nicht sprechen, nimmt gern alles in den Mund und bewegt sich ungern aufrecht fort. Ihr Bruder, der sich freut, dass die Schwester wieder in die Nähe ziehen wird, erzählt, dass Bärbel in den Hungerjahren nach dem Krieg der Familie das Leben gerettet habe. Der Bruder zog einen Handwagen, in dem Bärbel saß, durch den Ort und ging betteln. Beim Anblick seiner kleinen Schwester seien die Menschen hilfsbereiter gewesen als sonst, sagt er und man merkt, dass er das seiner Schwester nicht vergisst.

Das Wohnhaus befindet sich außerhalb eines kleinen Städtchens mitten im Wald ohne jede Infrastruktur. Lediglich ein zweites baugleiches Gebäude, das in einem Teil die Verwaltung beherbergt, und eine kleine Werkstatt für behinderte Menschen befinden sich noch auf dem Areal.

Zunächst soll ich die Strukturen des Trägers kennenlernen und werde in einem anderen Wohnheim eingesetzt. Ich bin so etwas wie ein Praktikant und lerne eine Einrichtung mit einer völlig anderen Geschichte, einem völlig anderem Selbstverständnis und einem doch etwas anderen Menschenbild kennen.

Nach acht Jahren in der Großeinrichtung sind die Dienstzeiten für mich ungewöhnlich. Der Dienst am Wochenende dauert jeweils 10 Stunden. Zum Frühstück am Sonntag will ich wie gewohnt die Bewohner wecken, als mir der Kollege bedeutet, dass die Bewohner ausschlafen dürfen und wir eine Art Buffet aufbauen werden. Wer bis zu einer bestimmten Zeit nicht erschienen ist, bekommt die Medikamente ans Bett gebracht und das Frühstück wird abgeräumt. Wer bin ich, wenn hier jeder kommen und gehen kann, wann er will? Welche Rolle habe ich? Früher habe ich immer die Vorgaben gemacht und jetzt schleiche ich auf leisen Sohlen durchs Haus.

Ich lerne den „Stopfnachmittag" kennen. Er ist eine Erfindung der Mitarbeiter, die nach einer Möglichkeit gesucht haben, sich den Einmischungen der Eltern und Angehörigen in ihre fachliche Arbeit zu erwehren. Das Problem besteht darin, dass die Angehörigen wollen, dass es ihre Verwandten gut bei uns haben, wir aber nicht besser sein dürfen als sie es zu Hause haben. Wir sind Konkurrenten. Wie kann es aber gehen, dass wir nicht besser sein dürfen, wenn sie es aber doch besser haben sollen?

Die Idee der Mitarbeiter besteht also darin, Wäsche zu sammeln, die kaputt ist und repariert werden muss und einmal monatlich zu einem Kaffeetrinkern einzuladen, bei dem geplaudert und gleichzeitig Wäsche repariert werden kann. Das nimmt den Druck, kanalisiert ihn und gibt gleichzeitig das Gefühl, etwas Gutes zu tun können

Nebenher kümmere ich mich um den Umbau des Wohnhauses, als dessen Leiter ich eingestellt bin. Ich wähle die Inneneinrichtung aus, rede mit den Planern und besuche die künftigen Bewohner und deren Angehörige.

Meinem Arbeitgeber fehlen Erfahrungen in der Betreuung von Menschen mit sogenannten schwersten Verhaltensauffälligkeiten. Da will man auch baulich auf Nummer sicher gehen. Die Fenster sind aus Panzerglas, die Möbel werden in Wand und Boden gedübelt und das Haus mit einem Raum versehen, der den Namen „Time-Out-Raum" erhält und eigentlich nichts anderes ist als ein reizarmer Raum, um jemanden kurzzeitig zu isolieren, wozu auch das Verschließen der Tür gehört. Es gibt auch einen Entspannungsraum, der mit besonderen Gerätschaften ausgestattet ist und die Bezeichnung „Snoezelen-Raum" trägt. Es wird sich später herausstellen, dass wir den „Time-Out-Raum" gar nicht dauerhaft benötigen und nutzen ihn dann zu anderen Zwecken.

Zum Konzept gehört, dass wir selbst mit den Bewohnern einkaufen und uns hauswirtschaftlich selbst versorgen. Ebenfalls ist konzeptionell verankert, dass es werktags ein sogenanntes Angebot zur Tagesstruktur geben soll, das in einer anderen Wohnstätte der Trägers stattfindet, die gut zwanzig Kilometer von uns entfernt liegt, Für den Bereich der Tagesstruktur wird eine Mitarbeitern eingestellt, die von Mitarbeitern des Wohnheimes unterstützt wird. Ziel ist es, jedem Bewohner einmal (werk-)täglich einen Orts- und Personenwechsel zu ermöglichen.

Es wird ein eigener kleiner Transporter angeschafft, sodass wir nun mobil sind. Wir nutzen das Auto unter anderem auch für unsere Einkäufe, Arztbesuche, Urlaubsfahrten, Ausflüge, für die Angebote zur Tagesstruktur. Wir betanken das Auto, waschen es und bedienen die Rollstuhlrampe.

Es zeigt sich, dass wir zu zweit sein müssen, wenn wir Bewohner befördern, weil einer mit dem Fahren ausreichend beschäftigt ist und sich nicht um die Fahrgäste kümmern kann. Strafzettel zahlt jeder selbst und das Vorliegen eines Führerscheins ist Einstellungsbedingung.

3.16 Elektroschock und Dirk

Bei meinem neuen Arbeitgeber lerne ich Strukturen kennen, in denen die Eltern/Angehörigen mehr Einfluss auf die inhaltliche Arbeit haben. An den Wochenenden stellen wir das Frühstück auf den Tisch und bauen ein Buffet auf. Wer lieber schlafen will, bleibt liegen und wir klopfen, um die Medizin zu bringen. Ich werde mit einen anderen Selbstverständnis konfrontiert. Hier geht es mehr um das Assistieren und um Augenhöhe. Das macht erst mal was, wenn man gewohnt ist, Ansagen zu machen und Abläufe zu bestimmen und zu kontrollieren.

Ich fange an, mir Fragen zu stellen, welches berufliche Selbstverständnis mir bisher vermittelt wurde.

Peter Singer veröffentlicht sein Buch „Praktische Ethik" und wir diskutieren seine zentrale These, wonach der Wert eines Menschen davon abhängt, ob er in der Lage sei, Glück zu empfinden. Die Schlussfolgerung für Singer ist die, dass das Leben eines Schweines durchaus als sinnvoller anzusehen und damit schützenswerter sei, als das eines behinderten Menschen, wenn man unterstellt, dass es „Glück" empfinden kann und ein behinderter Mensch unter Umständen dazu nicht in der Lage sei.

Für behinderte Menschen, die zu Hause bei ihren Eltern leben, halten wir eine Art Gästezimmer bereit, wenn die Eltern verhindert sind und die Betreuung und Versorgung zu Hause nicht möglich ist.

Eines Tages steht der Vater von Paul im Büro und fragt an, ob sein Sohn für einige Tage bei uns wohnen könne, weil er und seine Frau verreisen müssten. Um den Wechsel zu uns zu erleichtern, lädt er uns ein, Paul zu Hause zu besuchen, sein Zimmer und sein häusliches Umfeld näher kennenzulernen. Als ich einige Zeit später Paul zu Hause besuche, zeigen die Eltern mir dessen Zimmer. Es ist bis zur Decke mit hellblauen Kacheln gefliest.

Als Paul dann wenige Tage später gebracht wird, überreicht mir der Vater einen grauen Gegenstand, der etwa die Größe eines Smartphones hat und mindestens 3 mal so dick ist. Wenn nichts mehr hülfe und wir völlig ratlos seien, sollten wir dieses Gerät nutzen. In der Regel würde es reichen, wenn man es Paul zeigen würde.

Nachdem der Vater gegangen ist, schaue ich mir das Gerät, auf dem ein Bauer und eine Kuh abgebildet sind, genauer an. Kein Zweifel: Ich halte einen Elektroschocker in den Händen, der für Landwirte gedacht ist, damit sie ihr Vieh leichter gefügig machen können. Um auszuprobieren, ob Paul wirklich davor Angst hat, er also die Wirkung kennt, zeige ich ihm eines Tages den Elektroschocker. Sein Gesichtsausdruck und sein Verhalten sind eindeutig: Er kennt das Gerät.

Als ich davon die Leitung in Kenntnis setze, erlebe ich, wie die Sache mehr oder weniger im Sande verläuft. In einer Elternvereinigung gegen Eltern vorzugehen, macht man nicht so gern. Die üblichen Verdächtigen sehen anders aus.

Dirk ist Sozialarbeiter in der Werkstatt für behinderte Menschen (WfbM), die sich auf demselben Gelände befindet wie die Wohnstätte. Im Kellergeschoss der Wohnstätte befindet sich ein Schwimmbad. Dirk kümmert sich um Ursel und holt sie regelmäßig zum

Schwimmen ab. Eines Tages wird ihm fristlos gekündigt, weil er sich wiederholt sexuell an ihr vergangen hat. Wir sind alle geschockt und innerhalb des Trägers kommt es zu lebhaften Diskussionen über Gewalt. Es geht um Strukturen, die Gewalt begünstigen können, es geht um Moral, Ethik und Menschenbild.

4 Rückblick: Die 1990er Jahre

„Es ist schwierig, jemanden dazu zu bringen, dass er etwas versteht, wenn sein Gehalt davon abhängt, dass er es nicht versteht."
Upton Sinclair (in Varoufakis 2017, 45)

Am 09.11.1989 öffnete die DDR ihre Grenzen. Etwa ein Jahr später, am 03.10.1990, trat die DDR der BRD bei, wofür ihr der BRD-Bundeskanzler Helmut Kohl „blühende Landschaften" versprach. Damit hörte die DDR auf zu existieren und der Ostblock fiel in rasantem Tempo auseinander. Manche sprachen vom „Ende der Geschichte", alle großen ideologischen Probleme seien gelöst, Wohlstand und Freiheit schienen für jeden erreichbar, Friede auf Erden greifbar nahe. Ein großer Irrtum.

4.1 Wächst zusammen, was zusammengehört?

Die Auseinandersetzung mit dem Behindertenhilfesystem der DDR stößt aus BRD-Perspektive auf einige Probleme. So ist sie lange von einem grobschlächtigen Antikommunismus geprägt gewesen, der der DDR-Pädagogik Wissenschaftlichkeit absprach. Erst mit der Polytechnik-Rezeption Ende der 1960er Jahre wurde zur Kenntnis genommen, dass das Bildungswesen der DDR beachtliche Erfolge aufweisen konnte. Die Übertragung von Erscheinungen auf das System der BRD war wegen der unterschiedlichen gesellschaftlichen Voraussetzungen schwierig. Selbst fachsprachliche Begriffe hatten unterschiedliche Bedeutung und Konnotation. „Einseitige Sichtweisen oder Bewertungen verbieten sich daraufhin. So vielschichtig sich der hier untersuchte Personenkreis darstellt, so vielseitig waren die Grundbedingungen in den verschiedenen Phasen, die der Staat DDR durchlaufen hat" (Barsch 2013, 215).

Vor der Wende

Nach dem 2. Weltkrieg wurde in der späteren DDR wie in der BRD die alte Anstaltspsychiatrie zunächst wieder aufgebaut bzw. ohne grundlegende Reformen weiter betrieben. Die strukturelle Ausgangslage war in beiden Staaten vergleichbar. Auch das Personal blieb weitgehend das Gleiche. Da fast alle Psychiater in der NSDAP gewesen waren, gab es kaum personelle Alternativen (vgl. Klee 1993, 105, Barsch 2009, 51). Das Thema „Behinderung" (bzw. „Schädigung") fand ab den 1960er Jahren in der DDR „Einzug in die pädagogische Theorie, voran getrieben vor allem durch den Ausbau der akademischen Rehabilitationswissenschaften an der Humboldt-Universität zu Berlin. Ausgegangen wurde von der Prämisse, „dass die sozialistische Ideologie und die marxistisch-leninistische Weltanschauung dazu führen müsse, dass ‚geschädigte' bzw. ‚behinderte' Menschen in der Gesellschaft als gleichwertige Mitglieder aufgenommen wurden" (Barsch 2009, 53). „So nahm man noch in den 1950er Jahren an, durch eine verbesserte medizinische Betreuung, eine bessere Ernährung und materielle Versorgung werde die Anzahl von Behinderungen stark sinken" (Fangerau et al. 2021, 62 f.).

Recht früh gab es Reformbestrebungen in der Anstaltspsychiatrie. Die „Rodewischer Thesen" von 1963, die auf einem internationalen Symposium über psychiatrische Rehabilitation entstanden sind, „nahmen etliche Forderungen der westdeutschen Reform vorweg" (Beine 2015, o. S.). Wesentliche Ziele der späteren bundesdeutschen Psychiatriereform wurden hier bereits formuliert. Zwölf Jahre vor der Psychiatrie-Enquete in der BRD wurden in der DDR die Abschaffung der Verwahrpsychiatrie, die soziale Integration in die Gesellschaft und der Aufbau ambulanter und teilstationärer Dienste gefordert. Der Reformprozess blieb aber schnell stecken bzw. kam gar nicht in Gang. „Großkrankenhäuser, eine naturwissenschaftlich orientierte Krankheitslehre sowie Nachwirkungen der NS-Zeit in den Köpfen der Menschen bestimmten die Psychiatrie. Hinzu kamen noch die schlechten materiellen und personellen Bedingungen in der DDR" (Richter, E. 2021, 307).

Träger der Einrichtungen der Behindertenhilfe waren weiterhin etwa zur Hälfte die Kirchen, meist waren dies große traditionelle Anstalten. „Aufgrund der traditionell protestantischen Prägung im Ostteil Deutschlands unterstanden die Häuser mehrheitlich der Diakonie und wurden zu großen Teilen von der evangelischen ‚Mutterkirche' im Westen finanziert" (Fangerau et al. 2021, 77, vgl. auch Steinhoff, Trobisch 2014, 20).

Seit Anfang der 1970er Jahre wandelte sich die Heil- und Sonderpädagogik der DDR zur Rehabilitationspädagogik. Klaus-Peter Becker kritisierte den Begriff „Sonderpädagogik" als nichtssagend, „Heilpädagogik" führe zu Missverständnissen (Becker, K. P. 1979, 163). Er definiert: „Rehabilitationspädagogik ist die zweckgerichtete Tätigkeit eines Kollektivs in medizinischer, pädagogischer, sozialer und ökonomischer Hinsicht zur Erhaltung, Wiederherstellung und Pflege der Fähigkeiten des geschädigten Menschen, aktiv am gesellschaftlichen Geschehen teilzunehmen" (Becker, K. P. 1979, 159).

Es wurde in der DDR ein differenziertes Sonderschulwesen aufgebaut mit 500 acht- und zehnklassigen polytechnischen Sonderschulen, aber auch rehabilitationspädagogischen Tagesstätten für Kinder, die „keine anwendbaren elementaren Kenntnisse und Fertigkeiten in den Kulturtechniken des Lesens, Schreibens und Rechnens aneignen können, ohne jedoch völlig bildungsunfähig zu sein" (Eßbach 1981, 12). Bis Ende der 1970er Jahre gab es, ähnlich wie in der BRD, in der DDR keine Schulpflicht für geistig behinderte Kinder. Sie wurden im Elternhaus betreut oder in Heimen und psychiatrischen Einrichtungen untergebracht. Sondertagesstätten für geistig behinderte Kinder gab es seit Ende der 1960er Jahre (Barsch 2009, 55).

Die baulichen und strukturellen Bedingungen dieser Einrichtungen waren häufig mangelhaft. „Grundsätzlich fehlten Standards wie sie heute durch Heimmindestbauverordnung, Heimpersonalverordnung oder Heimgesetz vorgegeben werden“ (Steinhoff, Trobisch 2014, 21). „Eine wesentliche Rolle spielten ökonomische Zwänge und eine Mangelsituation in der materiellen und personellen Ausstattung im stationären und ambulanten Bereich, die vor allem in den letzten Jahren katastrophale Ausmaße annahmen“ (BMG 1991, 4).

Wesentlich besser dagegen war die Situation für behinderte Menschen auf dem Arbeitsmarkt. 80 bis 85 % der psychisch kranken Menschen hatten einen Arbeitsplatz in regulären Betrieben (Richter, E. 2021, 308), die Zahl der behinderten Menschen dürfte nicht wesentlich kleiner gewesen sein. 1988 waren 44.700 behinderte Menschen beschäftigt, davon 7.100 in geschützten Werkstätten, 6.400 in „Geschützten Betriebsabteilungen“ (GBA) und 32.000 auf geschützten Einzelarbeitsplätzen in regulären Betrieben (Schneider 2000, 199). „Die Arbeitszeit betrug je nach Leistungsvermögen zwischen vier Stunden und einem vollen Arbeitstag. Der Lohn wurde an der Arbeitszeit bemessen. Ein Arzt konnte für einen befristeten Zeitraum ‚Schonarbeit‘ anordnen. Die Bandbreite der Tätigkeiten reichte von Hilfsarbeiten in Garten, Küchen oder sonstigen Servicebereichen bis hin zu solchen in industriellen Produktionen. Dort wurden etwa einfache Montage- und Verpackungsarbeiten durchgeführt. Für Schonarbeit und geschützte Arbeit galt insgesamt, dass sie nicht unter ökonomischen Gesichtspunkten vergeben wurden. Vielmehr wurden die Betriebe zur Einrichtung solcher Arbeitsplätze verpflichtet“ (Barsch 2009, 58).

Menschen mit „schwersten Formen des Schwachsinns“ galten in der DDR zunächst als „kaum ansprechbar und daher auch nicht förderungsfähig“ (Breitsprecher 1971, 28). Sie lebten vorwiegend in diakonischen Einrichtungen. „1973 entstand an der Humboldt-Universität in Berlin der erste ‚Entwurf eines Rahmenplanes zur Förderung schulisch nicht mehr bildbarer, aber noch förderungsfähiger hirngeschädigter Kinder und Jugendlicher in Einrichtungen des Gesundheits- und Sozialwesens‘. Damit wurde erstmals eine pädagogische und methodische Richtlinie für die Arbeit mit geistig behinderten Kindern und Jugendlichen in der DDR veröffentlicht“ (Barsch 2009, 56). Die Diakonie der DDR baute mit der Betreuung geistig Behinderter eines ihrer größten Arbeitsgebiete auf und stellte in den 1980er Jahren „fast 50 % der in der DDR vorhandenen Plätze für Schwer- und Schwerstbehinderte“ (Hübner 2006, 21).

Die Fachkräfte in den Einrichtungen waren in der DDR entweder pädagogisch oder medizinisch ausgebildet. Die Ausbildung „Heilerziehungspflege“ gab es zwar, sie war aber lange Zeit nicht staatlich anerkannt und wurde nur in konfessionellen Schulen angeboten.

Das Behindertenhilfesystem der DDR zeigt somit ein differenziertes Bild. Es entstanden Reformkonzepte, die ähnlichen in westlichen Ländern zum Teil um Jahre voraus waren. Die Teilhabe am Arbeitsleben wurde für viele behinderte Menschen in einer Weise umgesetzt, die man heute inklusiv nennen würde. Die Wohnbedingungen waren wesentlich schlechter. Die Verbesserung der Lebensqualität scheiterte vielfach nicht an fehlenden oder falschen Konzepten, sondern an der zunehmend maroden wirtschaftlichen Situation des Landes (vgl. Barsch 2013, 210).

Nach der Wende

Nach dem Beitritt zur BRD und dem Ende des Staates DDR 1990 begann ein „beispielloser wirtschaftlicher Kahlschlag". Von 150 Großbetrieben der DDR mit mehr als 5.000 Beschäftigten verschwanden schnell 145 von der Bildfläche, zusammen mit den daran gebundenen sozialen, medizinischen und kulturellen Einrichtungen. „Wer noch etwas vorhatte in seinem Leben, suchte das Weite", ansonsten drohte prekäre Beschäftigung, Leih- und Zeitarbeit, Transferempfang (Engler 2019, 77). Nach wie vor nicht aufgearbeitet sind die „Fehler, die beim robusten Stil der Übernahme der Organisationsgewalt in allen Lebensbereichen der DDR durch westliche Funktionseliten gemacht worden sind" (Habermas 2020, 55).

In jeder zweiten Poliklinik wurde die Arbeit eingestellt, die Strukturen gemeindenaher und ambulanter sozialpsychiatrischer Versorgung brachen zusammen. Erst nach und nach entstanden neue ambulante Versorgungsstrukturen in freier Trägerschaft (vgl. Richter, E. 2021). „Die Träger der ambulanten Einrichtungen in der ehemaligen DDR waren angesichts der durch die Vereinigung schlagartig auf sie zukommenden komplizierten und zunächst ungeklärten Finanzierungsmodalitäten und Kostenzuständigkeiten naturgemäß völlig überfordert, zumal sie sich mit Problemen dieser Art bis zu diesem Datum nicht zu befassen brauchten" (BMG 1991, 9). Da bisher vieles staatlich geregelt war, gab es kaum Vereine oder Selbsthilfegruppen. Die mussten in einem neuen und ungewohnten Rechtssystem gegründet werden. Wie trägt man sich in ein Vereinsregister ein, wie stellt man einen Gemeinnützigkeitsantrag, und gibt es die zuständigen Ämter überhaupt schon?

Mit den Betrieben verschwanden auch die geschützten Arbeitsplätze. Die meisten behinderten Menschen verloren ihre Arbeitsplätze und damit Einkommen, soziale Kontakte und Tagesstruktur. Erst nach und nach wurden die verschwundenen Arbeitsplätze in den regulären Betrieben durch neu gegründete Sondereinrichtungen, durch Werkstätten für behinderte Menschen nach BRD-Vorbild ersetzt.

In den großen Anstalten der DDR zeigte sich 1989 ein ähnliches Bild wie in denen der BRD. Bis zu einem Drittel der Insassen waren geistig behinderte Menschen. Sie lebten in baufälligen Gebäuden, oft unter erbärmlichen Umständen.

So wurde der Beitritt der DDR zur BRD nicht für grundsätzliche Neuerungen genutzt, im Gegenteil. Dem Land wurde auch im Bereich der Behindertenhilfe das West-Schema übergestülpt mit den alten Paradigmen, Konzepten und auch vielfach dem Personal. Wolfgang Hinte beschreibt das so: „Den in der Sozialen Arbeit in den neuen Bundesländern tätigen Professionellen wird deutlich, dass man ihnen die liegen gebliebenen westlichen Ladenhüter als den letzten Schrei angepriesen hat und somit gleichsam soziale Arbeit auf unterstem Westniveau in den Osten transportiert wurde. Da haben Ost-Kommunen stolz in drei verschiedenen Ämtern drei Allgemeine Sozialdienste eingerichtet, da hat man übersichtlich die Klient/innen nach Buchstaben geordnet, da hat man Fallbearbeitung auf dem Niveau der Lambertus-Veröffentlichungen aus den 1970er Jahren gelehrt: allesamt Dinge, die im Westen zumindest programmatisch überholt schienen" (Hinte 2008, 186).

„Binnen weniger Jahre wurde der Osten Deutschlands zum Experimentierfeld einer rauen, hart auf das Leben der Einzelnen zupackenden Gangart des Kapitalismus" (Engler 2019, 77). In beiden Teilen Deutschlands nahm die Ökonomisierung des Alltagslebens Fahrt auf und die Hoffnung einer sich gerade findenden Selbsthilfebewegung behinderter Menschen der DDR erfüllte sich nicht: „Sollte es also wirklich nicht möglich sein, das bedeutend sozialere Prinzip der armen DDR durch die hochmoderne Technik und funktionierende Infrastruktur der Bundesrepublik Deutschland zu ergänzen und beides in einer besseren deutschen Republik aufzuheben? Ich finde, einen Versuch ist das schon wert" (Seifert 1990, 9).

4.2 It's the economy, stupid

Mit den Wahlsiegen von Margaret Thatcher in Großbritannien, Roland Reagan in den USA und Helmut Kohl in Deutschland erfolgte Anfang der 1980er Jahre ein neokonservativer Politikwechsel in drei der wirtschaftlich stärksten und politisch einflussreichsten Nationen der Welt. Es setzte sich ein wirtschaftspolitisches Dogma durch, der Neoliberalismus, der bis heute weit in das Privatleben der Menschen ausgebreitet wurde.

Im Unterschied zum klassischen sozialen Liberalismus spielen grundlegende Menschenrechte wie die gleiche Möglichkeit aller zu politischer Teilnahme, soziale Mindeststandards in Bezug auf Wohnung oder Nahrung oder Meinungsfreiheit keine Rolle mehr (vgl. Walpen 2003, 266). Es geht dem Neoliberalismus nicht um die Freiheit der Bürger*innen, sondern um die Freiheit des Kapitals. Je weniger Einfluss der Staat habe und je freier die Unternehmen seien, desto größer werde der Wohlstand. Kern des Neoliberalismus ist die Privatisierung öffentlicher Güter, praktisch die „Rücknahme sozialer Demokratie“ (Altvater 2003, 188). Nicht nur staatliche Konzerne wie die Bundespost, die Bundesbahn, Volkswagen oder Lufthansa, auch Betriebe der „kritischen Infrastruktur“ wurden privatwirtschaftlichen Profitinteressen zur Verfügung gestellt wie Wasser- und Energieversorgung, Verkehr oder viele Bereiche des Sozial- und Gesundheitswesens. Diese „Privatisierung öffentlicher Unternehmen, Einrichtungen, Dienste und Güter spaltet die Gesellschaften in die Marktbürger, die sich, mit monetärer Kaufkraft ausgestattet, nahezu alles leisten können, und in die Staatsbürger, die mit einem reduzierten Angebot öffentlicher Leistungen vorlieb nehmen müssen“ (Altvater 2003, 187).

Dieser „Freiheitskampf für das Kapital“ hat bis heute nicht etwa für mehr Wohlstand für alle Menschen gesorgt, wohl aber die Schere zwischen arm und reich global auf 1980 nicht vorstellbare Weite geöffnet und für einige wenige Menschen zu geradezu absurdem Reichtum und damit Macht über die vielen anderen geführt.

In den folgenden Jahren übernahmen und vollendeten die Sozialdemokratien und zunehmend die Grünen Parteien das Markt-, Deregulierungs-, Flexibilisierungs- und Privatisierungsdenken und dessen Umsetzung. Im Jahre 1992 gewann der Demokrat Bill Clinton mit der Aussage „It’s the economy, stupid“ die US-amerikanischen Präsidentschaftswahlen und brachte das Primat der marktradikalen Ökonomie gegenüber sozialen und Bildungsaspekten der Politik auf den Punkt. Die „zunehmend einseitige Orientierung an Maßstäben wirtschaftlicher Effizienz, von der kaum ein Bereich gesellschaftlichen Lebens ausgespart bleibt“, war und ist eine nicht nur in Kauf genommene, sondern gewollte Auswirkung neoliberaler Politik (Schäper 2006, 16), nicht nur auf die ursprünglich ökonomischen Bereiche. Auch die unter diesen Bedingungen lebenden Menschen veränderten sich. „In diesen Jahren setzten sich bislang eher der alternativen Szene zugerechnete Lebensformen – bewusste Ernährung und eine ganze Palette von Diät- und Gesundheitspraktiken – durch. Zusammen mit, in einem weiten Sinne, ‚Bodybuilding‘ und Fitness bildeten sich neue Subjektformen heraus, die den ideologischen Anrufungen nach einem vermehrt ‚eigenverantwortlichen‘ Handeln, einer ausgeprägteren ‚Aggressivität‘ und einer größeren Unabhängigkeit von ‚bevormundendem‘ Staat korrespondierten“ (Walpen 2004, 196).

Der Umbau des Sozialstaats zum „Wettbewerbsstaat“ (Dahme 2008, 13) dehnte die Wettbewerbsphilosophie über die Wirtschaft hinaus auf fast alle gesellschaftlichen Bereiche wie zum Beispiel dem Bildungs-, Gesundheits- oder Sozialwesen aus. Auch an den Institutionen der Behindertenhilfe ist dieser Prozess nicht vorübergegangen. Mitunter wurde die Übernahme marktwirtschaftlicher Prinzipien als „Ökonomisierung des Sozialen“ gekennzeichnet. Es geht dabei nicht um einen verantwortlichen Umgang mit Geld, sondern um die Überformung des Sozialwesens mit der ungebremsten neoliberalen Marklogik. Der Rückzug des Staates aus seiner sozialen Verantwortlichkeit und die Verwirtschaftlichung sozialer Einrichtungen stellte die wirtschaftliche Funktionsfähigkeit sozialer Hilfen in den Vordergrund (vgl. Seithe 2010). Ziele der Hilfeleistung wurden nicht wissenschaftlich oder fachlich fundiert, sondern orientierten sich an schnellen und vor allem kostengünstigen Methoden, die gut zu kontrollieren sind.

Bis dahin spielten betriebswirtschaftliche Überlegungen in der Sozialen Arbeit eine eher untergeordnete Rolle. Der Staat gab das Geld und war froh, dass jemand diese Arbeit macht und halbwegs vernünftig mit dem Geld umgeht. Ein Nachweis der Wirksamkeit und Leistungsfähigkeit wurde mit Hinweis auf den allgemeinen volkswirtschaftlichen Nutzen beantwortet. Der Gesetzgeber hatte sich bis dahin darauf beschränkt, die Rahmenbedingungen Sozialer Arbeit zu schaffen und zu finanzieren, nun wurde das Selbstkostendeckungsprinzip aufgehoben. Die Einführung der angeblichen Überprüfbarkeit war ein erster und zentraler Bestandteil des „Paradigmenwechsels“, umgesetzt zuerst in der Jugendhilfe, dann in der Pflegeversicherung und schließlich auch im Bundessozialhilfegesetz und damit im System der Behindertenhilfe. „Das Ökonomische okkupiert einen gesellschaftlichen Bereich, dessen Tätigkeit bislang dort einsetzte – und einzusetzen hat – wo die Auswirkungen des Ökonomischen auf die privaten Lebensverhältnisse der Menschen nicht mehr akzeptiert werden können und es der unmittelbaren – nicht mehr marktgesteuerten – Hilfe bedarf. Es ist dies notwendig eine Hilfe, die sich nicht rechnet, die am Subjekt orientiert ist und den Marktgesetzen nicht unterliegen darf“ (Grams, W. 2000, 77). Ein „neuer Jargon der Käuflichkeit und Beziehungslosigkeit“, so Otto Speck (1999, 102), zog in den Alltag der Einrichtungen ein. Plötzlich war in den Heimen die Rede von Kunden, Adressaten, Output-Orientierung, lean production, Controlling, Leistungspaketen, Maximierung, Implementierung marktförmiger Steuerungsinstrumente, Ablaufoptimierung, Effizienz, Pflegemarkt und Fachleistungsstunde. Schnell entwickelte sich ein profitables Geschäft mit inhaltsleerer Qualitätsrhetorik. Träger begannen, sich gegenseitig als Konkurrenten zu sehen, unternehmerische Strukturen und strategisches Management auszubilden. Geschäftsprozesse wurden optimiert, Betriebsteile in GmbHs ausgegliedert, Kosten-Leistungsrechnungen verbessert. Es vollzog sich eine Übernahme von „Marktelementen, Effizienzkriterien und betriebswirtschaftlichen Steuerungselementen in den bislang eher durch bürokratische Steuerungsformen dominierten Sektoren der Erbringung Sozialer Dienstleistungen“ (Seithe 2010, S. 82). Gleichzeitig begann ein Boom des „Sozialmanagements“ in Hochschulen, Ausbildung und Praxis.

Freigemeinnützige Träger wurden kommerziellen Trägern gleichgesetzt. Zuerst wurde 1994 in der Pflegeversicherung und dann 1999 mit der BSHG-Novelle und im KJHG die Bevorzugung der freien Träger gestrichen und durch die Bevorzugung der kostengünstigsten Träger ersetzt (vgl. Richter, H. 2012).

Das Ziel staatlicher Maßnahmen war ein Sozialmarkt von untereinander konkurrierenden Anbietern. So wurde die Funktion der Wohlfahrtsverbände als soziale Dienstleister zwar aufgewertet, als sozialpolitische Interessenvertreter aber infrage gestellt (vgl. Wohlfahrt 2004, 67). Unterstützungsleistungen wurden zu verkäuflichen Produkten umdefiniert. Es vollzog sich eine Anpassung der Verwaltungs- und Dienststrukturen an marktwirtschaftliche Standards und Prinzipien. Management wurde zunehmend ein Modebegriff, auch in der Sozialen Arbeit: Einzelfallhilfe mutierte zum Case-Management, Gemeinwesenarbeit zum Quartiermanagement. Alles wurde zum Management: die Karriere, der Familienalltag, die Beziehungen, Pflege, Kultur, Bildung, „selbst die militärische Fortsetzung der Außenpolitik firmiert nicht als Krieg, sondern als Krisen- und Konfliktmanagement (...) Der inflationären Verwendung des Begriffs in allen möglichen Zusammensetzungen entspricht ein boomender Markt von Büchern, Seminaren und Beratungsfirmen, der seine eigenen Labels, Moden und Gurus hervorbringt“ (Bröckling 2000, 132). Alle gesellschaftlichen Teilsysteme wie Familie, Bildung, Politik und Staatsverwaltung, Kultur, Gesundheits-, Straf- oder Sozialwesen wurden dem Diktat von Angebot und Nachfrage, Wettbewerb und wirtschaftlicher Effizienz unterzogen (Staub-Bernasconi 2008, 61). Restaurants verkündeten ihre Firmenphilosophie auf der Speisekarte und legten der Rechnung Evaluationsbögen bei. Und „wenn schließlich gestresste Sachbearbeiter den ökonomischen Umgang mit der ‚Ressource Ich‘ entdecken und noch ihren Feierabend nach den Rezepten aus dem letzten Zeitmanagement-Seminar verplanen, dann erweist sich Management auch höchst praktisch als übergreifendes Dispositiv zeitgenössischer Menschenführung“ (Bröckling 2000, 132 f.).

„Die Ökonomisierung und damit die Rationalisierung des ‚Betriebs‘ der Behindertenfürsorge und ihre Regulation nach Kosten-Nutzen-Analysen ist schon so weit (und eben bis in den Sprachgebrauch hinein) fortgeschritten, daß man ... den Eindruck gewinnt, einem abgefahrenen Zug nachzulaufen. Darüber können auch andere gescheit klingende Worthülsen, die heute in der Fachliteratur Urstände feiern, nicht hinwegtäuschen. Hier neue Qualitätsstandards, dort Empowerment – letztlich dient das dem Geist einer neuen Vermarktung menschlicher Grundbedürfnisse“ (Feuser 1998, 4).

Es ist gelungen, auch in ursprünglich nicht-ökonomischen Bereichen neoliberales ökonomisches Denken zu verankern, (bis dahin wäre niemand auf die Idee gekommen, ein Krankenhaus, die Deutsche Bahn oder die Stadtwerke müssten Profite erwirtschaften) und das ist auch an den Mitarbeiter*innen in den Einrichtungen der Behindertenhilfe nicht vorübergegangen. Die „Profitlogik nistet sich im Handeln, im Denken, ja in den Empfindungen der Menschen überall ein und lässt nur das ungeschoren am Wege liegen, was sich für sie ohnehin nicht lohnt. Was vermarktbar ist, wird vermarktet: es wird zunächst den dafür unabdingbaren Quantifizierungsprozessen unterworfen, am besten digitalisiert, dann mit Preisschildern versehen und schließlich verkauft. Nicht nur Gegenstände, auch menschliche Eigenschaften wie Anmut und Schönheit, Freundlichkeit und Geschick werden so dem Markt zugeführt“ (Wulff 2007, 10). Und natürlich auch die Dienstleistungen, die eigentlich die Wahrnehmung von Menschenrechten gewährleisten sollten. Dort geht es nun nicht mehr um den Vollzug von Gesetzen und Menschenrechten, sondern um Effizienz und „innovative Weiterentwicklung“ sozialer Arbeit.

„Die Doktrin besteht darauf, Privatisierung sei wo und wie auch immer öffentlicher Kontrolle und öffentlichem Eigentum von Produktion und Verteilung überlegen – und sie zögert nicht, die Behauptung von der Überlegenheit des Marktes auf Gebiete wie die Versorgung mit Dienstleistungen der Kultur, der Bildung und der Infrastruktur auszuweiten, wo sie sich als sowohl asozial wie dysfunktional erweist“ (Birnbaum 1997, 1447).

4.3 Kunden und Qualitäten

Auch die Behindertenhilfe „ist mit den Ökonomisierungstendenzen konfrontiert, dynamisiert diese aber auch selbst durch die aktive Übernahme von Managementkategorien wie den Dienstleistungs- und Kundenbegriff und reproduziert und stabilisiert sie durch die ‚Vermarktlichung‘ nach innen in ihren eigenen Organisationen – und das in einem Bereich Sozialer Arbeit, der es primär mit den Opfern der Marktlogik zu tun hat“ (Schäper 2006, 23).

Bewohner*innen von Anstalten und Heimen heißen ab jetzt Kunden und Kundinnen. Dies ermöglichte einerseits mitunter einen neuen Blick auf die Menschen, die bisher Objekte der betreuenden Tätigkeit waren. Andererseits täuscht der Begriff auch eine nicht vorhandene Kunden-Souveränität vor. Der Begriff impliziert Wahlfreiheit, Selbstständigkeit, Souveränität und Freiwilligkeit, die im Verhältnis zwischen behindertem Menschen und den Mitarbeiter*innen faktisch nicht gegeben sind. „Die aus dem Begriff der ‚Kundenorientierung‘ abzuleitende Vorstellung, aus einer Reihe von Angeboten das individuell passende und gewünschte auswählen zu können, trifft die Realität der Behindertenhilfe noch kaum“ (Wacker et al. 1998, 300). Und auch außerhalb der Behindertenhilfe ist es immer noch der Anbieter, der über das Angebot entscheidet, aus dem der Kunde auswählen darf (Klauß 2000 o. S.). So ist das alte paternalistische Beziehungsmodell des fürsorglichen Helfens ergänzt worden durch die „vermeintliche Freiheit des Konsumenten als Subjekt eines freien Marktes“ (Schäper 2006, 23).

Mit der Novellierung des § 93 BSHG zum 01.01.1999 mussten Einrichtungen Vereinbarungen über Art, Umfang und Inhalt ihrer Leistungen und deren Überprüfung abschließen. Dies löste schon im Vorfeld eine Qualitätsdiskussion aus, begleitet von vielfältiger Kritik, aber auch von beängstigend eilfertiger Umsetzung in den Institutionen. Alle stürzten sich ins Qualitätsmanagement, „QM“ wurde modern. Qualitätszirkel und Qualitätshandbücher wurden eingerichtet, Prozesse mit der Lupe analysiert, seitenreich beschrieben und Module entwickelt. Schnell hat sich eine Qualitätsrhetorik entwickelt, ohne dass hinterfragt wurde, wer welche Qualität meint, wer die Qualitätssichernden legitimiert oder wer hinter den Qualitätsanforderungen steht.

Überlegungen zur Qualität der angebotenen Leistung können helfen, Konzepte zu durchdenken, Methoden zu prüfen und planvoller zu handeln. Dazu gehört aber ein Klärungsdiskurs, was Qualität ausmacht. Der wurde nicht geführt. Stattdessen ist schnell ein Konformitätsdruck zum Mitmachen entstanden. „QM" ist in, wer nicht mitmacht, wird belächelt. „Qualität" bedeutete oft nicht bessere Arbeit im Sinne der Klient*innen, sondern Erhöhung der ökonomischen Effizienz (vgl. Speck 1999). „Mit den Schlagwörtern Kunde, Qualität, Qualitätssicherung deuten sich Entwicklungen an, in denen sich konkrete Gefährdungen für die Eingliederung behinderter Menschen nachweisen lassen, weil hier die Qualitätsentwicklung zum Teil auf ein rein ökonomisch geprägtes Verständnis von Effektivität reduziert" (Beck, I. 1999, 35).

„Qualität" wurde und wird verwechselt mit „guter Qualität im Interesse behinderter Menschen". Nach der maßgeblichen DIN ISO 9000 ist Qualität „die Gesamtheit von Merkmalen einer Betrachtungseinheit bezüglich ihrer Eignung, festgelegte und vorausgesetzte Erfordernisse zu erfüllen." Der Begriff „Qualität" ist zunächst neutral. Es kommt darauf an, wer die Qualitätsmerkmale und -ziele aufstellt, wer die Definitions- und Kontrollmacht hat. „Wenn also das Ziel die optimale Satt-und-Sauber-Pflege ist und diese optimal erfüllt wird, haben wir eine hohe Qualität" (Beck, I. 2005, 3). Qualitätsmanagement führt nicht automatisch zu einem hochwertigen Ergebnis, sondern steuert nur die Erreichung einer vorgegebenen Produktqualität. Die Erbringung einer schlechten Dienstleistung kann einem guten QM unterliegen. Auch eine Zertifizierung sagt nichts über die Qualität des Produktes aus, weil nicht die Dienstleistung zertifiziert wird, sondern das QM im Erstellungsprozess.

„Der Qualitätsbegriff degeneriert so immer mehr zur reinen Strukturqualität über die Einhaltung bestimmter Ausbildungsstandards bei den Beschäftigten und baulicher Standards nach dem Heimgesetz" (Frehe 2008, 5). Konkurriert wurde um das beste Betriebsergebnis, nicht um die beste Versorgungsqualität. „Nicht mehr eine bestimmte, auf wissenschaftlichen Fundamenten basierte Art, Praxis zu gestalten, gilt als Garant, sondern ihr Ergebnis, das mittels Evaluationsmethoden zu erheben und nachzuweisen ist" (Schäper 2006, 266).

So passt es durchaus zusammen, dass gleichzeitig und parallel zu dem Qualitätsgetöse eine Zerstörung sozialer Qualität und ein Abbau des Sozialstaats stattfand (vgl. Dahme 2008, 10). Otto Speck sieht sogar einen Zusammenhang darin, „daß das Thema *Euthanasie* zu gleicher Zeit stärker in die Diskussion gekommen ist, wie die wirtschaftliche Rezession bestimmend wurde. Wenn auch die

Diskussion im allgemeinen Gesichtspunkte des ‚Mitleids' und der ‚Leidbefreiung' verwendet werden, so kann doch kein Zweifel bestehen, daß auch ökonomische bzw. daraus abgeleitete Kriterien mit eine Rolle spielen" (Speck 1999, 68).

4.4 Immer noch in der Schutzhaft unserer Nächstenliebe

In solch einem Klima entstehen nicht so leicht grundsätzliche Fragen zum System. Man richtete sich ein in den Sondereinrichtungen und entdeckte einen Markt für obskure „Therapie"-Konzepte: Es gab Basteltherapie, Balltherapie, Gartentherapie, Schwimmtherapie, Freizeittherapie, Unterhaltungstherapie, Waldtherapie. Alltägliches Handeln mit behinderten Menschen war kaum noch möglich, alles hieß nun Therapie. Es ging dabei nicht nur um ein an sich harmloses Bemühen der Institutionen und ihrer Fachkräfte, ihr alltägliches Handeln durch die Bezeichnung „Therapie" zu veredeln. Die Schwelle zu Missbrauch und Gewalt war, wie bei der sogenannten Festhaltetherapie, schnell überschritten (vgl. Benz 2013). Und nicht nur mit Snoezel- und Pränatalräumen wurde ein glänzendes Geschäft gemacht. „Wenn Pädagogen und Therapeuten eines solchen Umfeldes bedürfen, um hinreichend motiviert zu werden und zu bleiben, mit schwerstbehinderten Menschen lieb umzugehen und zu arbeiten, so mag dieses Ambiente vielleicht darin eine Rechtfertigung haben. Es kann aber nicht angenommen werden, daß dies ein Bedürfnis eines schwerstbehinderten Menschen sei oder daß solche Umfelder aus der Spezifik der vorliegenden Behinderung eines Menschen als notwendiges Therapeutikum begründbar wäre" (Feuser 1997, 12).

Die Ideologie und Praxis der Aussonderung wurde trotz des Qualitätsjargons weiterhin verfolgt. Noch 1995 fragte sich die BAG Hilfe für Behinderte in einer Broschüre „Sollen, dürfen, können Behinderte heiraten?" (Kluge, Sparty 1995). Es wurden Eheprobleme bei Epilepsie, Zerebralparese, Dysmelie, Sehbehinderungen, Intelligenzminderung oder sozialen Auffälligkeiten diskutiert und die „Ehe des Körperbehinderten" in psychologischer Sicht betrachtet.

Aber gab es auch kritische Gedanken zur ungebrochenen Ideologie der Aussonderung. Neben den Vertretern der „materialistischen Behindertenpädagogik" wie Wolfgang Jantzen oder Georg Feuser, durch deren Einfluss sich das Fachgebiet bis heute nachhaltig verändert hat (vgl. Becker 2022), war es Klaus Dörner, der die Behindertenhilfe mit provokanten Thesen aufschreckte: „Heime sind Relikte des vergehenden Jahrtausends, und ihre Betreiber müssen, auch wenn das hart klingt, als Geiselnehmer ‚ihrer' psychisch Kranken und geistig Behinderten betrachtet werden, wenn sie weiter an der ‚Schutzhaft der Nächstenliebe' festhalten" (Dörner 1999, o. S.).

Die Erkenntnis, dass die Hilfen für behinderte Menschen nicht der Besonderung bedürfen und dass Heime nicht mehr geeignet sind, behinderte Menschen nach zeitgemäßen Maßstäben zu begleiten (Bradl 2003, 10) gewann immer mehr an Boden. Die Forderung, behinderte Menschen als gleichberechtigte Bürger*innen anzuerkennen, erreichte nun auch die Politik. 1994 wurde in Artikel 3 des Grundgesetzes aufgenommen: „Niemand darf wegen seiner Behinderung benachteiligt werden." Seitdem sind behinderte Menschen ausdrücklich Träger von Grundrechten. Bundespräsident Richard von Weizsäcker sagte bei der Eröffnungsveranstaltung einer Tagung der Bundesarbeitsgemeinschaft Hilfe für Behinderte am 01.07.1993 die vielzitierten Sätze: „Es ist normal, verschieden zu sein. Es gibt keine Norm für das Menschsein. Manche Menschen sind blind oder taub, andere haben Lernschwierigkeiten, eine geistige oder körperliche Behinderung – aber es gibt auch Menschen ohne Humor, ewige Pessimisten, unsoziale oder sogar gewalttätige Männer und Frauen" (Weizsäcker 1993), Ansichten, die zwei Jahrzehnte vorher mindestens zu verständnislosem Kopfschütteln in der Heil- und Sonderpädagogik geführt hätten. Selbst die Aktion Sorgenkind änderte 1999 ihren Namen, hieß fortan Aktion Mensch und gab sich ein neues Selbstverständnis (vgl. Becker 2020, 189 f.).

Im dritten (1994) und vierten (1998) „Bericht über die Lage der Behinderten und die Entwicklung der Rehabilitation" verlautet die Bundesregierung: „Die Zahl der Heimunterbringungen könnte nach verbreiteter Einschätzung zunehmend gesenkt werden. Dieser Prozeß setzt neben einem ausreichenden Angebot an … differenzierten Wohnformen auch den weiteren Ausbau ambulanter Dienste voraus, die die Betroffenen weitgehend beteiligen und deren persönliche und soziale Kompetenz stärken" (nach Rohrmann, E. 2005, 1). Trotzdem ist die Zahl der Heimunterbringungen in Deutschland nicht etwa gesunken, sondern kontinuierlich gestiegen.

Ein neues Paradigma wurde verkündet, aber hinter den Türen der Einrichtungen und in den Strukturen des Hilfesystems blieb vieles beim Alten. „Der Grundsatz ‚ambulant vor stationär' ist nach wie vor explizite Rechtsnorm, als solche jedoch bislang weitgehend ein Papiertiger geblieben" (Rohrmann 2005, 4). Alle redeten vom Paradigmenwechsel, aber keiner wechselte. Trotzdem hat sich das Arbeiten und Leben im Heim verändert.

4.5 Leben im Heim: Relikte des vergehenden Jahrtausends?

In Deutschland ist fast alles sehr genau gesetzlich oder mindestens durch eine Rechtsverordnung geregelt, natürlich auch die Heime. So gibt es das Heimgesetz, die Heimpersonalverordnung, die Heimmindestbauverordnung, die Heimmitwirkungsverordnung, und weil wir ein föderaler Staat sind, gibt es nicht nur jeweils eine Verordnung, sondern für jedes Bundesland eine eigene. In Berlin das Wohnteilhabegesetz, in Baden-Württemberg das Wohn-, Teilhabe- und Pflegegesetz, das Hamburgische Wohn- und Betreuungsqualitätsgesetz, das Niedersächsische Gesetz über unterstützende Wohnformen usw. und dazu jeweils natürlich jeweils eine Menge Personal-, Mitwirkungs-, Durchführungs- oder Bauverordnungen. Grundsätzlich gilt seit 1984 das Prinzip „ambulant vor stationär", seit 1996 allerdings unter Kostenvorbehalt gestellt. Bewirkt hat dieses Prinzip wenig, die Zahl der Heimplätze, die Zahl der dort beschäftigten Mitarbeiter*innen und die Zahl der dieses System bürokratisch Verwaltenden ist bis heute kontinuierlich gestiegen, und dies nicht nur, weil im Rahmen der Psychiatrie-Reform einige Langzeitpatient*innen und geistig behinderte Menschen aus den Psychiatrien in „Heilpädagogische Heime" verschoben oder die Stationen, auf denen sie lebten, kurzerhand in „heilpädagogische Gruppe" umbenannt wurden.

Die Heime sind in vielerlei Hinsicht nicht mehr vergleichbar mit den Anstalten der 1950er Jahre. Aber „(d)ie strukturellen Merkmale vieler stationärer Behinderteneinrichtungen entsprechen ihrer Tendenz nach immer noch denen, die Goffman als typisch für sog. ‚totale Institutionen' herausstellt" (Rohrmann, E. 2012, 279). Im Heim wohnt man nicht, man hat einen Platz, ist untergebracht. In einer Studie stellten Wacker et al. (1998) fest, dass nur bei 26,9 % der Heime die Bewohner*innen das Wohnumfeld jederzeit und uneingeschränkt verlassen können. In 63,2 % müssen sie abends zu einer bestimmten Zeit zuhause sein (Wacker et al. 1998, 176). Die Autor*innen fanden „erhebliche Einschränkungen individueller Lebensführung" vor. Je schwerer die Behinderung war, desto eher fanden sich Vier- und Mehr-Betten-Zimmer, Bad und Dusche fanden sich sehr selten in den Zimmern, eine eigene Toilette hatten nur 15 % (Wacker et al. 1998, 300 f.). Der Tagesablauf wurde in zwei Dritteln der Heime allein oder überwiegend vom Personal bzw. der Verwaltung bestimmt (Wacker et al. 1998, 310). 77 % der Bewohner*innen beginnen den Tag zu einer nicht von ihnen festgelegten Zeit, für 26 % sind Bade- oder Duschzeiten festgelegt, für 82 % die Essenzeiten (Wacker et al. 1998, 311). Die Bewohner*innen sind „in einen zeitlichen Rhythmus eingebunden, der wenig Spielraum für eigene Aktivität und Selbstgestaltung läßt" (Wacker et al. 1998, 311). Nach wie vor ist charakteristisch für das Leben der Menschen im Heim „das Fehlen jeglicher Perspektive. Geschichte und Perspektive … sind ihnen abhanden gekommen, ihr Leben erscheint zeitlos" (Schäper 2006, 245).

Heime haben sich in diesen Jahren unterschiedlich entwickelt, durchgehend finden sich aber Bedingungen, „die ein selbstbestimmtes Leben derer, für die solche Institutionen eigentlich eingerichtet sind, strukturell erschweren oder sogar unmöglich machen" (Bradl 1996, S. 184).

Die soziale Tatsache der Behinderung wird immer noch aus dem Zusammenhang, in dem sie entsteht, herausgelöst. „Es erfolgt eine Umkehrung eines Ursache-Wirkungsverhältnisses, indem die objektiven und sozial verursachten Beschränkungen bzw. Behinderungen der Möglichkeiten menschlicher Entwicklungen in subjektive Beschränktheiten umgedeutet werden" (Lanwer 2011, 81). So wird der soziale Zusammenhang von Behinderung zum Verschwinden gebracht und eine Verdinglichung des Menschen eingeleitet. Damit haben Personen den Status eines Dings erhalten, über das verfügt werden kann und die in der Regel die Institution „Heim“ ihr Leben lang nicht mehr verlassen. „Man schämt sich zu Tode, wenn man nur einmal eine gute Dokumentation in einem guten Behindertenheim liest, wo über 20 Jahre fein säuberlich aufgeschrieben wird, wie die Selbständigkeit eines Bewohners innerhalb der Institution täglich trainiert wird, ohne daß je eine wirkliche Selbständigkeit – nämlich Entlassung in die ambulante Betreuung – dabei herauskommt“ (Dörner 1999, o. S.).

4.6 Anforderungen an Mitarbeitende in den 1990er Jahren

Die Anforderungen an die Fachkräfte in der Behindertenhilfe veränderten sich. Neben das vermeintliche Wohl der Klient*innen rückte die Effizienz der geleisteten Arbeit in den Vordergrund. Dieser Umstellungsprozess war für Mitarbeiter*innen mit einer Vielzahl von Problemen verbunden. Es entstanden neue organisatorische und administrative Rahmenbedingungen für die Arbeit. Mitarbeiter*innen übernehmen seitdem viel mehr Verwaltungs- und Dokumentationsaufgaben. Qualitätsmanagementsysteme müssen erschaffen, gepflegt und personell ausgestattet werden (vgl. Dahme, Wohlfahrt 2007, 24 f.). Das Berichtswesen veränderte sich, Förderziele mussten SMART („spezifisch, messbar, realistisch, terminiert“) formuliert und überprüft werden. SMART wurde zum Hype, alles musste messbar sein. Diese technokratische Herangehensweise stieß und stößt auf die Widersprüche der Praxis: Man kann nicht alles messen und in SMARTe Ziele verpacken. Gute personzentrierte Beziehungsarbeit, in der sich beide Parteien gemeinsam an der Lösung eines bestehenden Problems beteiligen und die Klient*innen dazu animiert werden, ins Handeln zu kommen und Entwicklungsperspektiven zu erarbeiten, ist nicht SMART (vgl. Seithe 2013, 14).

Mitarbeiter*innen mussten lernen, zwischen Struktur-, Ergebnis- und Prozessqualität zu unterscheiden, Kontinuierliche Verbesserungsprozesse begründen, sich mit Total Quality Management und PDCA-Prozessen auseinandersetzen. QM-Prozesse mussten beschrieben, auditiert und beachtet werden, all das mit erheblichem Personalaufwand.

Daneben ging die bisherige Arbeit mit den behinderten Menschen in unveränderter Intensität weiter. „Fachkräften, die ihre Grenzen nicht achten, unbezahlt Überstunden machen oder nach Feierabend noch eine Krisenintervention durchführen, wird schnell ein ‚Helfersyndrom‘ vorgeworfen. Dabei wird die Problematik auf Defizite in ihrer Persönlichkeitsstruktur reduziert“ (Bodenmüller 2007, 109) und nicht auf zu verändernde Rahmenbedingungen geschaut. Zudem weist Frehe darauf hin, dass mit der Analyse der „hilfloser Helfer“ zwar die vermeintliche innerpsychische Situation der Helfer analysiert wird, die Opfer aber nicht betrachtet werden (Frehe 2008, 1).

Denn die alten Ideologien hielten sich trotz QM und SMARTer Ziele, besonders in der Sonderpädagogik und der Psychiatrie. Der renommierte Psychiater Reinhart Lempp stellte noch 1993 fest, „daß geistige Behinderung in der unteren Mittelschicht und Unterschicht gehäuft vorkommen, und daß diese Tendenz für die Unterschicht, besonders für die geistige Behinderung mit einem IQ über 50, d. h. für die mildere Form der geistigen Behinderung, besonders stark ausgeprägt ist. Dies hängt wahrscheinlich mit einer höheren Risikobelastung durch prä-, peri- und postnatale Komplikationen im Milieu der unteren Schichten zusammen" (Lempp 1993, 576).

Andererseits gab neue fachliche Entwicklungen, die bisherige Paradigmen ins Wanken brachten, zumindest in den Köpfen so mancher Fachkraft. Das „über Jahrhunderte errichtete Bollwerk der Segregation" (Feuser 1995, 24) wurde infrage gestellt. Die einen begrüßten dies und reflektierten ihre bisherige Arbeit und Rolle, die anderen reagierten mit Unverständnis und Abwehr. Die Erkenntnis fiel nicht leicht, dass wir weiterhin durch unsere soziale Funktion „Befriedungsverbrechen" vollziehen (Basaglia 1980), „indem wir den Entzug von Menschen- und Bürgerrechten im Gewand von Naturalisierung, Fatalisierung, Verobjektivierung und Individualisierung häufig verkleidet in Wohltäterschaft verbergen" (Jantzen 2009, 6).

5 Erinnerungen: Die Neunziger Jahre

Eines Tages bietet der Arbeitgeber die Möglichkeit einer regelmäßigen Teamsupervision. Ich kenne so etwas von meinem vorigen Arbeitgeber nicht. Hier hatten wir gelegentlich Beratungen zu einzelnen Bewohnern, die wir „Fallgespräch" nannten und zu denen wir uns die stellvertretende Hausleitung, sie war die erste mit einem abgeschlossenen Studium der Heilpädagogik, einladen konnten, aber Supervision ist das nicht. Wir sitzen alle im Kreis und irgendjemand bringt ein Thema ein. In der Regel ergibt sich das schon aus dem ersten Wortbeitrag, sodass wir oft länger schweigend dasitzen, weil keiner der erste sein will, der sich näher erklären möchte.

Dennoch sind die Tipps, Anregungen und Ideen, die uns von außen gespiegelt werden, ein gutes Mittel, uns selbst besser zu verstehen und zu hinterfragen. Mir wird klar, dass das Ergebnis im Wesentlichen davon abhängt, was jeder Einzelne bereit ist, dort einzubringen.

5.1 Management in Sozialen Organisationen

Jochen, ein freundlicher Kollege, berichtet mir von einer umfangreichen Weiterbildung, die er mit großem Gewinn soeben abgeschlossen hat. Mein Interesse ist geweckt und so sitze ich am Montag, den 22. Juni 1992, in einem Besprechungsraum in der Evangelischen Fachhochschule Darmstadt. Das ist der Startschuss einer dreijährigen Weiterbildung mit dem Titel: „Management in Sozialen Organisationen". Wir sind eine kleine Gruppe, die sich in den Jahren immer besser kennenlernt. Alle sind in Sozialen Organisationen tätig und mit Leitungsaufgaben betraut. Keiner hat „Leitung" gelernt, alle haben irgendeinen pädagogischen Abschluss. Wir sind pädagogisch ausgebildet und lernen Leitung, während es sich bereits abzeichnet, dass es in wenigen Jahren wohl genau andersherum sein wird.

Ich lerne, mich zu reflektieren, weiß, was eine „Metaebene" ist und kann mir Zusammenhänge erklärbar machen. Ich lerne, dass ich nicht dazu da bin, meine Mitarbeiter glücklich zu machen. Ich höre vom „Peter-Prinzip" und wir befassen uns mit den verschiedenen Entwicklungsphasen von Organisationen. Wir stellen Situationen aus unserem beruflichen Alltag auf und lernen, uns von außen zu betrachten. Und, natürlich, hat auch immer alles irgendwie mit der eigenen Kindheit zu tun. Je genauer man sich selbst kennt, desto besser kann man Sachzusammenhänge interpretieren und Verhaltensweisen verstehen.

5.2 Man muss nicht alles können

Ich leite ein kleines Wohnheim, in dem acht behinderte Menschen leben. Mit allen komme ich mehr oder weniger zu zurecht. Lediglich bei Cordula gelange ich öfter an meine Grenzen, als mir lieb ist. Mir setzt das ziemlich zu, sodass ich eines Tages beschließe, dies in der nächsten Teamberatung anzusprechen. Ich muss über meine Grenzen sprechen und darüber, dass ich nicht mit allen Menschen gleich gut zurechtkomme, nur weil ich einen pädagogischen Beruf erlernt habe. Ich sage, dass mich Cordula oft auf die Palme brächte und ich merkte, dass ich nicht so freundlich und einfühlsam sein könne, wie ich möchte und wie sie es - natürlich - verdient habe.

Kaum habe ich, der Chef, mein Problem geschildert und mich gerade innerlich auf ein mitleidiges Schweigen meiner Kollegen eingestellt, als es zu einer lebhaften Diskussion kommt. Es ist, als hätte ich den Stöpsel aus der Badewanne gezogen. So berichtet Erika, dass sie mit Paul nicht klarkommt, dafür aber sehr gut mit Cordula. Und so kommt eine lebhafte Diskussion in Gang. Es ist befreiend, endlich auch mal über die eigenen Grenzen reden zu können. Und genauso notwendig. Nicht zuletzt auch zum Wohl der Bewohner. Wenn Erika und ich künftig gemeinsam Dienst haben, ist es völlig selbstverständlich, dass sie sich um Cordula kümmert, während ich bei Paul bin.

Woher kommt das nur, dass man denkt, alles schaffen zu sollen und dass man bei „den Schwachen" keine Schwächen zeigen darf? Wer sich kennt, muss auch seine Grenzen kennen und diese respektieren.

Ich habe in dieser Zeit zum zweiten Mal einen Bandscheibenvorfall, eine Bestätigung dieser These. Das Wohnheim ist wohl mit einigen technischen Hilfsmitteln ausgestattet, aber es ist oft nicht genügend Zeit und wir sind häufig auch nicht genügend Mitarbeiter, um alle Tätigkeiten so zu verrichten, dass sie den Vorgaben der Berufsgenossenschaft entsprechen.

5.3 Margit und Siegbert – Die Mauer fällt

In Berlin - und natürlich nicht nur dort - wird Geschichte geschrieben. Über Prag und Budapest reisen viele DDR-Bürger in die Bundesrepublik ein, kehren ihrem alten Leben den Rücken. Glasnost und Perestroika, Gorbatschow und Günter Schabowski. Und eines Tages habe ich zwei neue Kollegen: Margit aus Brandenburg und Siegbert aus Sachsen.

Siegbert war in einem größeren Betrieb für die Kultur zuständig. Er macht also bei uns nicht so ganz das, was er bisher gemacht hat. Wir diskutieren viel. Ich will verstehen, wie das „da drüben" so war, das Leben. Ich höre von „Schwarze Pumpe" und von seinem Betrieb und merke irgendwann, dass selbst eine Diktatur Biografien nicht normen kann.

Margit ist Erzieherin und hat die Möglichkeit genutzt, sich familiär neu zu sortieren. Sie kommt mit ihren Töchtern, ihren Mann hat sie zurückgelassen.

An den Begriff „Abtopfen" den Siegbert gebraucht, wenn er einen Bewohner zu Toilette begleitet, gewöhne ich mich nicht. Siegbert geht später nach England und Margit findet einen neuen Partner.

Manche Diskussionen schwingen länger nach. Es ist das erste Mal, dass ich mit jemanden zusammen arbeite, der sein Leben in der DDR verbracht hat. Es ist spürbar, dass die Menschenbilder nicht deckungsgleich sind. Dies wirkt sich auch auf die inhaltliche Arbeit aus.

Ich bin sieben Jahre bei der Elternvereinigung und verspüre große Lust auf Neues. Das Wohnheim „läuft" und der Verwaltungsaufwand hat mit den Jahren zugenommen. Ich sitze überwiegend nur noch im Büro während das, was aktuell in den sogenannten fünf neuen Ländern geschieht, meinen genormten und vorhersehbaren Alltag bieder und kommod erscheinen lässt. Ich schreibe Bewerbungen und werde zu Vorstellungsgesprächen eingeladen. An der Volkshochschule besuche ich noch schnell einen Kurs, der Grundwissen in WORD und EXCEL vermittelt.

Im Sommer 1995 ziehen wir um nach Sachsen.

5.4 Die Insel im Meer

Fünfzehn Jahre ist es her, dass ich zum ersten Mal eine diakonische Einrichtung betreten habe. Auch hier gibt es eine eigene Anstaltskirche und Häuser, in denen Personen nach Geschlecht getrennt wohnen. Auch Reste der Mauer, die die Menschen unter sich sein ließ, gibt es noch.

Es wohnen relativ viele Mitarbeiter auf dem Gelände. Auch wir beziehen eine Wohnung im Dachgeschoss eines Hauses, in dem über sechzig behinderte Menschen leben. Die Wohnhäuser sind nicht nach kirchlichen Persönlichkeiten benannt. Sie tragen Namen aus der Natur.

Wir verkaufen unser zweites Auto. „Wenn Du mit einem Pelzmantel hier angekommen wärst, dann hättet Ihr es hier schwer gehabt", sagt die Nachbarin eines Tages. Wie gut, dass ich nicht nach „Westtarif" entlohnt werde.

Oft höre ich Berichte über die schöne enge und harmonische Gemeinschaft der Mitarbeiter und deren Familien untereinander und mit den Bewohnern. Es hätte viele schöne Feste und wesentlich mehr Anteilnahme und Miteinander gegeben. Oft höre ich, dass viele Kollegen deshalb bei „den Behinderten", bzw. bei „der Kirche" arbeiten, weil ihnen aufgrund ihrer pazifistisch-christlichen Gesinnung der Zugang zu Universitäten und Hochschulen verwehrt wurde.

Es gibt auch einen Pfarrer, allerdings liegt die Leitung nicht in seinen Händen. Durch die Verbindungen der Kirchen bestand bereits zu Zeiten der DDR eine Verbindung zu den Anstalten nach Bethel, sowie einem im Südbadischen gelegenem Epilepsiezentrum. Die Partnereinrichtung meines ersten Arbeitgebers war ein Diakonissenhaus nahe Leipzig.

Auch in der DDR konnte man im kirchlichen Kontext den Beruf des Heilerziehungspflegers erlernen. Ich stelle fest, dass die Mitarbeiter fachlich mindestens gleichwertig ausgebildet sind und dass es mich eigentlich gar nicht bräuchte. Welche Gründe sind es, keine (Mehr-)Verantwortung übernehmen zu wollen, auch wenn dies aufgrund der Qualifikation möglich ist?

Noch bis kurz vor meinem Dienstbeginn, gab es das „Stübchen", in dem Bewohner isoliert wurden, deren Verhalten problematisch war. Allerdings sollte mir ein „Stübchen" auch noch Jahre später bei einem kommunalen Träger begegnen, das allerdings dann zu meiner Zeit nicht mehr genutzt wurde.

5.5 QM, GBM und abW

Die Einrichtung verfügt über Wohnbereiche, ein Fachkrankenhaus für Epilepsie, eine Förderschule sowie eine Werkstatt für behinderte Menschen.

Offiziell bin ich Leiter des Sozialen und Pädagogischen Dienstes und für die Wohnbereiche zuständig. Allerdings ist das Aufgabenfeld deutlich komplexer. Ich befasse mich auch intensiver mit dem Thema „Epilepsie". Ich entwickle das erste QM-Handbuch für die Einrichtung, sichte Unterlagen und entwerfe eine Systematik. Da sind viele Gespräche zu führen. Nicht selten begegnen mir Skepsis und Unsicherheit. Ziel ist es, alle Kernprozesse nach einer einheitlichen Systematik zu beschreiben und in einem Handbuch zusammenzuführen.

Die Einrichtung ist Mitglied in einem Spitzenverband der Freien Wohlfahrtspflege. Ich besuche dort Veranstaltungen und nehme an Beratungen teil. Das ist alles Neuland für mich. Bisher hatte ich davon keine Ahnung und all das hatte bisher auch mit meinem konkreten Arbeitsalltag wenig zu tun.

Politisch sind die wesentlichen Dinge im Bundessozialhilfegesetz (BSHG) geregelt. Für die Einrichtungen ist insbesondere der § 93 BSHG von Bedeutung. Er regelt die Vorgehensweise, wie Einrichtungen zur ihrer Vergütung kommen. Es stehen Änderungen im BSHG bevor. Wenn der Träger auch weiterhin eine Vergütung erhalten will, hat er künftig geeignete „Maßnahmen zur Qualitätssicherung" anzuwenden. Das liest sich nicht gut für Pädagogen. Das Bedarfsdeckungsprinzip, wonach Einrichtungen all diejenigen Kosten, die es zu Betreuung der Bewohner aufwandte auch zu 100 % von der öffentlichen Hand erstattet bekam, ist Geschichte.

Wie kann man aber Betreuungsleistungen für behinderte Menschen nach Maßstäben der Qualitätssicherung erbringen? Was ist Qualität in der Sozialen Arbeit? Wie sehen Mängel aus, die aufgrund schlechter Qualität erbracht werden? Wen kann man haftbar machen?

Die Diakonie entscheidet sich auf Bundesebene für ein EDV-gestütztes Verfahren, das den Namen „Gestaltung der Betreuung von Menschen mit Behinderung" (GBM) trägt. Entwickelt hat es Prof. Werner Haisch von der Katholischen Stiftungshochschule München. Die Einrichtungen können eine Lizenz erwerben, müssen aber zuvor dafür einen Mitarbeiter zum „GBM-Beauftragten" schulen lassen.

Im Kern geht es darum, auf der Grundlage einer Theorie über die Entwicklung des Menschen, den individuellen Entwicklungs- bzw. Kompetenzstand einer Person entsprechend einzuschätzen und passende Hilfe- und Unterstützungsangebote zu formulieren. Es soll weder wahl- bzw. ziellos irgendetwas getan werden. Im Alltag ist es häufig so, dass diejenigen die meiste Aufmerksamkeit absorbieren, die die massivsten Verhaltensauffälligkeiten zeigen bzw. deren Beeinträchtigung sehr komplex ist. Nun soll der Bedarf erstmals individuell quantifiziert werden und die Träger erhoffen sich eine Verbesserung der personellen Situation.

Das passt in die strategischen Überlegungen des Arbeitgebers. Gemeinsam mit einem Kollegen aus einer anderen Behinderteneinrichtung nehme ich an der GBM-Weiterbildung teil. Am 2. Dezember 1997 erhalten wir unser Zertifikat. Wir sind zu dem Zeitpunkt die beiden Einzigen in ganz Sachsen, die damit arbeiten können.

Nebenher steigt der Bedarf an Wohnplätzen außerhalb der Einrichtung. Ich fahre ins Landratsamt und habe erstmals direkt mit öffentlicher Verwaltung zu tun. Wir legen ein Konzept zur ambulanten Betreuung vor und erhalten wenig später die Bestätigung, dass im Kreis ein entsprechender Bedarf an ambulanter Betreuung für behinderte Menschen besteht und wir dieses Angebot erbringen dürfen.

Nun muss alles nur noch beim Kostenträger, dem Landeswohlfahrtsverband in Leipzig, der sich später in Kommunaler Sozialverband umbenennen wird, eingereicht werden. Das zieht sich ewig und ständig müssen noch irgendwelche Dinge beantwortet werden. Nebenher besuche ich Makler und schaue mir viele Wohnungen an. Die Korrespondenz mit dem Kostenträger zieht sich. Als ich eines Tages dem zuständigen Mitarbeiter im Landeswohlfahrtsverband in einem Brief entnervt schreibe, dass mich sein Verhalten an jemanden erinnert, der so lange seinen Kopf über einen Teller Suppe schüttelt, bis er endlich ein Haar darin findet, habe ich eine Grenze überschritten. Ich entschuldige mich, erhalte recht zeitnah die erforderlichen Zusagen und seitdem haben wir ein unkompliziertes Verhältnis.

Es ist nicht einfach und es sind viele Räder gleichzeitig zu drehen: Wohnungen suchen, die den Vorgaben entsprechen, mit den Ämtern und Behörden reden, das Betreuungskonzept und das, was an den möglichen neuen Mietern das Besondere ist, erklären, Mitarbeiter gewinnen, Skeptiker überzeugen, mit Angehörigen und Betreuern reden, ...

Fritz und Sabine wohnen in der Einrichtung. Sie wollen heiraten und in eine eigene kleine Wohnung ziehen. Sabines Schwester hat vom Gericht bestimmte betreuerische Aufgaben übertragen bekommen. So muss sie zustimmen, damit Sabine ausziehen kann. Sie hat unter anderem auch das Recht übertragen bekommen, Sabines Aufenthalt zu bestimmen. Die Schwester weigert sich und so erwirken wir bei Gericht einen Betreuerwechsel. Sabine und Fritz heiraten und ziehen in eine eigene kleine Wohnung.

Im Zusammenhang mit dem Betreuerwechsel tritt zutage, dass Sabine Anteile am Elternhaus geerbt hatte. Die Schwester hatte offensichtlich kein großes Interesse, hier für klare Verhältnisse zu sorgen.

5.6 Gründung des Landesverbandes Sachsen des Berufsverbandes der Heilerziehungspfleger

Nebenbei kommt es auch noch zur Gründung des Landesverbandes Sachsen des Berufsverbandes der Heilerziehungspfleger. Ich bin darin eng eingebunden. Schon im Verlauf des Einstellungsgespräches hatte man mich darum gebeten. Es gibt bereits einen kleinen Kreis von Initiatoren, das Interesse an Vernetzung ist stark.

Wir schreiben eine Satzung, stehen im Austausch mit den Kollegen im Bundesverband und führen viele Gespräche. Ich lerne Schulleiter und andere für die Ausbildung zum Heilerziehungspfleger zuständige Personen kennen. Leider ist mir das genaue Datum nicht mehr erinnerlich. Ich denke, dass es im Jahr 1996 war. Die Gründungsversammlung findet in der Dresdner Dreikönigskirche statt. Man hat mich in den Vorstand gewählt, in dem ich das Amt des Schriftführers bekleide.

5.7 Tagungen

Ich erfahre, dass sich einige der Sozialarbeiter, die mit Klienten mit Epilepsie arbeiten, bundesweit recht gut vernetzt haben. Es gibt regelmäßige Fachtagungen. Es ergeben sich Kontakte zu den Verantwortlichen und so fällt der Beschluss, eine solche Tagung in meiner Einrichtung zu organisieren. Dies bedeutet viel Arbeit, die Fäden laufen bei mir zusammen und es ist viel zu planen und zu organisieren. Im Jahr 1998 findet dann die fünfte bundeweite Fachtagung „Sozialarbeit bei Epilepsie" statt. Unter anderem wird beschlossen, einen sich regelmäßig treffenden Arbeitskreis zu gründen, aus dem dann im Jahr 2003 der Verein „Sozialarbeit bei Epilepsie" hervorgeht.

Auch die bundesweit mit dem GBM-Verfahren arbeitenden Kollegen sind untereinander vernetzt und tauschen in sich in den sogenannten Anwendertreffen regelmäßig aus. Das dritte bundesweite Treffen findet 1999 in „meiner" Einrichtung statt. Auch hier laufen die Fäden bei mir zusammen und es gibt viel zu organisieren und zu planen. In Frau S., einer netten Kollegin, habe ich eine große Unterstützung, zumal ich zu dem Zeitpunkt der Tagung bereits bei einen neuen Arbeitgeber beschäftigt bin und sie vor Ort alle Dinge organisiert. Das ist eine gute und effektive Zusammenarbeit.

Es ist schön, als „Wessi" im Osten etwas für das Begegnen und den fachlichen Austausch von Ost und West tun zu können.

Ich entsinne mich an ein Anwendertreffen in einer großen Diakonischen Einrichtung. Abends hat die Leitung zum Empfang geladen. Es gibt ein leckeres Essen. Der Direktor begrüßt uns und stellt in einem kleinen Referat die Einrichtung vor. Er berichtet, dass sein Vorgänger noch einen eigenen Chauffeur hatte, dessen Tätigkeit im Dienstvertrag mit „Herrschaftsfahrer" bezeichnet wurde. Schön, dass der Direktor sich davon so deutlich distanziert. Die Zeit ist glücklicherweise nicht stehengeblieben.

5.8 Keinen Fuß in die Einrichtung

Eines Tages erzählt mir ein leitender Mitarbeiter von einer Begegnung mit einer Frau, die in direkter Nachbarschaft zur Einrichtung wohnt. „Als ich sah, wie sie mit den grauen Bussen kamen und die Behinderten abgeholt haben, habe ich mir vorgenommen, niemals mehr einen Fuß in die Einrichtung zu setzen", sagt sie ihm.

Tatsächlich sind mehr als die Hälfte der Bewohner getötet worden. Am 19. Oktober 1995 wird zum Gedenken daran eine Bronzeplastik enthüllt. Ich fange an, mich intensiver mit dem Thema auseinanderzusetzen. Klar ist, dass es nicht damit getan ist, einen Gedenkstein aufzustellen und ihn zu bestimmten Zeiten mit frischen Blumen zu schmücken.

Es fällt mir schwer, aber ich muss formulieren, dass sich meine Berufsvorgänger schuldig gemacht haben. Es hat eine Zeit in Deutschland gegeben, zu der Heime und Anstalten alles andere als sichere Orte gewesen sind. Dass Menschen in Heimen immer sicher sind, kann nicht behauptet werden. Erfolgsgeschichten lesen sich anders.

Mich lässt das Thema nicht los und es scheint mir eine der Nagelproben der gesamten Sozialen Arbeit zu sein. Man kann sich im (heil-)pädagogischen Wirrwarr verlieren und nahezu alles lässt sich irgendwie erklären und begründen. Es fällt mir schwer und erleichtert mich zugleich, als ich den Mut habe, zu sagen, dass sich die ganze Pädagogik auf den Satz reduzieren lässt: „Wenn Du Dir im Zweifelsfall nicht sicher bist, was Du tun sollst, dann mache es so, wie Du es selbst gern hättest!" Da gibt es durchaus Anlehnung an den „kategorischen Imperativ" eines gewissen Herrn Kant aus Königsberg.

Das Thema des nahezu kollektiven Versagens von Diakonen, Pfarrern und pädagogisch bzw. pflegerisch ausgebildetem Personal beschäftigt mich. Das macht mich traurig, stumm und wütend zugleich. Ich nehme mir seitdem die Freiheit heraus, nicht mehr allen alles zu glauben. Und Hochglanzbroschüren am wenigsten.

Der damalige württembergische Landesbischof, Theophil Wurm, protestiert am 19. Juli 1940 in einem Schreiben an den Reichsinnenminister Wilhelm Frick gegen das Euthanasie-Programm der Regierung. Der Brief ist überliefert. Mich trifft dabei folgendes Zitat: „Wenn die Jugend sieht, daß dem Staat das Leben nicht mehr heilig ist, welche Folgerungen wird sie daraus für das Privatleben ziehen? Kann nicht jedes Rohheitsverbrechen damit begründet werden, daß für den Betreffenden die Beseitigung eines anderen von Nutzen war? Auf dieser schiefen Ebene gibt es kein Halten mehr." Mir wird bewusst, dass eine Wiederholung solcher Verbrechen dann möglich ist, wenn man keinen (ethisch-moralischen) Fixpunkt hat und deshalb, folgerichtig, nicht merkt bzw. merken kann, wann sich Schieflagen ergeben und die Dinge aus dem Lot geraten. Wenn sich also Ähnliches niemals mehr wiederholen darf, dann scheinen mir Diskussionen über die ethische Verortung erfolgversprechender als eine historisch-quantitative Aufarbeitung.

5.9 Herr Meyer und Frau Müller

Eines Tages sitzt Herr Meyer in meinem Büro. Er hat kurzfristig um ein Gespräch gebeten und nun sitzt er, sichtlich nervös, mir gegenüber und teilt mir mit, dass er sich unsterblich in Frau Müller verliebt habe, die in dem Wohnbereich lebt, in dem er arbeitet. Er möchte gern die rechtliche Betreuung übertragen bekommen und dann mit ihr zusammen leben. Frau Müller erwidere die Gefühle und es sei beiden ernst. Ihm sei klar, dass er in dem Bereich nicht länger arbeiten könne.

Ja, auch solche Situationen gibt es und es ist nicht einfach, hier zu beraten und zu entscheiden. Es folgen verschiedene Gespräche und am Ende kündigt Herr Meyer und verlässt die Einrichtung, während Frau Müller weiterhin in der Einrichtung verbleibt.

5.10 Bedarf und Aufwand

Ja, ich habe zu Beginn tatsächlich die Hoffnung, dass sich die Lebensbedingungen der Menschen, die in der Einrichtung wohnen, signifikant verbessern, wenn es nur erst einmal gelingt, den erforderlichen individuellen Bedarf jeder Person mit einem wissenschaftlichen Instrument zu erheben und zu quantifizieren. Meine Hoffnung ist, dass sich mit Hilfe des GBM die betreuerische Situation, also letztendlich die Lebensqualität der Bewohner, erheblich verbessern lässt.

Die einfache Annahme ist, dass der Bedarf den Aufwand bestimmt. Wenn beispielsweise fachlich nachgewiesen und belegt werden kann, dass eine Person den Bedarf hat, 2x täglich 15 Minuten spazieren zu gehen, dann ist eine entsprechende Begleitung zu organisieren und das erforderliche Personal dafür mit dem Kostenträger zu verhandeln. Denn immerhin kann nun wissenschaftlich die Notwendigkeit dieser Maßnahme belegt werden.

In Anlehnung an eine Befragung in einer befreundeten Einrichtung, die konzeptionell ähnlich aufgestellt ist, entwickle ich einen Fragebogen, mit dem die Mitarbeiter den nichtärztlichen pflegerischen Mehrbedarf, der sich allein aus der Tatsache, dass eine Epilepsie vorliegt begründet, messen. Denn da geht es dann nicht mehr nur um Fähigkeiten, sondern um Aufsicht. Ein Beispiel soll dies verdeutlichen: Eine Person hat eine Epilepsie und kann jederzeit einen großen Anfall bekommen. Die Person kann wohl allein baden, darf dies aber aufgrund der Epilepsie nicht allein tun. Die individuellen Fähigkeiten liegen vor, aber dennoch ist ein betreuerischer Aufwand erforderlich. Wir werten die

Ergebnisse aus, stellen fest, dass bei zwölf Menschen, die zu betreuen sind, ungefähr ein Mitarbeiter nur mit dem nichtärztlichen Aufwand beschäftigt ist und es gelingt uns tatsächlich, hier mit dem Kostenträger ein gutes Ergebnis zu erzielen.

Ich bin in allen Wohnbereichen unterwegs und schule die Mitarbeiter. Ich bringe ihnen die Systematik des GBM nahe, ermuntere sie, ihre Arbeit zu reflektieren und ihren betreuerischen Fokus auf sämtliche Personen und Prozesse zu lenken, und nicht nur auf diejenigen, die am zeitaufwändigsten sind.

Die ausgefüllten Bögen pflege ich in den Computer ein. Die Ausdrucke sind sehr umfangreich und liefern den Mitarbeitern unter anderem Anhaltspunkte und Stichworte zur Organisation der Betreuung und zur Erstellung von Entwicklungsberichten.

Ich bin noch immer davon überzeugt, dass es auf der Grundlage fachlich-wissenschaftlich erhobener Daten zu einer Verbesserung der Bedingungen der Bewohner kommen wird.

5.11 Der Landesverband

Ich nehme an Sitzungen im Landesverband der Diakonie Sachsen teil. Dort treffe ich auf Kollegen aus anderen Einrichtungen für behinderte Menschen. Eines Tages sitzt die für den Bereich der Behindertenhilfe zuständige Referentin des Landesverbandes in meinem Büro und macht mir das Angebot, in den Landesverband zu wechseln und von dort die landesweite Anwendung des GBM-Verfahrens voranzutreiben.

Zum 01. Februar 1998 wechsle ich dann tatsächlich in den Landesverband, um dort die Projektstelle des GBM-Verantwortlichen wahrzunehmen. Die Stelle ist zunächst auf ein Jahr befristet, wird dann aber um ein weiteres Jahr verlängert, als sich zeigt, dass die Fülle der Aufgaben nicht in einem Jahr zu bewältigen ist.

Ich schließe mit den einzelnen Trägern Beraterverträge und fahre in die Einrichtungen, um dort die Mitarbeiter zu schulen. Ich bin viel in Sachsen unterwegs, lerne „Land und Leute" kennen und bin glücklich, weil ich das Gefühl habe, etwas bewirken zu können. Die Zahl der Träger, die sich an dem Projekt beteiligt haben, ist mir nicht mehr geläufig. Ich habe aber von mehr als tausend behinderten Menschen Daten in das System eingepflegt. Es gibt einige Einrichtungen, die sich später entscheiden, eigene Mitarbeiter zu schulen und die Lizenz direkt zu erwerben.

Ich teile mir mit einer Kollegin ein Büro. Sie ist Referentin für die stationäre Behindertenhilfe. Es gibt noch eine weitere Kollegin, die für die ambulanten Angebote zuständig ist. So bekomme ich eher beiläufig mit, wie ein Landesverband arbeitet, wofür er zuständig ist und welches Selbstverständnis er hat.

Weil wir uns ein Büro teilen, ergibt es sich, dass wir viel miteinander diskutieren und gegenseitige Einblicke in unsere jeweiligen Tätigkeiten erlangen. Es kommt gelegentlich vor, dass die Kollegin verhindert ist und ich sie in Aufgaben und Tätigkeiten vertrete, die mir zunächst noch völlig fremd sind und die mit meiner eigentlichen Tätigkeitsbeschreibung der Projektstelle nichts zu tun haben. Ich mache das gern und ich merke, wie sich mein Blick immer mehr weitet und ich so unter anderem auch die politische Dimension der Behindertenhilfe kennenlerne.

Zum ersten Mal kann ich Prozesse aus einer völlig anderen Perspektive betrachten und mir Gedanken über Zusammenhänge machen, wie es mir bisher nicht möglich war, weil ich zu nah dran und immer auch ein Teil davon war.

5.12 Die Schutzhaft der Nächstenliebe und der Impuls zur Enthospitalisierung

Wir sind gut vernetzt und beziehen eine breite Palette an Fachinformationen, Publikationen und Informationsmaterialien. Eines Tages stoße ich auf den Namen „Klaus Dörner". Ich habe einige Artikel und Vorträge von ihm gelesen und bin elektrisiert.

Er spricht pointiert und markig aus, was ich auch denke und was ich mit meiner knapp 20-jährigen Erwerbsbiografie sofort unterschreiben würde. Der Satz, dass Heimleiter die Bewohner in die „Schutzhaft der Nächstenliebe" nehmen, trifft mich besonders. Ich kann mehrere Nächte nicht gut schlafen. Eines Morgens entschließe ich mich, meine Gedanken dazu zu ordnen und zu Papier zu bringen. So entsteht das „Diskussionspapier zur Enthospitalisierung von Einrichtungen der Behindertenhilfe der Diakonie im Freistaat Sachsen", das bis heute erhalten geblieben ist. (Frickenhaus 1999)

Ich habe das Papier mit meiner Privatadresse versehen und versende es an alle Diakonischen Träger in Sachsen, die Einrichtungen der Behindertenhilfe vorhalten, sowie an einige Freunde. Ein Exemplar schicke ich zu Klaus Dörner nach Hamburg. Er meldet sich bald darauf und es entwickelt sich eine gute fachliche Beziehung, die über Jahre Bestand haben wird.

Über die Liga der Freien Wohlfahrtsverbände im Freistaat Sachsen gelingt es, Klaus Dörner nach Dresden einzuladen. Er spricht zum Thema der Auflösung von Komplexeinrichtungen, macht Mut, stellt infrage, denkt quer, provoziert und hält uns mehr als einmal den Spiegel vor die selbstgerechte Nase.

Mir wird klar, dass eigentlich viel möglich ist, wenn man nur will bzw. wollen wollte. Immerhin herrscht in den meisten Wohneinrichtungen im Osten kein Wohnstandard, der der Heimmindestbauverordnung genügt. Man hätte durchaus auch einen anderen Weg gehen können, entschied sich aber dann, die Heimmindestbauverordnung in den „neuen Ländern" zunächst für zehn, und dann noch einmal für weitere zehn Jahre außer Kraft zu setzten, damit die Träger ihre Gebäude auf „Westniveau" umbauen können. Man hätte durchaus auch anders entscheiden können, denn der Beweis, dass es ohne stationäre Strukturen auch geht, wurde ja nahezu zeitgleich im Westen erbracht (z. B. Kloster Blankenburg und Gütersloh). Es gibt eben keine fachliche Begründung für Heime!

Ich habe das stets deutlich hinterfragt und auch sehr hartnäckig diskutiert, aber es scheint für viele Träger so zu sein, dass Gebäude eine besondere Bedeutung haben. Da ist etwas sichtbar, da trägt ein Gebäude einen besonderen Namen und wird selbstverständlich diejenigen überdauern, die irgendwie mit seiner Errichtung zu tun hatten. Man schafft sich ein Denkmal.

5.13 Menschen in Heimen

Mir fällt der Bericht „Leben im Heim - Angebotsstrukturen und Chancen selbstständiger Lebensführung in Wohnheimen der Behindertenhilfe" von Elisabeth Wacker u. a. ein, im Rahmen des bundesweiten Forschungsprojekts „Möglichkeiten und Grenzen selbstständiger Lebensführung in Einrichtungen" 1998 erschien und der schonungslos, wie ich es weder vorher noch hinterher gelesen habe, ausdrückt, wie es um die Selbstbestimmung in Einrichtungen gestellt ist.

Mich elektrisiert dabei eigentlich nur eine einzige Feststellung aus der Studie. Es geht um die Frage, wer eigentlich den Heimeinzug veranlasst hat. Zum Zeitpunkt der Erhebung lebten über 98 % der Heimbewohner an einem Ort, den sie sich nicht selbst ausgesucht haben. Die Studie kommt zu den Schluss, das muss man sich erst mal auf der Zunge zergehen lassen, dass rund 98 % der Bewohner gegen ihren Willen in stationären Einrichtungen leben. Die Entscheidung zum Heimeinzug wird nahezu zu 100 % von Eltern, Angehörigen, gesetzlichen Betreuern oder Richtern getroffen.

Ich versuche mir vorzustellen, wie es mit der „Compliance" aussieht und wie gut das pädagogische Ergebnis unserer Arbeit überhaupt sein kann, wenn es sich an Menschen richtet, die wir an einem Ort betreuen, an dem sie gar nicht leben wollen.

Ich lese weiterführende Studien und stelle fest, dass selbst die Mitarbeiter in Heimen mehrheitlich niemals selbst in einem Heim leben möchten. Ich stelle mir den Bäcker vor, der jeden Tag Brot und Brötchen backt, sich aber niemals vorstellen kann, auch nur eines seiner Produkte zu essen. Wie will er wissen, wie das schmeckt, was er mühsam herstellt und jeden Tag verkauft?

Ich merke, dass hier etwas nicht stimmt und bin, ohne es so benennen zu können, auf das Thema gekommen, das mich die weiteren Berufsjahre begleiten wird. Für mich hat es mit der „schiefen Ebene" zu tun, auf die Bischof Clemens August Graf von Galen und Theophil Wurm seinerzeit deutlich hinwiesen.

6 Rückblick: Die 2000er-Jahre

„Der Markt ist nicht sozial."
Otto Speck (2004, 19)

Die von der CDU mit Helmut Kohl geführte Regierung wurde nach 16 Jahren 1998 durch eine rot-grüne Regierung mit Gerhard Schröder als Kanzler abgelöst. Beide Parteien setzten den Systemwechsel vom Wohlfahrtsstaat zum „aktivierenden Sozialstaat", also den Abbau von Sozialleistungen, unvermindert fort. Der neoliberale Wirtschaftswissenschaftler Milton Friedman brachte die Politik der rot-grünen Regierung auf den Punkt: „Die jetzigen Reformen in Deutschland entsprechen eigentlich perfekt den Ideen der Regierung Kohl. Und dennoch musste erst Gerhard Schröder kommen, um sie durchzusetzen" (Friedman 2000, o. S.).

6.1 Die Ökonomisierung geht weiter: Hartz

Durch die Körperschaftssteuerreform und die neue Steuerfreiheit beim Verkauf von Kapitalgesellschaften wurde die Tür für Finanz-Heuschrecken und Spekulanten geöffnet. Der Spitzensteuersatz, unter der Regierung Kohl bei 53 %, wurde auf 42 % gesenkt. Die Privatisierung öffentlicher Güter wurde fortgesetzt und immer mehr Lebensbereiche der kapitalistischen Verwertung unterworfen und zugänglich gemacht.

Im Jahr 2002 hat die rot-grüne Regierung eine Kommission „Moderne Dienstleistungen am Arbeitsmarkt" unter der Leitung vom VW-Personalvorstandsmitglied Peter Hartz eingerichtet. Ergebnis war „die größte Arbeitsmarkt-Reform seit Bestehen der Bundesrepublik" (Schröder 2002, o. S.). Kern der „Reform" war die Zusammenführung von Arbeitslosen- und Sozialhilfe zum Arbeitslosengeld II (Hartz IV). In seiner Regierungserklärung legte Gerhard Schröder 2003 die „Agenda 2010" vor, die eine Arbeitsgruppe unter Frank-Walter Steinmeier entworfen hatte: „Ein Sozialversicherungssystem, das die Fähigkeit, Arbeit zu finden, behindert, muss reformiert werden. Moderne Sozialdemokraten wollen das Sicherheitsnetz aus Ansprüchen in ein Sprungbrett in die Eigenverantwortung umwandeln" (Blair, Schröder 1999, o. S.).

Der moderne Sozialstaat müsse seine Maßnahmen so ausgestalten, dass sie ausreichenden Anreiz böten, sich anzustrengen und die eigenen Möglichkeiten in vollem Umfang zu nutzen. Die „soziale Hängematte" schwäche die Kreativität der Menschen und trage somit zu einer Vergeudung von Ressourcen bei. SPD-Bundeskanzler Gerhard Schröder drückte es so aus: „Es ist jetzt nicht die Zeit, immer nur neue Forderungen zu stellen, ohne zu neuen Leistungen bereit zu sein. Wer nur seine Ansprüche pflegt, der hat noch nicht verstanden. Wer soliden Wohlstand, nachhaltige Entwicklung und neue Gerechtigkeit will, der wird Verständnis dafür aufbringen, dass man bei bestimmten staatlichen Leistungen auch einmal langsamer treten muss … Zu Reform und Erneuerung gehört auch, manche Ansprüche, Regelungen und Zuwendungen des deutschen Wohlfahrtsstaates zur Disposition zu stellen" (Schröder 2002, o. S.).

Dieser Ab- und Umbau des Sozialstaats wird oft nur der SPD zugeschrieben, aber auch die Grünen als Koalitionspartner waren entscheidend daran beteiligt: Auch die Grünen forderten „ein neues Verständnis von Gerechtigkeit". Der Abbau des Sozialstaats wird von ihnen als „Bewegungsangebot" verkauft: „Ich mache mit, ich bewege mich, ich entwickle mich für und mit dem Ganzen, denn jeder und jede, die kann, soll einen Beitrag für die Gesellschaft leisten. Ein Angebot für jeden meint Chance und Pflicht zugleich, Verantwortung für das eigene Leben wahrzunehmen und für die Gesellschaft" (Göring-Eckhardt, Dückert 2003, 1).

Das alles waren die höchstens noch wohlklingenden Worte für die Förderung von Mini-Jobs und Ich-AGs, die Einrichtung von Job-Centern, die Forderung zur Aufnahme von Arbeit um jeden Preis, den Abbau von Arbeitsnehmerschutzrechten, die Ausweitung von flexiblen, befristeten, atypischen Beschäftigungsverhältnissen wie Leiharbeit oder die Aufweichung von Flächentarifverträgen. Das „Normalarbeitsverhältnis" wurde zum Auslaufmodell „zugunsten puzzleartiger, risikoreicher Beschäftigungsbiographie zwischen Arbeitslosigkeit, Qualifizierung, befristeter Beschäftigung, Scheinselbständigkeit und Leiharbeit" (Galuske 2004, 11).

Parallel dazu vollzogen SPD und Grüne einen „Abbau der Unternehmens- und Gewinnbesteuerung sowie die Umverteilung der Steuer- und Sozialleistungen zu Lasten der privaten Haushalte" (Galuske 2004, 6). Die Hartz-Gesetze und die Agenda 2010 waren „Maßnahmen zum ‚Um-' bzw. Abbau des Sozialstaates, die seine ganze Architektur, Struktur und Konstruktionslogik grundlegend verändern. Es geht längst nicht mehr nur um Leistungskürzungen im sozialen Sicherungssystem, sondern um einen Systemwechsel" (Butterwege 2010, 3, vgl. auch Dahme 2008, 14). Und es war nicht nur eine deutsche Entwicklung. Das Bankengesetz von Bill Clinton in den USA, die New-Labour-Politik von Tony Blair in Großbritannien und die Hartz-IV-Gesetze und die Agenda 2010 von Schröder und Steinmeier in Deutschland führten weltweit zu einer Expansion des Finanzsektors und einem riesigen Niedriglohnsektor. Der gesellschaftliche Reichtum wurde immer mehr in eine Richtung verteilt.

Medial begleitet wurden die Maßnahmen durch eine Stigmatisierung von Armen und Arbeitslosen als Versager und Faulenzer. Die Deutsche Bischofskonferenz beklagte, dass sich „ein Anspruchsdenken entwickelt hat, das vom Staat … zu viel erwartet" (DBK 2003, 8). Für „Viele" sei „das Soziale zu einem Anspruch, um eine immer komfortablere Normalität herzustellen" geworden, beklagten die Bischöfe (DBK 2003, 9). Der damalige SPD-Ministerpräsident und spätere Kanzlerkandidat Peer Steinbrück definierte die Zielgruppe der SPD und der Grünen: „Soziale Gerechtigkeit muss künftig heißen, eine Politik für diejenigen zu machen, die etwas für die Zukunft unseres Landes tun: die lernen und sich qualifizieren, die arbeiten, die Kinder bekommen und erziehen, die etwas unternehmen und Arbeitsplätze schaffen, kurzum, die Leistung für sich und unsere Gesellschaft erbringen. Um die – und nur um sie – muss sich Politik kümmern" (Steinbrück 2003, 5). Philipp Mißfelder, Bundestagsabgeordneter und damals Vorsitzender der Jungen Union, ließ verlauten: „Die Erhöhung von Hartz IV war ein Anschub für die Tabak- und Spirituosenindustrie" (Butterwege 2009, 194). Das später in seiner Partei ungeliebte SPD-Mitglied Thilo Sarrazin blies ins gleiche Horn: „Jemanden, der nichts tut, muss ich auch nicht anerkennen. Ich muss niemanden anerkennen, der vom Staat lebt, diesen Staat ablehnt, für die Ausbildung seiner Kinder nicht vernünftig sorgt und ständig neue kleine Kopftuchmädchen produziert." Das gelte „für 70 Prozent der türkischen und 90 Prozent der arabischen Bevölkerung in Berlin" (Sarrazin 2009).

Der „Focus" berichtete über „Das süße Leben der Sozial-Schmarotzer" und der „Stern" über das „Ärgernis Sozialhilfe": „In Deutschland bekommen 2,5 Millionen Menschen Monat für Monat finanzielle Hilfe zu ihrem Lebensunterhalt. Für viele sind diese Milliarden-Zahlungen ein Ärgernis. Politiker fordern, dass die Empfänger dafür arbeiten müssen." Die „Bild" berichtete im Sommer 2003 neunzehnmal über Rolf F., „Florida-Rolf", der in Miami von Sozialhilfe lebe, über „Viagra-Kalle" und „Mallorca-Karin". Brav verabschiedete die rot-grüne Regierung schnell schärfere Regeln für Sozialhilfebetrug im Ausland. „Bild" hetzte weiter: „Die üblen Tricks der Hartz-IV-Schmarotzer! … und wir müssen zahlen". In einer Doku-Soap „Gnadenlos gerecht – Sozialfahnder ermitteln" wurde die mediale Propaganda gegen arme Menschen ins Privatfernsehen getragen. „Türkische Familie baut Luxus-Villa mit Hartz IV" wusste erneut die „Bild" 2008 zu berichten und Kurt Beck, damals SPD-Vorsitzender gab am 12.12.2006 Henrico Frank, einem Erwerbslosen, medienwirksam den Tipp: „Waschen und rasieren sie sich erst mal … dann finden Sie auch Arbeit" (alle Beispiele aus Butterwegge 2009).

Die Sichtweise, dass solidarische Sozialsysteme nur die Eigeninitiative der Menschen blockierten, wurde propagiert und machte sich breit. Die Logik des Marktes überformte nach und nach alle gesellschaftlichen Bereiche und das Denken vieler Menschen. „Der Wettbewerbsfreiheit des Marktes sollte eine Kultur entsprechen, die alle Lebensaspekte als Verfolgung einer Reihe von unterschiedlichen Unternehmungen neu entwirft. Kein Abhängen mehr, alles – auch die Freizeit – will effektiv gestaltet bzw. gemanagt werden" (Stövesand 2007, o. S.). Damit verabschiedete sich die Politik unter der Führung von SPD und Grünen nachhaltig von dem Menschenrechtsprinzip, „wonach jeder Mensch grundsätzlich und voraussetzungslos als Träger von Rechten anzuerkennen ist“ (Stövesand 2007, o. S.).

Wettbewerb, Konkurrenzverhalten und Marktmechanismen hielten nun Einzug in Gesellschaftsbereiche, die zuvor davon frei waren und in die Denkweisen, Vorstellungen und Verhaltensmuster vieler Menschen. Jede*r will etwas Besonderes sein, muss sich von anderen abheben, sich selbst optimieren. Körpermodifikationen vom Tattoo bis zur Schönheits-Operation wurden normal. Viel konsumieren ist gut, Geiz ist geil, in Fernsehshows werden zur Ergötzung des Publikums Elendsgestalten aufeinander gehetzt und wer den Wettbewerb verliert, der fliegt raus: die einen aus der Show, die anderen aus der Gesellschaft. Der eigenverantwortliche Mensch, der sein Leben dynamisch selbst und frei managt und sich vom „Markt“ regeln lässt, wird das gesellschaftliche Leitbild. Wer da nicht mitkommt, bleibt zurück. Die „Falltüren der Gesellschaft“ werden geöffnet (Beck, U. 1999, 104) und die Menschen „in die Freiheit“ entlassen, als Ich-AG, Gefängnisinsassen oder Obdachlose, die in der Arbeitslosenstatistik nicht mehr auftauchen. Man hat dann „mehr Hoffnungslose, weniger Arbeitslose“ (ebd., 104). Markt und Wettbewerb haben Gewinner, aber auch zwangsläufig Verlierer. Die werden nicht nur ausgegrenzt, sie sind auch Täter, die sich in der sozialen Hängematte ausruhen. Der „flexible Mensch driftet“ in ambivalenter Ungewissheit und bemüht sich, Exklusion zu vermeiden (Sennett 2010) in einer Gesellschaft, die kein Interesse mehr daran hat, allen Menschen Teilhabechancen einzuräumen. Alle sind vom „Gespenst des Überflüssigen“ bedroht (Bauman 2005, 126, vgl. Becker 2020, 222 ff.). Idealbild unserer Gesellschaft wurde der Mensch „als Shareholder seines individuellen Humankapitals, der in aller unternehmerischen Freiheit, aber auch bei vollem Geschäftsrisiko sein Leben managt“ (Bröckling 2005, o. S.).

Diese neoliberale Modernisierung zog Veränderungsprozesse nach sich, die sich auch im System der Behindertenhilfe widerspiegelten. Auch hier vertraut der aktivierende Sozialstaat seitdem auf die heilende Wirkung von mehr Konkurrenz durch „Inszenierung von Wettbewerb und die Modellierung von Quasi-Märkten“ (Galuske 2004, 7). Freigemeinnützige Träger wandeln sich zu Unternehmen, die sich einander dem Marktwettbewerb stellen. Die Grundprinzipien der Finanzierung änderten sich. Finanziert wird nicht mehr kostenorientiert, sondern leistungsbezogen. „Die Kostenträger definieren, welche Leistungen sie finanzieren, und die Träger begannen daraufhin, ihre Hilfeangebote als Produkte zu beschreiben. Damit ging die Umstellung vom Selbstkostendeckungsprinzip zum Budgetprinzip einher.“ Kosten werden nur refinanziert, wenn es eine vorab (prospektiv) getroffene Vereinbarung über „Inhalt, Umfang und Qualität der Leistung“ gibt (Schäper 2006, 113).

Neben dem vermehrten Einsatz betriebswirtschaftlicher Methoden und Priorisierungen bekamen Begriffe wie Selbstbestimmung, Aktivierung und Empowerment schleichend eine andere, neue Bedeutung. Die Implementierung marktanaloger und wettbewerbsorientierter Organisationsprinzipien fand ihre fachliche Entsprechung in Haltungen und Konzepten. „Es ist wichtig, sich klarzumachen, dass Formen und Funktion sozialarbeiterischer Handlungskonzepte nicht unabhängig von politisch-ökonomischen Realitäten und Rationalitäten existieren" (Stövesand 2007, o. S.). Empowerment oder Selbstbestimmung bedeuten 2005 nicht das gleiche wie 1980. Nach der herrschenden Meinung lähme ein zu gut und komfortabel ausgebautes Sicherungsnetz den Selbstbehauptungswillen und die Selbstheilungskräfte der Betroffenen. In dieser gesellschaftlichen Stimmung ging es nicht um Menschenrechte, sondern um Aktivierung, die oftmals als „Empowerment" verkauft wurde, auch in der Behindertenhilfe.

6.2 Alles em-powert, oder was?

Seit Mitte der 1990er Jahre sind Selbstbestimmung und Autonomie als Leitprinzipien in der Behindertenhilfe angekommen, jedenfalls auf dem Papier. Das Konzept Selbstbestimmung in der Behindertenhilfe kam aus der US-amerikanischen „Independent-Living"-Bewegung behinderter Menschen und ist „humanistisch-individualistisch geprägt" (Fornefeld 2009, 184). Die Wurzeln von Empowerment liegen in der US-Amerikanischen Black-Power-Bewegung der 1960er und 1970er Jahre, im Feminismus, in der Schwulen- und Lesbenbewegung, der Selbsthilfebewegung und Gruppierungen der Neuen Linken und in Paulo Freires „Pädagogik der Unterdrückten" in Brasilien und Chile (vgl. Bröckling 2003, 326 f.). Es geht bei Empowerment um einen „konflikthaften Prozess der Umverteilung von politischer Macht", bei welchem sich Menschen aus ihrer Machtlosigkeit dem politischen System gegenüber lösen und sich politische Entscheidungsmacht sowie demokratisches Partizipationsvermögen aneignen (Herringer 2020, 14).

Von all dem ist in dem Empowerment-Gedanken der Sozialpolitik und der Sonderpädagogik nichts mehr übrig. Das Konzept wurde individualisiert, entschärft und die Idee in altbekannter psychiatrischer Art uminterpretiert, verbogen und eingemeindet (vgl. Lehmann 2001, 372). Die „Bemächtigungsspezialisten" deuten Probleme ihrer Adressat*innen so um, dass sie als mangelnde Selbststeuerung erscheinen und vollziehen eine Psychologisierung und Individualisierung der Problemursachen und der Wege zur Lösung (Bröckling 2003, 330). Beispielhaft kritisiert Christa Wichterich den „selbst erklärten Feminismus von Elitefrauen" (Wichterich 2017, 79), bei dem „der Gleichstellungsfokus auf dem Empowerment der Starken, nämlich der Frauen in Führungs- und Entscheidungspositionen" liege (Wichterich 2017, 83). Der geringe Verdienst der Supermarktkassiererin, der Raumpflegerin oder gar der Beschäftigten der WfbM spielt in dieser Debatte keine Rolle. „Es ist ein weiter Weg von Freires ‚Pädagogik der Unterdrückten' … bis zu den Programmen, mit denen Personaltrainer Manager darauf trimmen, ‚das Beste aus ihren Mitarbeitern heraus(zu)holen'."(Bröckling 2003, 339). Menschen werden nicht in einem gesellschaftlichen Macht-Ohnmachtkontext lokalisiert, der Begriff „Empowerment" enthält keine Kritik mehr an Machtstrukturen. „Begrifflich liegt das Schwergewicht auf Selbstgestaltung, eigenverantwortliches Lebensmanagement, eigene Stärke und solidarische Vernetzung und diese wird wiederum als Selbstorganisation charakterisiert. Der Begriff ist dermaßen harm-, ja zahnlos, dass sogar die Mächtigen in Wirtschaft und Management ihn einsetzen, um ihren Untergebenen zu suggerieren, sie hätten Macht" (Staub-Bernasconi 2016, 400). Kursangebote und Rezeptbücher zum „personal empowerment" eroberten den Psychomarkt. Empowerment dreht sich nun um eine Strategie der Erleichterung der Armut und der Exklusion. Die Bundestagsfraktion von Bündnis 90/Die Grünen verkauft das wohlklingend als neue „Infrastruktur der Eigenverantwortung": „Der Staat stellt das Spielfeld, die Trainer und die Grundregeln. Alles, was darüber hinausgeht liegt in der Verantwortung jedes einzelnen" (Göring-Eckhardt, Dückert 2003, 2).

Aber „(w)er über Empowerment redet darf nicht über sozialen Ausschluss, über Macht (Power), Herrschaft und Gewalt schweigen" (Jantzen 2013, 49). Es ist nicht zufällig, dass zu einer Zeit, in der es um den Abbau des Wohlfahrtsstaats hin zum aktivierenden Sozialstaat geht und in der über eine steigende Anzahl von Sozialleistungsbezieher*innen geklagt wird, in Theorie und Praxis der Behindertenhilfe auf Konzepte wie Empowerment zurückgegriffen wird. So entwickelte sich eine „das Fach verkleisternde ‚hochdynamische' Empowerment-Debatte" (Jantzen 2013, 58). An die Stelle der alten bevormundenden Haltung der Betreuung und paternalistischen Fürsorge trat die angebliche Freiheit des Kunden auf einem freien Markt. „Anstelle von – man ist versucht zu sagen – als Ersatz für strukturbezogene Machtkritik hat das ‚Empowerment-Konzept' in der Sozialen Arbeit … eine nahezu ebenso rasante Verbreitung wie das neoliberale Management-Konzept erfahren" (Staub-Bernasconi 2016, 399) und war „deutlich kompatibel zur Mentalität neoliberaler Sozialpolitik, die an die Eigenverantwortung des Einzelnen appelliert und die Sozialität des Menschen … ausblendet" (Schäper 2006, 310).

So wird Empowerment in einer neoliberalen Umdeutung von der „Anleitung zum Mächtigsein" zur Anleitung zur Selbsthilfe und Selbstbestimmung. „Beides ist nicht einfach abzulehnen, nur soll man es nicht als Ermächtigung … bezeichnen. Ansonsten ist man versucht, zu formulieren: Je weniger Machtkritik, desto mehr Empowermentgetöse" (Staub-Bernasconi 2016, 400), auch im System der Behindertenhilfe und der Heil- und Sonderpädagogik. Einerseits wird damit die von behinderten Menschen geforderte Abkehr von der traditionellen Fremdbestimmung aufgegriffen. Andererseits wird der Diskurs entschärft, weil es keinesfalls darum geht, behinderten Menschen Macht („power") über ihr Leben zu geben. „Der solchermaßen eingeengte Diskurs kapriziert sich allzu leicht auf eine dominant apolitische Ausdeutung des Begriffs, sodass jene Praxen, die als Ausdruck sich maskierender gesellschaftlicher Machtverhältnisse den Ausschluss erst hervorbringen und zementieren, unreflektiert bleiben" (Hoffmann et al. 2018, 10). Georg Feuser (2012, 21) nennt Empowerment-Konzepte der Sonderpädagogik „anachronistisch unter dem Aspekt der Forderung, geistig behinderte Menschen zu ermächtigen, sich aus ihrer Abhängigkeit zu befreien, in die wir sie bringen. Es wäre angemessener, behinderte Menschen nicht mehr unter unsere Herrschaft zu bringen und zu isolieren und sich dafür einzusetzen."

Diese Art von „Empowerment" meint keinen Herrschafts- und Machtverzicht der in den Einrichtungen tätigen Fachkräfte und der Institutionen zugunsten behinderter Menschen, sondern stellt selbst eine Machtausübung dar, übt Definitionsmacht aus (Schäper 2006, 308).

„Da Partnerschaft nur unter Gleichberechtigten denkbar ist, sind alle, die Empowerment und Gleichberechtigung wirklich wollen, freundlichst aufgefordert, die rechtliche, soziale und finanzielle Situation von Psychiatrie-Betroffenen [und behinderten Menschen, H. B.] auf allen Entscheidungsebenen zu stärken, bestehende Machtgefälle zu verringern, Allianzen mit Psychiatrie-Betroffenen einzugehen, sich im Rahmen ihrer Möglichkeiten und Verbände zu äußern" (Lehmann 2001, 372).

6.3 Über Samthandschuhe und das Dilemma mit der Selbstbestimmung

Die Verstrickung der Sonder- und Heilpädagogik mit Gewalt in ihrer Historie ist unübersehbar. Diese Verstrickung trat in den 2000er Jahren nicht mehr so offensichtlich zutage wie 70 Jahre zuvor, sie besteht aber nach wie vor, trotz Empowerment und Selbstbestimmung. Nur wer den Verhaltenserwartungen des Personals weitgehend entspricht, erhält in der Einrichtung einen relativ erträglichen Lebensraum (vgl. Jantzen 2003).

Nach wie vor war ein wohltätiger Paternalismus vorherrschend, der im Laufe der Zeit die Gestalt lebenslänglicher Förderung angenommen hat (vgl. Wunder 2006). Wolfgang Jantzen beschreibt diesen Paternalismus in Bezug auf Mary Jackman als „Gewalt mit Samthandschuhen": „Der Anspruch, die wirklichen Interessen der Benachteiligten besser verstehen zu können, als diese selbst; der Anspruch moralischer Überlegenheit gegenüber der Gruppe der Benachteiligten und die damit verbundene beanspruchte letzte Entscheidungsgewalt über deren wirkliche Interessen; die emotionale Bekundung der Wohltäterschaft; die Nachahmung von Eltern-Kind-Beziehungen; die Kriminalisierung der Benachteiligten bei Durchbrechen der von den Überlegenen vorgegebenen Grenzen; die Überprüfung der Würdigkeit, Leistungen oder Zuwendung zu erhalten; die sentimentale

Selbstdefinition der vorgeblichen WohltäterInnen, wobei Sentimentalität schnell in Terror umzuschlagen vermag, sobald sich ihr Objekt nicht als dankbar erweist" (Jantzen 2003, 310).

Michel Foucault beschreibt diese Haltung als Pastoralmacht. Ihr liegt die Annahme zugrunde, dass „jedes Individuum unabhängig von seinem Alter, von seiner Stellung sein ganzes Leben hindurch und bis ins Detail seiner Aktionen hinein regiert werden müsse und sich regieren lassen müsse; dass es sich zu seinem Heil lenken lassen müsse und zwar von jemandem, mit dem es in einem umfassenden und zugleich peniblen Gehorsamsverhältnis verbunden sei" (Foucault 1992, 7).

Nach wie vor herrschten ungleiche Beziehungen, „die Menschen mit Lernschwierigkeiten zum pädagogischen Betreuungspersonal aufbauen und auf die sie sich – oftmals in Ermangelung freundschaftlicher oder auch familiärer Bezugspersonen – verlassen (müssen)" (Kremsner 2019, 39). Allerdings gestalten sich diese Beziehungen zumeist asymmetrisch, Machtverhältnisse und Entscheidungsmöglichkeiten sind auf vielen Ebenen sehr ungleich verteilt. Mehr Selbst- und Mitbestimmung von behinderten Menschen über ihre Lebensumstände werden eine geläufige und berechtigte Forderung.

Aber was Selbstbestimmung ist, kann sehr unterschiedlich gesehen werden. Zunächst ist individuelle Selbstbestimmung historisch ein relativ neues Konzept und kein „Wesensmerkmal" des Menschen. Der mittelalterliche Feudalbauer hat nicht nach Selbstbestimmung gestrebt, er ist seiner „Bestimmung" gefolgt. Mit der Philosophie der „Aufklärung" wuchs der Wunsch nach Selbstbestimmung, aber auch die Erkenntnis, dass menschliche Selbstbestimmung und Autonomie nicht heißen kann, dass jeder beliebig alles tun und lassen kann. Immanuel Kant formulierte in seinem kategorischen Imperativ: „Handle nur nach derjenigen Maxime, durch die du zugleich wollen kannst, dass sie ein allgemeines Gesetz werde" (Kant 1785/1906, 44, vgl. Becker 2020, 225 ff.).

Menschen werden nicht als autonome Wesen geboren, sind zu jedem Zeitpunkt ihres Lebens mal mehr und mal weniger auf andere Menschen angewiesen, können jederzeit ihre Autonomie zeitweise oder ganz verlieren, und mit großer Wahrscheinlichkeit endet das Leben auch mit eingeschränkter Autonomie (Graumann 2011, 260).

Mehr Selbstbestimmung ist auch nicht gleichbedeutend mit mehr Wohlbefinden. „Eine zunehmend komplexere Welt mit schwindenden tradierten Regeln und Ansichten überfordert viele. Die Suche nach verlässlicher Orientierung in Form einfacher Erklärungen und Handlungsvorgaben, wie sie Esoterik, Fundamentalismus etc. anbieten, nimmt deshalb zu. Menschen können und wollen nicht ständig neu entscheiden. … Dem widerspricht es aber nicht, dass ihr Wohlbefinden bedroht ist, wenn sie wesentliche Grundentscheidungen des Lebens (z. B. Beruf, Partnerschaft, Wohnort) und die Gestaltung des Alltagslebens (v. a. Nutzung der Freizeit, Aktivitäten) nicht selbst bestimmen können." (Klauß 2005, o. S.)

Zudem ist zu unterscheiden, auf welcher Ebene Selbstbestimmung gemeint ist. Es gibt (abgesehen vom völkerrechtlichen Selbstbestimmungsrecht) die individuelle Selbstbestimmung, also zum Beispiel die Frage, wann ich schlafen gehe, was ich wann esse oder anziehe und wie ich meinen Alltag gestalte. Daneben gibt es strukturelle Selbst- und Mitbestimmung, zum Beispiel durch Heimbeiräte, Werkstatträte oder demokratische Wahlen. In beiden Fällen hängt die Selbstbestimmung in Form und Inhalt von Voraussetzungen ab: von meinen Erfahrungen, meinen Informationen, meinen individuellen und gesellschaftlichen Möglichkeiten.

In der neoliberalen Wirtschaftsordnung meint „Selbstbestimmung nicht mehr Selbstgestaltung im privaten wie politischen Bereich, sondern Kunden-Orientierung. Die Bürger sollen zwischen vorgegebenen Dienstleistungen und Warenangeboten ‚frei' wählen können. Kunden fühlen sich frei, indem sie sich für Vorgegebenes entscheiden. Wer sich das leisten kann, zählt etwas. Die Skepsis gegen Werbungs-Manipulation ist verstummt, Selbstbestimmung individualisiert und entpolitisiert. Die Orientierung am individuellen Spaß, Genuss, Kick ist deren Hauptmaßstab" (Klauß 2005, o. S.). Selbstbestimmung wird auf Konsumfreiheit reduziert: „Die Leute werden dazu gebracht zu vergessen, daß es noch andere Möglichkeiten geben würde, Selbstbestimmung zu gewinnen, als sich ein besseres Outfit zuzulegen" (Bauman 1995, 261). Dieses Konzept von Selbstbestimmung trifft sich „mit dem Konzept der ‚Identität' als Teil eines nach innen gewendeten Kapitalismus. Und diesem geht eine vielfältige gesellschaftliche Zersplitterung einher verbunden mit neuen Dimensionen der Sinnsuche, u. a. über die Likes bei Facebook" (Jantzen 2018, 11).

Menschen sollen nach diesem Verständnis selbstbestimmt und authentisch sein. „Die kapitalistische Wirtschaftsweise braucht also weniger das autonome als vielmehr das authentische Subjekt. Das authentische Subjekt findet seine Erfüllung in der Stillung seiner authentischen Bedürfnisse im Konsum" (Bauer 2018, 68). Diese Selbstbestimmungs-Ideologie verabsolutiert das Selbst als „egobezogene Größe" und höhlt Gemeinsinn und Solidarität aus. „Zugespitzt kann man fragen, ob die Selbstbestimmungsidee nicht den Autismus zum Ideal erhebt" (Klauß 2005, o. S.).

Dieses neoliberale Selbstbestimmungs-Paradigma hat sich weit verbreitet und ist auch Bestandteil des Selbstkonzepts vieler Fachkräfte in den Einrichtungen. Ihm entgegen steht ein solidarisches und menschenrechtsbasiertes Verständnis von Selbstbestimmung. So ist immer zu reflektieren, um welche Art von Selbstbestimmung es jeweils geht und was der jeweils eigene Anteil ist.

Das Hilfesystem für behinderte Menschen ist von Anfang an auf Effektivität und Kontrolle ausgerichtet und nicht darauf, wirkliche Selbstbestimmung zu fördern, es sei denn, diese wäre den Abläufen in der Einrichtung förderlich. Das Leben in einer Wohneinrichtung ist oft von Langeweile, Monotonie und Passivität gekennzeichnet (vgl. Trescher, 2018). „Nebst der Gestaltung des Alltags sind auch die Möglichkeiten stark eingeschränkt, sich Raum als Wohnraum anzueignen, in dem sich die Bewohnerinnen und Bewohner selbstbestimmt entfalten und den sie ‚Zuhause' nennen können" (Trescher 2018a, 9). So findet sich oft nur eine „Form der ‚Pseudopartizipation', die in der Wahl von Bastel- und Musikgruppen, Kräuter- oder Früchtetee oder der Wahl von drei verschiedenen Mittagessen in Heimen besteht" (Kardoff, Meschnig 2009, 64).

Als Basis für ein selbstbestimmtes Leben wird oft das Modell der „Assistenz" zugrunde gelegt. Persönliche Assistenz erfordere Personalkompetenz, Organisationskompetenz, Anleitungskompetenz, Raumkompetenz, Finanzkompetenz und Differenzierungskompetenz (Frehe 1999, 281), also die Beantwortung der Fragen

- Wer wählt die Person aus, die die Hilfe erbringen soll?
- Wer bestimmt, wie, wann und welche Leistung erbracht wird?
- Wer legt den Ort der Leistungserbringung fest?
- Wer kontrolliert den Ablauf und die Qualität der Hilfe?
- Wer kann über den Einsatz der finanziellen Mittel entscheiden?
- Wem steht das Wahlrecht hinsichtlich der Leistungserbringer, der Leistungen und der Organisation der Leistungserbringung zu? (Frehe 1999, 272)

In dieser Auslegung ist das Konzept der Assistenz mit der herkömmlichen stationären Behindertenhilfe nicht vereinbar und „richtet den Blick in der Praxis zu sehr auf das Starke, das Selbstständige, das Weiter und das Entwickeln, nicht auf das Schwache, die Angewiesenheit, das Bedürftige" (Wunder 2010, 31). Ein selbstbestimmtes Leben ist „kein Privileg behinderter Akademiker" (Sierck 2019, 32 f.). Auch Menschen mit hohem Unterstützungsbedarf und mit Verhaltensweisen, die ihre Mitmenschen herausfordern, haben das gleiche Recht auf ein selbstbestimmtes Leben.

Andreas Lob-Hüdepohl weist darauf hin, dass es unredlich wäre, „zu verschweigen, dass in außergewöhnlich belastenden Lebenskrisen andere für Menschen (mit oder ohne Behinderung) stellvertretend entscheiden müssen. Solche stellvertretenden Entscheidungen können entweder paternalistisch bevormunden oder aber – im eigentlichen Wortsinn – anwaltlich sein" (Lob-Hüdepohl 2011, 171). So ist es „weder sinnvoll, dass die Behindertenpädagogik die Antinomie Selbstbestimmung/Autonomie versus Fremdbestimmung weiterhin derart unvereinbar verfolgt, noch, dass Selbstbestimmung und Autonomie ausnahmslos positiv und Fremdbestimmung ausnahmslos negativ dargestellt werden" (Falkenstörfer 2018, 178). Die Frage ist vielmehr, wie und wann stellvertretende Entscheidungen zu treffen sind und wer dazu legitimiert ist (vgl. Frehe 2008, 8). Bei immer wieder notwendigen stellvertretenden Entscheidungen ist genau zu prüfen und zu reflektieren. Eigene Gefühle, Reaktionen, Vorlieben und Abneigungen sind bewusst wahrzunehmen und beiseite zu stellen. Das Verständnis der Fachkraft von Leistung, von Gesellschaft, gutem Leben und Wohnen, von Freizeitgestaltung, von Gemütlichkeit und Behaglichkeit, von Haushaltsführung, von guter Arbeit oder von gesunder Ernährung muss nicht das Gleiche sein oder werden, wie das der behinderten Menschen, die sie begleitet. Es geht „um die einfache Tatsache, daß jeweils alle beteiligten Personen … ihren Teil zu einer Situation beitragen. Diesen eigenen Anteil deutlich zu sehen, ist ganz entscheidend, nicht um der Einsicht willen, ‚etwas falsch gemacht zu haben' oder ‚Schuld zu sein', sondern um andere Handlungsmöglichkeiten zu erkennen" (Pörtner 2021, 82).

Sophia Falkenstörfer warnt davor, dass bei Menschen mit geistiger und schwerer Behinderung, für die ein Leben in Abhängigkeit die Lebensrealität darstellt, „eine unreflektierte fürsorgende Haltung ebenso wie eine unreflektierte Überhöhung der Begriffe Selbstbestimmung und Autonomie, große Gefahren bergen" (Falkenstörfer 2018, 177) und fragt, wie „die Vorstellung eines autonomen und selbstbestimmten Menschen mit dem eines von Fürsorge abhängigen Menschen zu vereinbaren [ist], *ohne* dass es sich dabei um eine *fremdbestimmte und paternalistische Belagerung* handelt?" (Falkenstörfer 2018, 176). Sie spricht sich für eine Neubewertung des alten Begriffs der „Fürsorge" aus: „Menschen mit komplexen Behinderungen sind aufgrund ihrer Lebensumstände auf Hilfe, Zuwendung und Unterstützung angewiesen. Diese Hilfe wird hier als *Für-Sorge* verstanden. Die Notwendigkeit des *Für* in der *Für-Sorge* (d. h. der aktiv-helfenden und unterstützenden wie wohlwollenden *Hin-wendung durch Andere*) betrifft diesen Personenkreis besonders, weil es ihm zumeist nicht möglich ist, Hilfe entsprechend seines individuellen Bedarfes einzufordern. Das bedeutet, Menschen mit komplexen Behinderungen wird z. T. ungefragt (fremdbestimmt) geholfen, weil bei ihnen ein Bedarf ausgemacht wird, der eine tätige Bemühung seitens Anderer hervorruft. Dementsprechend werden sie ver- und umsorgt. Da dies eine Tatsache darstellt, ist es essenziell, in Konzepten der Disziplin wie der konkreten Behindertenhilfe *die Fürsorge als Idee und (existierende) Tätigkeit* explizit mitzudenken" (Falkenstörfer 2020, 224). Daraus ergibt sich die Frage: „Wie müsste die *Fürsorge als Beziehung und als System* für Menschen mit komplexen Behinderungen heute ausgestaltet werden, damit zum einen ihre Bedürfnisse gesichert sind und sie zum anderen so autonom und selbstständig wie möglich leben und an der Gesellschaft teilhaben können?" (Falkenstörfer 2020, 187).

„Im Zeichen der Selbstbestimmung gilt es als ethisch fragwürdiger Paternalismus, fürsorglich für jemand anderen denken, sprechen, entscheiden oder handeln zu wollen" (Ackermann, Dederich 2011, 8). Aber durch die berechtigte Kritik an dem traditionellen Selbstverständnis der Fremdbestimmung und stellvertretenden Entscheidungen wird Stellvertretung nicht überflüssig. Fachkräfte im Hilfesystem können nicht grundsätzlich „ohne Momente von Fürsorge und Stellvertretung auskommen. Dies trifft sicherlich auch für die Arbeit mit manchen erwachsenen Menschen zu, etwa, wenn sie psychisch krank, geistig behindert oder bewusstlos sind" (Ackermann, Dederich 2011, 10). Im Gegenteil ist nach wie vor „die Figur der Stellvertretung unlösbar mit der Konstitution und Legitimation der Heil- und Sonderpädagogik als Profession und Disziplin verbunden“ (Ackermann, Dederich 2011, 9), die Frage ist nur, wie Stellvertretung als nicht-paternalistische Dienstleistung erbracht werden kann.

Neben dem Gedanken der Für-Sorge wird das Konzept der „Anwaltschaft“ diskutiert. „Im advokatorischen Handeln maßt sich ein das Handeln und der Artikulation fähiger Aktor kraft seiner rationalen Einsicht das Recht an und misst sich die Pflicht zu, namens der Artikulation nicht fähiger Lebewesen deren Rechte für sie wahrzunehmen“ (Brumlik 2004, 89). Anwaltschaft ist eine „äußert komplexe und schwierige moralische Angelegenheit, die aus meiner Sicht weder eindeutig zu lösen oder im Sinne objektiver Merkmale zu beschreiben sein wird.“ Daraus ergeben sich für das „Arbeiten in diesen Grenzbereichen ein besonders hohes Maß an individueller Verantwortung“ und eine „sprudelnde Quelle von Fehlern“ (Feuser 2004, 79).

Aber Anwaltschaft setzt ein Mandat voraus, „das den Umfang der Interessenvertretung konkretisiert. Die Selbstanmaßung eines solchen Mandats kann schnell in paternalistische Bevormundung münden. Für andere Partei zu ergreifen, liegt dagegen *vor* dem Mandat.“ schreibt Susanne Schäper (2006, 333) und plädiert für Begriff „Parteilichkeit“, die vor dem Mandat liege.

Wie immer es benannt wird, stellvertretende Entscheidungen werden Alltag von professioneller Fachlichkeit bleiben. Entscheidend ist, wie sie getroffen werden. „Stellvertretung, ohne Vollmacht, kann unmittelbar bedrohend sein. Sie ist Verfügungsgewalt. Häufiger kann Stellvertretung mittelbare Bedrohung (strukturell und symbolisch) sein oder daran beteiligt werden. Stellvertretung hat mit Macht zu tun. Sie ist Bevollmächtigung oder beruft sich auf Ermächtigung. Es kann gefragt werden, inwieweit sie repräsentativ ist, in welchem Auftrag sie handelt, wie sie sich in ihren Kontakten abgrenzt, distanziert und engagiert? In welchem Verhältnis stehen Hierarchie und Assistenz? Stellvertretung handelt definitionsgemäß im Auftrag von …? Wie wird dieser Auftrag gefasst, wie und von wem beschrieben? Wer haftet?“ (Sierck, Mürner 1995, 317).

So ergeben sich viele Fragen, Erkenntnisse und Anforderungen, denen sich Fachkräfte stellen müssen, wenn sie nicht mit paternalistischen Samthandschuhen tätig werden wollen:

- Die grundsätzliche Akzeptanz des „Nicht-Verstehens“: „Aussagen über Menschen mit so genannter geistiger Behinderung bleiben stets subjektiv und hypothetisch, da sie für Menschen ohne Beeinträchtigungen nicht vorstellbar sind“ (Schuppener 2007, 111).
- Was bedeuten Selbstbestimmung und selbstständige Lebensführung für die Betroffenen selbst? Die Vorstellungen können sich sehr von denen der Fachkräfte unterscheiden (vgl. Kardoff, Meschnig 2009, 65).

- Wann ist Selbstbestimmung überhaupt gewünscht? „Die Delegation von Entscheidungen an Dritte entspricht einer arbeitsteiligen Gesellschaft, die Aufgaben verteilt. In jedem Moment selbstbestimmt zu handeln, kann auch eine reale Überforderung bedeuten“ (Kardoff, Meschnig 2009, 81).
- Die Anforderung zu Selbstbestimmung kann auch unmoralisch sein. Klaus Dörner beschreibt beispielhaft, „dass es unmoralisch ist, jemanden nach 25 Jahren Institution nach einem Entlassungswunsch zu fragen, da er schon seit vielen Jahren auf Wünsche hatte verzichten müssen, um überhaupt überleben zu können“ (Dörner 2002, 66).
- Es gilt, besonders bei Menschen mit hohem Unterstützungsbedarf „jede erkennbare, bewußte oder unbewußte, gerichtete oder nicht-gerichtete Verhaltensänderung“ als Kommunikation wahrzunehmen (Spitz 1970, 55) und sensibel zu beobachten. Möglichkeiten der Selbstbestimmung müssen erkannt und gewährt werden. Das können zunächst scheinbar kleinste Angelegenheiten des Alltags sein (vgl. Weingärtner 2005, 108). Lebensqualität beginnt nicht bei Entscheidungen der Berufswahl oder der Lebensperspektive für die nächsten Jahre, sondern bei der Frage, ob ich in meinem Rollstuhl so stehen möchte, dass mir die Sonne ins Gesicht scheint oder nicht. Die anderen Fragen kommen später: „Die Zukunft im Kopf durchzuspielen ist eine zentrale menschliche Fähigkeit, die unser gesamtes Handeln bestimmt.“ Aber erst im Alter von drei bis fünf Jahren beginnen Menschen, über die Zukunft nachzudenken und erst ab sieben bis zehn Jahren können Kinder sich detaillierte Szenarien der Zukunft vorstellen (Urig 2000, o. S.).

„Es lohnt sich, zunächst einmal davon auszugehen, dass das, was ein Mensch tut – oder auch nur, wie er ist, wie er sitzt, wie er riecht, wie er atmet – zunächst als etwas zu würdigen, was dieser Mensch entwickelt, gefunden, als eigene Lebensäußerung ausgebildet hat. Es ist Ergebnis seiner – leider zum größten Teil autodidaktischen – Bildungsgeschichte“ (Klauß 2005, o. S.).

Diesen Anforderungen sich zu stellen, war für die Heil- und Sonderpädagogik völlig neu. Bis zu den 1990er Jahren sprach so gut wie niemand in der deutschen Geistigbehindertenpädagogik von Selbstbestimmung. Erste Ansätze zeigte die Lebenshilfe, die die Idee der Selbstbestimmung in ihr Grundsatzprogramm aufnahm und 1994 einen großen Kongress in Duisburg unter dem Motto „Ich weiß doch selbst, was ich will! Menschen mit geistiger Behinderung auf dem Weg zu mehr Selbstbestimmung“ veranstaltete.

6.4 Anforderungen an Mitarbeitende in den 2000er Jahren

Die Anforderungen an die Mitarbeitenden in den Einrichtungen veränderten sich weiter. Sie mussten nicht mehr nur Ordnung aufrechterhalten, sondern auch Beziehungen eingehen, Menschen fördern, ihnen Entwicklungen zutrauen und ermöglichen, ohne das bestehende Hilfesystem mit seinen Strukturen und Institutionen anzutasten, „ohne die Schmerzgrenze der Infragestellung unserer eigenen Institution und Interessen zu überschreiten“ (Dörner 2001, 44).

Die Anforderung, behinderten Menschen ein selbstbestimmtes Leben zu ermöglichen, traf auf ein Hilfesystem, das in seinen Strukturen auf Fremdbestimmung ausgelegt war und auf ein Fachgebiet, für das dieses Thema bisher gar nicht existierte, das dazu keine Haltung vermitteln konnte und keine Methoden entwickelt hatte.

So ist der scheinbare Widerspruch zwischen dem Anspruch auf ein selbstbestimmtes Leben und der Fürsorgebedürftigkeit auch Jahrzehnte später von der Heil- und Sonderpädagogik noch nicht aufgelöst. „Die breite wissenschaftliche und politische Diskussion fokussiert seit Jahren beinahe ausschließlich Themen der Selbstbestimmung und der Inklusions- wie Teilhabebemühungen, ohne explizit aufzuzeigen, dass all diese Bemühungen für Menschen mit geistiger und schwerer Behinderung nur in Zusammenhang mit Abhängigkeit und der daraus folgenden Fremdbestimmung gedacht werden können“ (Falkenstörfer 2018, 168).

Neben diesen Anforderungen wurde der Alltag der Mitarbeitenden durch eine ständig zunehmende Bürokratie überformt. In neu ausgearbeiteten Dokumentationsverfahren musste jede noch so kleine Leistung dokumentiert werden, ansonsten galt sie als nicht erbracht: von der Hilfe beim Zähneputzen bis zur Kontrolle der Mehrfachsteckdosen.

7 Erinnerungen: Die Nuller Jahre

Mit der Zeit vermischen sich meine Aufgaben. Ich nehme vermehrt auch allgemeine Aufgaben aus dem Referat Behindertenhilfe wahr, lerne Strukturen, Verbände, Gremien und Personen und Persönlichkeiten kennen und erlebe durchaus spannende Zeiten.

7.1 Bei der Diakonie Sachsen (01.02.1998–30.11.2005)

Das GBM-Projekt ist in einem Jahr nicht zu schaffen. Die Projektstelle wird um ein weiteres Jahr verlängert. Ich bin in vielen Einrichtungen in und außerhalb Sachsens unterwegs, halte Schulungen und Vorträge, lerne viele Menschen kennen und freue mich, dass ich, der zuvor nie in der ehemaligen DDR unterwegs gewesen ist, nun so viel durchs Land komme.

Nach Ablauf des zweiten Jahres bietet man mir eine Stelle mit dem Aufgabenschwerpunkt „Qualitätsbeauftragter für Einrichtungen der Behindertenhilfe" an. Diese Stelle habe ich bis zum Ausscheiden am 30.11.2005 inne.

GBM und HMB

Jeder Mensch mit Behinderungen hat einen individuellen Anspruch auf öffentliche Unterstützung. Dies liest sich einfach, ist aber schwer zu machen. Denn die Frage lautet: Wie ermittelt man den Bedarf an individueller Unterstützung. Wie kommt man vom Bedarf zu einer Leistung und wie kann man diese Leistung finanziell bewerten, also quantifizieren?

Der Gesetzgeber hat es sich hier relativ einfach gemacht, indem er vorgibt, dass Korridore zu bilden sind, die er nicht als „Korridore" bezeichnet, sondern als „Hilfebedarfsgruppen". Es soll also der bei einer Person festgestellte Bedarf mit dem anderer Personen verglichen werden, um so einen Referenzbezug zu haben

In Sachsen gibt es heftige Diskussionen, es wird viel ausprobiert und getestet. Am Ende fällt die Entscheidung, den individuellen Hilfebedarf jedes in einem Heim lebenden Menschen mit einem speziellen Fragebogen zu erheben, der gleichzeitig auch eine „Bildung von Gruppen von Hilfeempfängern mit vergleichbarem Hilfebedarf" ermöglicht. Entwickelt wurde er an der Uni Tübingen von Frau Dr. Metzler, weshalb das Verfahren der Einfachheit halber gleich als „Metzler-Verfahren" bezeichnet wird.

Ich sehe das sehr kritisch, plädiere für eine Ablehnung und fasse meine Gedanken dazu am 04.07.2003 in einem Offenen Brief („Mit der Einführung des METZLER-Verfahrens wird kein erkennbar aktuelles Problem gelöst und keine Zukunftsfähigkeit hergestellt. Die Einführung des METZLER-Verfahrens kommt weder den Forderungen behinderter Menschen noch den Anbietern sozialer Dienstleistungen entgegen.") zusammen, den ich meinen Ansprechpartnern in den anderen Wohlfahrtsverbänden zuschicke.

Mir wird immer klarer, dass es keinen Sinn macht, den Aufwand im Heim zu erheben, wenn man ein Leben außerhalb des Heimes als Ziel hat. Solange ein Mensch in einem Heim lebt, kann man nur den Bedarf erheben, den er dort hat. Alles Weitere ist spekulativ. Der genaue Bedarf, den jemand hat, wenn er außerhalb des Heimes lebt, wird sich auch nur außerhalb des Heimes ermitteln lassen.

Mich macht das skeptisch, schreibt es doch im Grunde die stationär organisierten Strukturen fest. Wie will man auch in einer Lernküche im Rahmen der „Kochtherapie" herausbekommen, wie der Herd funktioniert, der in der Wohnung steht, in die ich später unter Umständen einmal einziehen werde?

Im Zusammenhang möglicher Auszüge aus dem Heim stelle ich mit Verwunderung fest, dass wohl die Notwendigkeit der Heimbetreuung durch ein amtsärztliches Gutachten festgestellt wird, Auszüge allerdings ohne vorherige amtsärztliche Begutachtung erfolgen. Das ist nicht stimmig und hat zur Folge, dass die Einrichtungen mit dieser Frage alleingelassen sind.

Der Fachverband Evangelische Behindertenhilfe

Die Diakonie hat auf Landesebene eine sehr verschachtelte Struktur. Es gibt viele Gremien und Arbeitsausschüsse. Eines Tages wird mir die Geschäftsführung des Arbeitsausschusses „Evangelische Behindertenhilfe in Sachsen" übertragen. In dem Ausschuss sind die größten diakonischen Träger aus dem Bereich der Behindertenhilfe vertreten. Ich bereite die Sitzungen vor, führe durch die Tagesordnung und gebe Impulse.

Es ist Usus, dass diese Treffen mit einer kurzen biblischen Besinnung beginnen. An zwei dieser Betrachtungen kann ich mich noch genauer erinnern. So ist es der 17. Vers aus dem 4. Kapitel des Briefes des Jakobus, über den wir länger und intensiver diskutieren, als dieses die Tagesordnung vorsieht. Er lautet: „Wer nun weiß, Gutes zu tun, und tut's nicht, dem ist's Sünde". Das sitzt. Und sitzt bis heute. Da kommen Fragen, was das eigentlich ist, wenn man Geld vom Staat für das Erbringen Sozialer Dienstleistungen erhält und, wenn der Staat die Förderung streicht, das Angebot kurzerhand einstellt, als gäbe es plötzlich keine Bedürftigen mehr. Warum also tun wir „Gutes"? Auch hier ist es das Einfache, das - wieder mal - schwer zu machen ist. Das sind lebhafte und intensive Diskussionen.

Bei der zweiten mir erinnerlichen Begebenheit stelle ich eine zugegebenermaßen etwas gewagte Interpretation des Gleichnisses vom „Barmherzgen Samariter", das im 10. Kapitel des Lukasevangeliums zu finden und den Anwesenden bekannt ist, zur Diskussion. Jesus erläutert darin anhand einer Geschichte die Frage, was mit „Nächster" in dem Gebot: „Du sollst Deinen Nächsten lieben wie Dich selbst", gemeint ist:

„Es war ein Mensch, der ging von Jerusalem hinab nach Jericho und fiel unter die Räuber; die zogen ihn aus und schlugen ihn und machten sich davon und ließen ihn halb tot liegen. Es traf sich aber, dass ein Priester dieselbe Straße hinabzog; und als er ihn sah, ging er vorüber. Desgleichen auch ein Levit: Als er zu der Stelle kam und ihn sah, ging er vorüber. Ein Samariter aber, der auf der Reise war, kam dahin; und als er ihn sah, jammerte es ihn; und er ging zu ihm, goss Öl und Wein auf seine Wunden und verband sie ihm, hob ihn auf sein Tier und brachte ihn in eine Herberge und pflegte ihn. Am nächsten Tag zog er zwei Silbergroschen heraus, gab sie dem Wirt und sprach: Pflege ihn; und wenn du mehr ausgibst, will ich dir's bezahlen, wenn ich wiederkomme. Wer von diesen dreien, meinst du, ist der Nächste geworden dem, der unter die Räuber gefallen war? Er sprach: Der die Barmherzigkeit an ihm tat. Da sprach Jesus zu ihm: So geh hin und tu desgleichen!"

Der Begriff des „barmherzigen Samariters" hat sich bis heute gehalten und es gibt viele Einrichtungen, die sich in ihrer Namensgebung bewusst auf diese Geschichte beziehen.

Ich stelle einen anderen Aspekt in der Geschichte heraus. Es geht um die Rolle des Wirtes in der Geschichte. Er betreibt eine Herberge. Eines Tages kommt ein Gast, mit einem Schwerverletzten in seine Unterkunft. Der Mann aus Samaria kümmert sich um den Verletzten und bittet am nächsten Morgen den Wirt, den Verletzten weiterhin zu versorgen. Für die Auslagen komme er auf und gibt dem Wirt Geld, damit dieser den Verletzten pflegen kann. Sollten die Ausgaben dafür höher sein, dann würde er ihm den Rest auf seinem Rückweg erstatten.

Meine These: Der Wirt hat sich in seiner beruflichen Existenz nicht vom Helfen abhängig gemacht. Er hätte durchaus seine Herberge schließen und sich ganz der Pflege widmen können, deren Auslagen ihn ja immerhin voll erstattet werden würden.

Wie wäre es, wenn wir einander ehrenamtlich helfen würden? Wieviel besser ist eigentlich professionelles Handeln. Und: was ist das überhaupt? Was spricht für und was gegen Professionalisierung? Gibt es so etwas wie einen Zenit? Was ist mit der Ökonomisierung des Sozialen und was, wenn das Geld nicht mehr reicht, einander zu helfen? Kann man unter Umständen sein Geld „anders" verdienen und quasi ‚nebenbei' auch sozial tätig werden, wie der Wirt, der einfach nur ein Wirt war und ein Wirt blieb?

Das sind Diskussionen, die nicht nur an der Oberfläche stattfinden. Mich haben Dörners Thesen wachgerüttelt und ich bin meinerseits ebenfalls bemüht, nicht nur Fakten weiterzugeben, sondern auch Betroffenheit zu erzeugen. Einstellungsänderungen sind ja schließlich nicht allein nur kognitive Prozesse.

Viele Diskussionen haben wir zudem zu den Thesen von Steffen Fleßa, der in seinem Buch „Arme habt ihr allezeit" dafür plädiert, dass die Diakonie sich aus den Feldern der gegenfinanzierten Sozialen Arbeit zurückziehen und ihre Gebäude und Grundstücke verkaufen solle um wieder das zu machen, womit sie begann: Armenfürsorge.

Die Einrichtungen informiere ich in loser Folge per Mail mit „Nachrichten aus der Behindertenhilfe", lange bevor man anfängt, sie als „Newsletter" bzw. „Fachinformation" zu bezeichnen.

„So viel Anfang war nie"

Ich lerne einen Lehrer kennen, der an der Evangelischen Hochschule für Soziale Arbeit in Dresden unterrichtet. Er hat einen Forschungsauftrag angenommen und befasst sich mit der Geschichte der Diakonie in den ersten 20 Jahren nach der Wende. Ich liefere Zahlen zu den einzelnen sächsischen Einrichtungen und wir führen anregende Gespräche über Enthospitalisierung und Ambulantisierung. Der Forschungsbericht erscheint später unter dem Titel „So viel Anfang war nie" und stellt sehr deutlich heraus, dass die Diakonie in diesem Zeitraum enorm gewachsen ist. Das Wachstum erklärt sich zum Teil auch dadurch, dass die Diakonie Einrichtungen übernommen hatte, die zuvor in staatlicher Trägerschaft waren und für die nun Freie Träger gesucht wurden.

Während man also seinerzeit durchaus die Kündigung überreicht bekam, wenn man aus der Kirche austrat und in einer diakonischen Einrichtung beschäftigt war, wurden nun im großen Stil Einrichtungen übernommen, in denen kein bzw. kaum Mitarbeiter in der Kirche waren. Dass mein Arbeitgeber nun einen Pfarrer einstellt, dessen Aufgabe darin besteht, in diesen Einrichtungen den Mitarbeitern christliche Themen und Inhalte zu vermitteln, wirkt dabei schon ein wenig sonderbar.

Wenn man so auf Wachstum setzt, hat dies wohl eher strategische als theologische Beweggründe.

Schaffe, schaffe „Heimle" baue

Seit dem 1. Juni 1978 sind die baulichen (Mindest-)Standards in der BRD in der Heimmindestbauverordnung (HeimMindBauV) gesetzlich geregelt. Zum Zeitpunkt der Wiedervereinigung ist die Heimmindestbauverordnung für die „Fünf Neuen Länder" für den Zeitraum von zehn Jahren außer Kraft gesetzt. In diesem Zeitraum sollen die bestehenden Heime entweder umgebaut oder abgerissen und durch neue, sogenannte „Ersatzneubauten", ersetzt werden. Dies ist sowohl aus Sicht der Betroffenen als auch der Betreiber ein hoffnungsvolles Signal, denn viele der Einrichtungen sind in einem baulich ungenügenden Zustand.

Im Jahr 1993 läuft in der ARD die Reportage „Die Hölle von Ueckermünde". Darin berichtet der Journalist Ernst Klee über die (erschütternden) Wohnbedingungen in zwei ehemaligen staatlichen psychiatrischen Einrichtungen der DDR. Der Film sorgt für viele Diskussionen und zeigt, dass absolut dringender Handlungsbedarf besteht.

Kurz vor Ablauf der zehnjährigen Übergangsfrist wird deutlich, dass der Zeitraum zu kurz gewählt ist, sodass man beschließt, die Heimmindestbauverordnung für weitere zehn Jahre außer Kraft zu setzen. Es sind gigantische Summen, die in diesen Jahren in die stationäre Behindertenhilfe der „Fünf Neuen Länder" fließen. Und das ungeachtet der Diskussionen um Enthospitalisierung, die zu dem Zeitpunkt in den „Elf Alten Ländern" geführt werden sowie bei völligem Außerachtlassen des Paradigmas „ambulant vor stationär". Dabei gibt es weder eine „heimpflichtige" Behinderung, noch fachliche Notwendigkeiten für das Betreiben von Heimen.

Eine meiner Aufgaben besteht darin, die Einrichtungen in dieser Phase fachlich-inhaltlich zu beraten und zu begleiten. Dabei wird deutlich, dass sich viele so sehr über die „neuen" Heime, die auch als „Ersatzneubauten" bezeichnet werden, freuen, dass sie sich „kein Heim" gar nicht vorstellen können.

Zwischen Markt und Mildtätigkeit

Im Jahr 2000 erscheint die Studie von Adrian Ottnad, Stefanie Wahl und Meinhard Miegel über „Die Bedeutung der Freien Wohlfahrtspflege für Gesellschaft, Wirtschaft und Beschäftigung". Den darin beschriebenen Umstand, dass sich die Freie Wohlfahrtspflege immer irgendwo zwischen „Markt und Mildtätigkeit" bewegt, empfinde ich als Mitarbeiter in einem Wohlfahrtsverband persönlich auch. Es fällt mir schwer, diese Tatsache, die gleichzeitig auch ein Dilemma darstellt, zu akzeptieren. Helfen kann niemals eine Geschäftsidee sein, weil sich Helfen aus sich selbst heraus begründet.

Ich muss akzeptieren, dass auch ich Lobbyist von Einrichtungen und Trägern bin, die wohl Menschen helfen, dies aber in der Regel zu Bedingungen machen, die ihnen nützen und deren Erwartung an mich darin besteht, dass ich ihnen helfe, diese Bedingungen zu erhalten, zu sichern und gegebenenfalls zu verbessern.

Studium

Formal übe ich eine Tätigkeit aus, die ein Hochschulstudium voraussetzt. Der Direktor macht mich eines Tages darauf aufmerksam und legt mir nahe, einen entsprechenden Abschluss zu erwerben. Weil ich weiterhin auch berufstätig bin und sein will, kommt nur ein duales Studium in Frage. Ich entscheide mich für den „BASA-Online-Studiengang", der an verschiedenen Fachhochschulen angeboten wird und nehme an der FH Fulda mein Studium auf. Am 20. Februar 2009 ist es dann geschafft und ich darf mich „Staatlich anerkannter Sozialpädagoge" nennen. Zu dem Zeitpunkt bin ich 52 Jahre alt.

Vorträge und Fortbildungen

Ich werde gelegentlich von Trägern eingeladen, um dort einen Vortrag oder eine Fortbildung zu halten. Das macht mir Freude und es hilft, Gedanken zu konkretisieren. Die Diakonie unterhält in Moritzburg bei Dresden eine eigene Fortbildungsakademie. Ich bin dort öfter zu Gast und halte Fortbildungen aus dem Themenbereich der Behindertenhilfe. Auch das spornt mich an und fordert heraus. Ich beginne, mir selbst Fragen zu stellen: Seit wann (und warum) gibt es eigentlich Heime? Wann entstand die professionelle Soziale Arbeit und wie war bis dahin das Helfen organisiert? Was ist Ambulantisierung, was Enthospitalisierung? Welche Kompetenzen werden gebraucht, wenn man von stationär auf ambulant umsteuert? Ist die „Konversion von Komplexeinrichtungen" dasselbe wie Enthospitalisierung?

Es gibt da durchaus interessante Diskussionen und es fällt mir aber auch auf, dass Dinge oft nicht hinterfragt werden und dass professionell Sozial Helfende sich offensichtlich nicht allzu gern selbst hinterfragen. Wer hilft, macht ohnehin etwas Gutes, so die gesellschaftliche Zuschreibung, die durchaus auch dazu verleiten kann, geringere Ansprüche an sich zu stellen.

Heimenquete

Am 21. März 2002 bin ich in Bielefeld. Die Forschungsarbeitsgemeinschaft „Menschen in Heimen", die an der Fakultät für Gesundheitswissenschaften an der Universität Bielefeld angesiedelt ist, hat zu einem Workshop geladen.

Die Forschungsarbeitsgemeinschaft ist ein Zusammenschluss von Wissenschaftlern, die sich mit der Versorgung behinderter, chronisch psychisch kranker und pflegebedürftiger Menschen in Heimen beschäftigt. Sie hat die Abgeordneten des Deutschen Bundestages aufgefordert, in der nächsten Legislaturperiode (22.10.2002–22.11.2005) eine Heim Enquete-Kommission einzurichten. Ihr Aufruf wird von insgesamt 20 namhaften Wissenschaftlern und Experten unterstützt.

In der Tagung geht es hoch her. Es geht letztendlich um das Pro und Kontra der Heimunterbringung, bzw. des Lebens im Heim. Deutlich wird, dass sich die Vertreter von Einrichtungen und deren Verbände damit schwer tun. Einige signalisieren Unterstützung der Idee, andere lehnen sie ab.

Zu der Einsetzung einer Enquete-Kommission kommt es dann nicht, weil pro Wahlperiode nur eine bestimmte Anzahl von Kommissionen gebildet werden.

Jahre später greife ich gemeinsam mit Heinz Becker die Idee der Enquete wieder auf, dieses Mal auf den Bereich der Teilhabe am Arbeitsleben bezogen.

7.2 Bei einem konfessionellen Träger (01.09.2000–14.09.2003)

Ich habe das Angebot eines konfessionellen Trägers angenommen und beginne, zusätzlich zu meiner Tätigkeit bei der Diakonie Sachsen, am 01. September 2000 als Sachgebietsleiter für den Bereich der Behindertenhilfe. Der Träger beschäftigt zu dem Zeitpunkt gut 800 Mitarbeiter.

Aufgrund behördlicher Vorgaben ist ein Heim zu schließen. Ferner sind für behinderte Menschen, die in einem Seniorenpflegeheim des Trägers leben, entsprechende Wohnmöglichkeiten zu suchen. Weil ich mich doch recht klar gegen Heimstrukturen ausspreche, werde ich gefragt und kann nun ganz praktisch Erfahrungen sammeln, ob und wie das gehen kann.

Die Wohnstätte wird geschlossen

Bei dem Gebäude handelt es sich um eine alte Villa, die zuletzt von der Volkspolizei der DDR genutzt wurde. Haus und Gelände sind entsprechend großzügig, allerdings nicht barrierefrei und nicht den Vorgaben der Heimmindestbauverordnung entsprechend. Ein Umbau ist nicht möglich, sodass es beschlossene Sache ist, den Standort aufzugeben und Wohnungen anzumieten. Ein Neubau kommt nicht in Frage.

Ich nehme Kontakt zu Maklern auf und besichtige viele Immobilien. Bei einer Wohnungsgenossenschaft finde ich die entsprechende Anzahl an Wohnungen. Ich habe Glück: Die Wohnungsgenossenschaft hat eigene Sozialarbeiter. Eine der Sozialarbeiterinnen hat einen Sohn, der ebenfalls behindert ist. Sie weiß also, was ich suche und worauf es ankommt. Plötzlich geht alles schnell uns das Vorhaben ist sogar bei der Geschäftsleitung angebunden.

Bevor es zu dem Einzug kommt, lädt die Wohnungsgenossenschaft unsere zukünftigen Nachbarn zu einem Treffen ein. Ich stelle uns als angehende Mieter vor und berichte, dass in die Wohnungen Personen mit intellektuellen und teils auch körperlichen Einschränkungen ziehen werden, die aktuell noch in einem Heim leben. Die Sozialarbeiterin und sogar der Vorstandsvorsitzende sind ebenfalls anwesend. Ich erläutere, dass es sicherlich ungewohnt ist, erwachsene Menschen in seinem Umfeld zu haben, bei denen Intelligenz- und Lebensalter sehr stark divergieren. Ich erkläre, dass immer Mitarbeiter anwesend sind und dass wir selbstverständlich die Hausordnung erfüllen werden.

Ich mache mich auf allerhand Kritik gefasst und es ist verabredet, das Projekt nicht gegen den Widerstand der Mitmieter zu realisieren. Es ist erstaunlich still und die einzig nennenswerte Rückmeldung ist die besorgte Frage einer Mieterin, wie denn das Kochen geregelt werden soll. In den Wohnungen werde doch schließlich überall mit Gas gekocht. Ich berichte, dass in Absprache mit dem Vermieter die Gas- gegen Elektroanschlüsse bereits im Vorfeld ausgetauscht wurden. Ich bin sehr erleichtert, dass keine weiteren Bedenken vorgetragen werden, die das Vorhaben gefährden bzw. stoppen.

Wir beschließen, vor der Räumung der Villa ein letztes Sommerfest durchzuführen. Hierzu sind auch die umliegenden Nachbarn, die Villa befindet sich in einer eher gehobeneren Wohngegend, eingeladen. Es wird gegrillt und wir sitzen nett beieinander. Ich unterstelle, dass die Nachbarn froh sind, dass „die Behinderten" wegziehen und bin umso überraschter, als mich plötzlich ein Nachbar anspricht: „Wissen Sie, das ist schade, dass die Behinderten hier wegziehen." Während ich noch etwas ungläubig schaue, erklärt er auch den Grund: „Wissen Sie, früher sind die Behinderten hier von Haus zu Haus gegangen, haben geklingelt und wir haben ihnen unsere Wäsche mitgegeben, die sie dann nach einigen Tagen frisch gemangelt zurückbrachten". Mir ist das Gespräch bis heute im Sinn geblieben, denn es hat mir verdeutlicht, dass Integration/Inklusion dann (leichter) gelingt, wenn man sie in Situationen gestaltet, die wir heute als „Win-Win-Situation" bezeichnen.

Die Nachbareinrichtung

Ich bin unterwegs und erkunde den Stadtteil, um nach Orten des Austauschs und der Begegnung Ausschau zu halten. Plötzlich stehe ich vor einer Wohnstätte für behinderte Menschen. Träger ist die Stadt. Man hat sich entschieden, die Wohnstätte nach der Postanschrift zu benennen, also ein eher neutraler Name, der nicht gleich zu Spekulationen über die Bewohner anregt.

Ich habe bisher noch keinen weiteren Kontakt mit Einrichtungen, die keinem der Spitzenverbände der Freien Wohlfahrtspflege angehören (können) und bin entsprechend neugierig, was mich dort erwartet. Ich habe mich offiziell zum Besuch angemeldet und bin zu einer Führung durch den Leiter der Einrichtung verabredet.

Es verschlägt mir die Sprache. So viel Innovation hatte ich weder erwartet noch bisher in anderen Einrichtungen gesehen. So gibt es beispielsweise einen Geldautomaten, den die Bewohnerinnen mit einer eigenen Karte rund um die Uhr nutzen können, es gibt einen kleinen Supermarkt im Gelände, ein kleines Hotel, ein Café, einen Festsaal, eine kleine Wäscherei, eine Gärtnerei und jede Menge buntes Treiben. Es bestätigt sich die Erkenntnis, dass Integration einfacher ist, wenn man Situationen schafft, von denen alle Beteiligten gleichermaßen profitieren. Es kommen viele Gäste aus dem Umfeld, die dort essen, Wäsche waschen lassen oder den Saal für eine private Feier mieten.

Der Einrichtungsleiter und ich sind uns gleich sympathisch und es entwickelt sich vom ersten Augenblick an eine Freundschaft.

Eine Besonderheit ist das jährlich stattfindende Dixielandfestival. Dresden hat die größte Raddampferflotte der Welt und jedes Jahr im Mai swingt die ganze Stadt. Eine der Spielstätten im Rahmen des Dixielandfestivals ist das Gelände der Einrichtung. Mehrere tausend Besucher strömen dann auf das Gelände und besuchen die Konzerte. Hier sind es überwiegend behinderte Menschen, die aus anderen Orten, zum Teil auch über Sachsen hinaus, zum Dixie hierher kommen.

Zu dem Zeitpunkt, als ich diese innovative Einrichtung und ihren sympathischen Leiter kennenlerne, ahne ich nicht, dass ich dort eines Tages selbst als Leiter tätig sein werde.

Fehlplatziert

Eine weitere Aufgabe besteht darin, für behinderte Menschen, die in einem Seniorenheim des Trägers als sogenannte „Fehlplatzierte" leben, ein geeignetes Wohnumfeld zu finden.

Der Träger wurde vom Sächsischen Sozialministerium dazu aufgefordert, für diese Menschen eine ihnen entsprechende Wohnsituation zu schaffen, allerdings ohne dass dazu eine neues Heim gebaut werden dürfe. Es geht also, im Fachjargon gesprochen, von dem Wechsel einer SGB XI-Einrichtung in die Finanzierungshoheit des SGB XII. Klingt leicht, ist es aber nicht.

Ich nehme Kontakt mit Klaus Dörner auf und schildere ihm kurz die Aufgabe. Er sichert Beratung zu und so kommt es in den folgenden Monaten zu regelmäßigen Beratungen vor Ort, teilweise auch mit Mitarbeiterinnen der Forschungsarbeitsgemeinschaft „Menschen in Heimen" der Uni in Bielefeld.

Über die Monate entwickelt sich eine nette und sehr inspirierende Beziehung. Er wohnt bei uns privat und wir sitzen abends noch oft und diskutieren angeregt.

Zur Begleitung der Mitarbeiter suche ich Kontakt zur einer Fachhochschule und finde in dem für den Fachbereich Heilpädagogik zuständigen Professor eine gute Unterstützung. Wir stellen pädagogisch ausgebildete Mitarbeiter ein, mit denen er sich regelmäßig zur Supervision trifft. Es ist nicht einfach, in einer Pflegeeinrichtung, in der die Mitarbeiter eine pflegerische Ausbildung haben und in weißen Kitteln ihre Tätigkeit verrichten, sich zu behaupten und neue fachliche Sichtweisen und Schwerpunkte einzubringen.

Das Projekt gelingt nicht. Als ich Wohnungen gefunden habe und diese den gesetzlichen Betreuern vorstelle, verweigern sie ihre Zustimmung zu einem möglichen Ortswechsel. Einige Betreuer hatten sich schon in der Zwischenzeit anders gekümmert, sodass vereinzelt Bewohner schon vorab in andere stationäre Einrichtungen der Behindertenhilfe umgezogen waren.

Der formale Punkt, an dem das Projekt scheitert, ist, dass ein Rückzug, falls es in der neuen Wohnung nicht klappen sollte, formal nicht möglich ist. Mit dem Auszug aus einer SGB-XI finanzierten Einrichtung in eine Einrichtung nach dem SGB XII besteht keine Möglichkeit mehr zu einer, aus welchen Gründen auch immer, gewünschten Rückkehr in eine Einrichtung nach dem SGB XI. Klartext: Ein Mensch mit Behinderungen, der in einer Einrichtung lebt, die von der Pflegekasse finanziert wird, kann wohl in eine Einrichtung der Behindertenhilfe umziehen, allerdings kann er dann nicht mehr in eine Einrichtung zurückkehren, die die Pflegekasse finanziert.

Das ist für mich ein Schock und wenn ich das vorher so konkret gewusst hätte, dann hätte ich sicherlich nicht nur an dem konkreten Projekt gearbeitet, sondern parallel mich auch für die Aufweichung dieser starren Strukturen eingesetzt.

So verfasse ich wenig später ein längeres Schreiben an das Sozialministerium und berichte über unsere Bemühungen und dem Scheitern an Formalia. Genau betrachtet war diese Aufgabe von vornherein nicht lösbar. Es wäre Aufgabe der Behörden gewesen, Bedingen zu schaffen, die eine Realisierung ermöglicht hätten. Dass wir auf dieses Schreiben keine Antwort erhalten, fügt sich ins Bild.

Land unter! – Die Flut im Jahr 2002

Im August 2002 ereilt uns das „Jahrhunderthochwasser". Das Seniorenheim liegt direkt an einem Fluss, der ebenfalls vom Hochwasser betroffen ist. Ich helfe mit bei der Evakuierung und wir bringen die Bewohner in eine nahegelegene Schule. Da sitzen also die alten Menschen in Klassenräumen auf Kinderstühlen und wissen nicht wirklich, was ihnen geschieht. Ich erkenne: Katastrophen werden immer schnell zu einer noch größeren Katastrophe, wenn sie Heime und Unterkünfte betreffen, in denen viele Menschen in unnatürlicher Enge leben. Das betrifft nicht nur Hochwasser, sondern auch Feuer, „Covid-19", das Norovirus oder beispielsweise auch MRSA.

Die Feuerwehr fordert uns auf, ein weiteres Heim, das relativ nah an der Elbe liegt, zu evakuieren. Zum Glück hat der Träger noch eine leere Immobilie in einem etwas höher gelegenen Ortsteil. Die Verkehrsbetriebe stellen einen Bus zu Verfügung und es geht alles relativ reibungslos. Eines Tages spricht mich eine Mitarbeiterin an und macht mich darauf aufmerksam, dass viele der Bewohner mit dem schnellen Auszug wegen des Hochwassers überfordert sind. Es sei einfach zu abstrakt und sie schlug vor, mit den Bewohnern an eine Stelle zu fahren, von der aus sie das Hochwasser selbst sehen könnten. Das haben wir dann auch so gemacht und es ist mir bis heute eine Lehre, Dinge nicht zu abstrakt sondern eher anschaulich zu halten.

Und ein Zweites geschieht: Es gibt eine Bewohnerin, die es als Kind erlebt hat, dass plötzlich ein Bus vor der Tür hielt und sie zum Einsteigen gedrängt wurde. Auch das ist mir eine heilsame Lehre. Nicht immer ist „gut gemeint" auch „gut gemacht".

Später höre noch öfter, dass es im Zusammenhang mit dem Schließen der alten Heime und den Bezug der neuen „Ersatzneubauten" oftmals sehr unsensibel zuging. Da hat auch die Verwaltung nicht alles richtig gemacht. Man setzte die Bewohner eines Tages in Busse fuhr sie ohne größere Vorbereitung aus ihren maroden „DDR-Heimen" in die neuen schicken Ersatzneubauten.

Tradition & Moderne

Der Träger unterhält in der Dresdner Dreikönigskirche, ein durchaus geschichtsträchtiges Gebäude, in dem unter anderem der Sächsische Landtag nach der Wende tagte, für behinderte Menschen einige Angebote für Beratung, Bildung und Begegnung. Es wird jedoch erkennbar, dass die Zeiten sich gewandelt haben und dass die einzelnen Angebote mehr Wirkung erzielen können, wenn man sie bündelt. Am Ende eines mühsamen und zeitintensiven Prozesses steht dann das ambulante Behindertenzentrum (ABZ), das es heute immer noch gibt, jedoch an einem anderen Standort.

Zum 14.09.2003 beende ich diese Tätigkeit und arbeite nun wieder bis zu meinem Ausscheiden am 30.11.2005, ausschließlich bei der Diakonie Sachsen.

7.3 Beim kommunalen Träger (01.12.2005–31.12.2011)

Der erste Dezember 2005 ist ein Donnerstag. Es ist mein erster Arbeitstag als Einrichtungsleiter. Die Einrichtung befindet sich in kommunaler Trägerschaft.

Ich habe das Angebot zum Jobwechsel angenommen, weil die Einrichtung aufgelöst werden soll. Es besteht die Absicht, gemeinsam mit dem überörtlichen Sozialhilfeträger und unter fachlicher externer Begleitung (Prof. Dr. Dörner etc.), die stationären Plätze aufzulösen und stattdessen ambulante Versorgungsstrukturen zu etablieren. Auf dem Gelände leben über 160 Menschen; also keine leichte Aufgabe.

Ich lerne völlig neue Strukturen kennen. Alles ist formaler und es gibt eine Geschäftsstelle, die viele Dinge zentral regelt. Wir gehören keinem Spitzenverband der Freien Wohlfahrtspflege an. Die vertrauten Zugänge zu aktuellen Informationen fehlen ebenso wie der fachliche Austausch mit Kollegen. Wir haben auch keinen Zugriff auf Spendenmittel der AKTION MENSCH. Denn die AKTION MENSCH unterstützt nur Träger, die Mitglied in einem Spitzenverband der Freien Wohlfahrtspflege sind. Kommunale Träger können dort grundsätzlich nicht Mitglied werden. Dass also ein Los der Fernsehlotterie behinderten Menschen zugutekommt, trifft nur auf diejenigen Menschen zu, die Dienstleistungen von Organisationen in Anspruch nehmen, die Mitglied eines Spitzenverbandes sind. Das kann man sehen wie man will.

Auf dem Gelände stehen insgesamt elf Immobilien, teilweise in einem desolaten Zustand. Nicht alle dienen Wohnzwecken.

Ich nehme mir Zeit, die Mitarbeiter kennenzulernen und lade jede(n) zu einem persönlichen Gespräch.

Getrunken wird immer

Bei meinen Besuchen in den einzelnen Häusern fällt mir bald auf, dass es eine größere Anzahl von Bewohnern gibt, die ein Alkoholproblem haben und dass viele Mitarbeiter einfach wegsehen oder die Alkoholabhängigkeit nutzen und die Gabe von Alkohol gezielt als Belohnung einsetzen. Suchtmittel als Belohnung, das gibt es zudem auch bei Zigaretten und Kaffee.

Bei meinen Recherchen stelle ich fest, dass das Thema „Alkoholabhängigkeit von Menschen mit einer geistigen Behinderung" in der Fachwelt kaum eine Rolle spielt. Es ist weder ein „klassisches" Suchtthema, noch ein klassisches Thema der Behindertenhilfe.

Nach einigem Suchen finde ich in der Oberlausitz eine stationäre Einrichtung. Einige Zeit später ziehen drei suchtkranke Bewohner in diese Einrichtung. Einer kommt nach wenigen Wochen zurück, er hat es nicht geschafft. Die beiden anderen schaffen es.

Wer das Geld hat ... – Testlauf mit dem Persönlichen Budget

Die alte Weisheit, dass derjenige, der über Geld verfügt, das Sagen hat, sorgt für Unruhe in der Szene. Der Gesetzgeber plant, behinderte Menschen mit einem Budget auszustatten, mit dem sie sich selbst Leistungen ihrer Wahl kaufen können.

Da die Heime aber Wohnen und Betreuung als eine Dienstleistung anbieten und auch nur beide im Paket zu haben sind, breiten sich schnell entsprechende Ängste aus. Was, wenn jemand nur noch den Heimplatz will und sich sämtliche sonstige Dienstleistungen bei einem anderen Anbieter einkauft? Was tun mit dem Personal? Was wünschen sich eigentlich behinderte Menschen in ihrer Freizeit? Was würden sie nutzen wollen? Welche Leistungen würden sie bezahlen und welche könnten überflüssig werden?

Der Aufschrei bei den Besitzern von Heimen und Einrichtungen ist groß. Wer viel hat, kann viel verlieren. Wir entschließen uns, einen Testlauf zu starten. Weil dies strukturell nicht anders möglich ist, arbeiten wir mit Gutscheinen.

Es gibt Informationsveranstaltungen für die Mitarbeiter und für die gesetzlichen Betreuer, sofern ihnen vom Gericht die Regelung finanzieller Belange übertragen wurde. Wir betonen die Freiwilligkeit und dass es sich um einen Testlauf handelt, um entsprechende Erfahrungen zu sammeln.

Die monatlich verfügbare Summe beträgt 200 €. Aus einem Angebotskatalog können Aktivitäten gewählt werden, an denen man gern teilnehmen möchte. Man kann auch Einzelangebote buchen und sofern das monatliche Budget reicht, sind auch mehrere Angebote buchbar.

Der Testlauf, an dem sich 80 Personen beteiligen, findet vom 01. Januar bis zum 30. Juni 2007 statt. In der Auswertung stellt sich heraus, dass es kaum „Abspringer" gibt. Wir stellen fest, dass die aktuelle (stationäre) Struktur mit einem Persönlichen Budget nicht kompatibel ist. Über unsere Erfahrungen berichte ich im Rahmen einer landesweiten Veranstaltung zum Persönlichen Budget.

Wir entschließen uns, einen Assistenzdienst aufzubauen, denn erst wenn ausreichend Alternativen zur stationären Versorgung/Hilfe vorhanden sind, macht ein Persönliches Budget Sinn. Die „Unterstützenden Dienste für Menschen mit Behinderung" gibt es heute noch.

Wieder Hochwasser

Im März 2006 steigen die Flüsse wieder an. Erinnerungen an die „Jahrhundertflut" werden wach. Wir erhalten die Nachricht, dass wir uns darauf vorbereiten sollen, Räumlichkeiten herzurichten und Plätze für eine mögliche Evakuierung eines Heimes bereitzustellen. In einigen leerstehenden Gebäuden und in dem großen Veranstaltungssaal bauen wir Betten auf und richten alles so her, dass Menschen hier vorübergehend bleiben können.

Die Stadt informiert uns, dass man sich entschieden hat, die Bewohner eines nahegelegenen Seniorenheimes zu uns zu schicken. Wenig später halten Krankenwagen, Busse und sonstige Autos vor unserer Einrichtung. Wer mobil ist, kommt allein, anderen wird beim Gehen geholfen und einige werden auf Bahren befördert. Jeder trägt am Handgelenk ein kleines Bändchen, das ihn identifiziert. Zu den „eigenen" 168 Bewohnern, für die ich als Einrichtungsleiter Verantwortung trage, trage ich nun auch für einen unbestimmten Zeitraum für die gut sechzig evakuierten Personen Verantwortung.

Die Kooperation mit den Mitarbeitern des Pflegeheimes, die nun bei uns ihren Dienst tun, klappt gut. Dennoch sind die Verhältnisse beengt. Im großen Saal sind es einfache Paravents, die kaum das Minimum an Intimität ermöglichen. Das Leben geht aber weiter. Eine Seniorin feiert in der Zeit ihren 100. Geburtstag, eine Person verstirbt. Es ist eine komische Zeit und ich bin Tag und Nacht in der Einrichtung.

Feuer

In der Nacht vom 11. zum 12. September 2007 kommt es zu einem Brand in einem der Wohnhäuser. Es ist das größte Haus auf dem Gelände, in dem über 50 Personen leben. Es kommt zu einem Großeinsatz der Feuerwehr. Zum Glück gibt es keine Personenschäden. Der Sachschaden aber ist hoch und das Gebäude kann für längere Zeit nur eingeschränkt genutzt werden. Die polizeilichen Ermittlungen führen zu keinem Ergebnis.

Ersatzquartiere müssen beschafft und die Betreuung organisiert werden. Es sind viele Gespräche erforderlich und ich lerne, dass Bürokratie dann lästig ist, wenn es schnell gehen muss und unverzügliches Handeln erforderlich ist.

Das Ereignis findet mediales Interesse und nicht alles hat sich so zugetragen, wie es zu lesen und zu hören ist.

Am 04.12.2009 und auch am 11.12.2009 brennt es erneut. Auch hier ist die Feuerwehr schnell vor Ort. Der Schaden ist relativ gering. Es stellt sich schnell heraus, dass die Brände durch einen Bewohner vorsätzlich gelegt waren.

Das Alarmgeräusch von Brandmeldeanlagen macht mir bis heute Bauchschmerzen und aktualisiert Erinnerungen aus jener Zeit. Auch das Gefühl, wenn man nachts in die Einrichtung kommt, Blaulicht sieht und man unvermittelt in eine Fernsehkamera blickt und befragt wird, hat sich festgesetzt.

Sagen, was man nicht sagt

Ich erhalte Einladungen zu Vorträgen. Für den 08. Februar 2006 hat die Landtagsfraktion der SPD unter dem Titel „Ambulant vor stationär" zu einem Fachgespräch geladen und mich um ein Impulsreferat gebeten. Ich spreche mich deutlich gegen stationäre Versorgungsstrukturen aus. Auch wenn der Vortrag schon etwas älter ist, sind die Themen und Argumente jung und fast schon irgendwie zeitlos. Deshalb nachfolgend hier mein Redebeitrag:

„Vielen Dank für die Einladung und dafür dass ich meine Erfahrungen, meine Vorstellungen zum Thema der Partizipation, der lebensfreundlichen Teilhabe von behinderten Menschen, im Freistaat Sachsen kurz vorstellen kann. Da wir über das Wohnen – ambulant oder stationär – reden, möchte ich Ihnen mein „Wohnen" vorstellen. Ich wohne in einem Haus, das vor 100 Jahren erbaut wurde, für das der Eigentümer öffentliche Mittel bekommen hat, weil er es denkmalgeschützt rekonstruiert hat. In diesem Haus kann ich nicht alt werden. Dieses Haus hat eine Wendeltreppe und erfordert von mir,

dass ich es eines Tages verlassen muss. Da taucht die erste Frage auf, die sich durch das gesamte Thema zieht: Warum bauen wir Häuser, in denen Menschen nicht so leben können, wie das menschliche Leben sich darstellt? Wir leiden unter dem Umstand der „Verheimung", das heißt: ein Prozent der Bevölkerung, in Dresden sind das 5.000 Menschen, lebt in Heimen. Wie viele von ihnen mussten ausziehen, weil die baulichen Bedingungen unzureichend waren?

Grundsätzlich müssten wir über soziale Standards im Bereich des Bauens nachdenken. Wir haben ökologische Standards.

Ich muss, wenn ich meine Garageneinfahrt pflastere, sodass das Regenwasser nicht mehr abfließen kann, eine Abgabe zahlen. Wo ist der, der eine Abgabe zahlen muss, weil er diese komische Wendeltreppe eingebaut hat? Wir haben ein ökologisches Bewusstsein entwickelt, nun ist es an der Zeit, ein soziales zu entwickeln. Der Mensch ist ein soziales Wesen, das zu unterschiedlichen Zeiten unterschiedliche soziale Bedürfnisse hat.

Meinen Einweisungsgrund in ein Heim habe ich Ihnen genannt, und wenn Sie durch Ihre Wohnung gehen, dann werden Sie sicherlich auch „Heimeinweisungsgründe" finden. Deshalb ist diese Frage zu wichtig, als dass sie nur in Fachgremien diskutiert werden sollte!

Die bundesweite Studie „Leben im Heim" von 1998 fragte unter anderem, warum behinderte Menschen im Heim wohnten. Der Hauptgrund ist nicht die körperliche oder geistige Behinderung an sich, sondern dass die Betreuung durch die Eltern nicht mehr möglich ist.

Ich bin Leiter einer Einrichtung und erlebe oft, dass Eltern kommen und fragen, ob sie nicht einen Heimplatz für ihr Kind bekommen könnten, denn der Vater ist auf Montage und nur an den Wochenenden zu Hause und die Mutter hat schon den zweiten Bandscheibenvorfall und es geht nicht mehr.

Hier müsste unser Ansatz sein und wir sollten fragen: Was können Sie aufgrund Ihres Bandscheibenvorfalls nicht mehr tun und wobei können wir Ihnen jetzt helfen?

Der zweithäufigste genannte Grund für eine Einweisung in ein Heim war laut Studie, dass ein selbständiges Wohnen nicht mehr möglich ist. Der dritte Grund bestand in einem Umzug.

Der Bewohner, der schon im Heim gelebt hatte, wechselte nur das Heim. Der vierte Grund war die Unterstützung zur Erlangung der Selbständigkeit. Erst an vierter Stelle taucht das auf!

Wir sollen, das steht auf der Liste ganz oben, das Elternhaus ersetzen. Der vorletzte Grund ist die altersgemäße Ablösung.

Interessanterweise scheint das gar keine vordergründige Rolle zu spielen.

Für sehr bedenklich halte ich, dass der an allerletzter Stelle stehende Grund der Wunsch des Betroffenen selbst ist. Pointiert gesagt hieße das: „Die meisten Menschen sind offensichtlich gegen ihren Willen im Heim." Das soziale Umfeld hat eine Heimein-

weisung entschieden und nicht der Behinderte, der meinte, er schaue sich jetzt erstmal alle Heime in Dresden an und danach sage er Mama und Papa, wo er wohnen wolle. Das scheint in der Realität überhaupt nicht der Fall zu sein.

Daran anschließend möchte ich eine Schlussfolgerung wagen: Es gibt keine heimpflichtige Behinderung. Es ist eben nicht so, dass jemand der Mutter schon kurz nach der Geburt empfiehlt, ihr Kind in ein Heim zu geben, denn nur dort gäbe es Fachleute. So ist es nicht! Es gibt keine Behinderung, die von vornherein nur im Heim betreut und versorgt werden kann.

Das ist auch anhand der vorhin aufgezählten Gründe logisch zu erkennen.

Es ist eher so, dass wir als Heimbetreiber und -träger eine gesellschaftspolitische Funktion erfüllen. Es ist weniger eine Aufgabe, die sich aus der Behinderung und den Wünschen der Betroffenen ergibt. Es steht eindeutig der Versorgungscharakter der Einrichtung im Vordergrund. Das Heim soll etwas ersetzen. Etwas, das zuvor als Zuhause funktionierte und das jetzt nicht mehr geht. Wenn die Frage, ob und warum Menschen im Heim leben, keine Frage der fachlichen Inhalte ist, dann schlussfolgere ich, dass es nur eine gesellschaftspolitische Frage ist. Wir nehmen in der Bevölkerung eher eine gesellschaftspolitische Funktion ein. Wir bedienen Wünsche, die nicht von den Betroffenen selbst kommen, sondern aus deren Umfeld.

Eine weitere Schlussfolgerung sehe ich – auch wenn es für viele vielleicht unangenehm ist – in der Verantwortung der Stadt für jeden Bürger. Rein statistisch ist jeder 10. Bürger schwerbehindert. Die Kommune hat im Sinne der allgemeinen Daseinsvorsorge die Verantwortung für die Bürger zu übernehmen, sich Gedanken zu machen und auch für jeden 10. Bürger Angebote zu entwickeln. Wir sprechen von Teilhabe und von Integration, und es ist einfacher, logischer und folgerichtiger, wenn die Stadt das selbst macht. Alles andere schafft Doppelstrukturen: Sie und ich wohnen, die Behinderten wohnen. Die Mitarbeiter der Einrichtung arbeiten unter der großen Überschrift der Integration und Eingliederung. Das könnte man aufweichen.

Momentan werden in Dresden Prämien für den Ab- und Rückbau von Wohnraum gezahlt. Hier müsste man nur zwei und zwei zusammenzählen und überlegen, denn wenn wir als Heim eine gesellschaftspolitische Stellung einnehmen, dann sollte auch die Kommune wesentlich stärker ihrer Pflicht gegenüber den Bürgern mit Behinderung nachkommen.

1939 haben wir Polen überfallen und heute noch fragen sich die polnischen Bürger, ob sie uns Deutschen wieder trauen können. Wir haben zu dieser Zeit ebenso behinderte Menschen gequält und umgebracht. Am 8. Mai 1945 haben wir die weiße Fahne gehoben und am 9. Mai wieder die Heime geöffnet und gefüllt. Es gab bis heute keinen Zeitpunkt in der Geschichte, wo wir die Behinderten fragten, ob sie uns wieder vertrauen wollen und können, ob sie uns wieder für sich sorgen lassen wollen. Hören wir auf den behinderten Menschen? Beachten wir, was er braucht und möchte, und wie sehr er uns vertraut? Behinderte Menschen haben das Recht, uns zu misstrauen. Dies umso mehr wir uns eher an den Wünschen der Umwelt und der Gesellschaft orientieren als an ihren eigenen.

Schauen Sie sich die Reihenfolge der Gründe für eine stationäre Heimunterbringung an! Es ist nicht unsere fachlich hochwertige Dienstleistung, nach der der Behinderte fragt. Danach schaut vorwiegend das Umfeld.

Die Aussöhnung mit uns und den behinderten Menschen ist noch nicht vollzogen. Der Prozess der Annäherung steht noch aus. Als logische Konsequenz der angeführten Punkte müsste man folgern, dass alle Heime abgeschafft werden sollten. Zum einen, damit sich nicht das wiederholt, was geschehen ist und andererseits, weil wir geschichtlich nicht belegen können, dass man in den Heimen am sichersten lebt.

Wir sollten auch darüber nachdenken, wie wir unsere sozialen Bedürfnisse und Pflichten finanzieren. Solange es im ökonomischen Kreislauf bleibt, wird es uns nicht gut gehen. Das Soziale begründet sich nicht aus der Ökonomie, sondern aus sich selbst heraus! Wenn eine Person Hilfe benötigt, frage ich nicht, ob sie versichert ist und was mich die Hilfe kostet oder was ich dafür bekommen werde, sondern ich helfe einfach. Wir professionalisieren und „verpreislichen" Pflege und Hilfsleistungen an unseren Bedürftigen. Da sollten wir umdenken, da es sonst allen nicht gut gehen wird.

Bis zum Einzug in ein Heim hat jeder Mensch gezeigt, dass er auch ohne Heim leben kann. Wenn wir wissen, dass die Person auch ohne stationäre Unterbringung hat leben können, dann sollte man fragen, wie zielgerichtet wir im Heim arbeiten können. Ohne dieses Thema vertiefen zu wollen, möchte ich bemerken, dass niemand im Heim geboren wird, sondern die Menschen kommen in ein Heim. Aber bis zum Tag des Einzugs in ein Heim haben sie bewiesen, dass sie ohne Heim leben können."

Es ist mein erster Auftritt in einem rein politisch organisierten Kontext. Und es wird mir schnell klar, dass man nicht allen trauen kann, die freundlich applaudieren. Ich habe das Referat hier wortwörtlich aufgenommen, weil es an Aktualität nichts eingebüßt hat und weil viele darin enthaltene Aussagen zu einem Kredo meiner beruflichen Tätigkeit und meines beruflichen Selbstverständnisses geworden sind.

Pflegebedürftigkeit und palliative Versorgung

Eine relativ große Gruppe der Bewohner befindet sich bereits im Rentenalter. Einige sind pflegebedürftig und es kommt auch vor, dass wir mit Unterstützung durch einen ambulanten Hospitzdienst Bewohner im Sterben begleiten. Die Kooperation klappt recht gut. In der Erzieherausbildung und auch in der Ausbildung zum Heilerziehungspfleger spielt das Thema der palliativen Begleitung allerdings keine große Rolle. Ich nehme deshalb Kontakt zur Palliativakademie auf, die an einem Dresdener Krankenhaus angegliedert ist. Es entwickelt sich eine produktive und über Jahre andauernde gute Kooperation. Später wird es auch noch zu einem bundesweiten Forschungsprojekt kommen, zu dem ich den Anstoß gebe.

Ein Träger ohne Spitzenverband

Die kommunalen Träger sind spitzenverbandlich nicht so organisiert wie die Träger, die einem Verband der Liga der Freien Wohlfahrtspflege angehören. Hier gibt es stattdessen eher eine Orientierung an Ämtern und Behörden, zu denen auch der überörtliche Sozialhilfeträger gehört und während Träger, die einem Spitzenverband der Freien Wohlfahrtspflege angehören, sich eher gegen den überörtlichen Sozialhilfeträger positionieren können, ist dies für kommunale Einrichtungen nicht ganz so einfach.

So entsteht im Laufe der Jahre auf dem Gelände der Wohnstätte ein Haus für Menschen mit schwersten Verhaltensauffälligkeiten, für die ein richterlicher Beschluss zur geschlossenen Unterbringung vorliegt. Auch wird, allerdings nach meiner Zeit, ein Pflegeheim für behinderte Menschen errichtet werden. Von der Idee, dass die Hilfe zu den Menschen kommen sollte – und nicht der Mensch zur Hilfe – ist nichts mehr übrig. Statt der Auflösung der Einrichtung, immerhin ein Grund, warum ich damals dort begann, ist nichts mehr übriggeblieben; der aktuell gebräuchliche Terminus „Campus" drückt dies deutlich aus.

Hilfebedarfserfassung

Es ist entschieden, dass in Sachsen zur Ermittlung des individuellen Hilfebedarfs der behinderten Menschen das „Metzler-Verfahren" anzuwenden sei. Das bedeutet, dass für jeden Betroffenen ein mehrseitiger Fragebogen auszufüllen ist. Das ist bei der Anzahl der Betroffenen und dem Ziel, eine möglichst umfangreiche und genaue Ermittlung vorzunehmen, sehr zeitaufwändig. Eine zusätzliche Aufgabe für die Mitarbeiter, die zunächst erst einmal zu schulen und mit der Methode vertraut zu machen sind. Der Prozess der Einführung und Umstellung auf dieses Verfahren dauert mehrere Monate und stellt für alle eine Herausforderung dar. Im Ergebnis ist jeder Hilfeempfänger einer von insgesamt fünf möglichen Hilfebedarfsgruppen zugeordnet, während dann die einzelnen Hilfebedarfsgruppen mit unterschiedlichen Geldwerten hinterlegt werden.

Eine spürbare Verbesserung der Lebensbedingungen hat dies nicht zu Folge, wohl aber eine deutliche Erhöhung des Verwaltungsaufwandes.

Frau G. wird vermisst

Eines Tages ist Frau G. verschwunden. Sie kam nahezu täglich in die Verwaltung um sich zu erkundigen, ob ihre Schwerster ihr endlich einen Brief geschrieben hätte. Sie ist überall bekannt und nicht befangen, auch fremde Personen anzusprechen.

Eines Tages ist sie verschwunden. Wir bilden kleine Gruppen und suchen überall. Sie bleibt verschwunden. Auch die Polizei und ein Aufruf in der Zeitung kann uns nicht helfen. Nach einigen Tagen dann die traurige Gewissheit, dass es sich bei einer in einem nahen Gebüsch gefundenen Leiche um Frau G. handelt. Uns geht ihr Tod sehr nah und die Frage bleibt, ob wir ihn irgendwie hätten verhindern können.

8 Rückblick: Die 2010er-Jahre

> *„Zweck dieses Übereinkommens ist es, den vollen und gleichberechtigten Genuss aller Menschenrechte und Grundfreiheiten durch alle Menschen mit Behinderungen zu fördern, zu schützen und zu gewährleisten und die Achtung der ihnen innewohnenden Würde zu fördern."*
> BRK Art. 1

Zu Beginn der 2010er-Jahre hat sich das Privatkapital in einer Weise vermehrt, wie es das in den vergangenen einhundert Jahren nicht gegeben hat. In Deutschland, aber auch in Italien, Frankreich oder Großbritannien wuchs „der Anteil der 10 % der größten Vermögen auf etwa 60 % des Nationaleinkommens. Am bestürzendsten ist freilich, dass in all diesen Gesellschaften eine Hälfte der Bevölkerung fast nichts besitzt" (Piketty 2015, 338). Deren Armut nahm auch in den westlichen Staaten zu, nicht als Folge einer allgemeinen Verarmung und Knappheit, sondern als Resultat einer beispiellosen Reichtumsvermehrung (Scheidler 2017, 137). Auch um dies zu verdecken, betrat in der zweiten Hälfte der 2010er Jahre ein neuer Typ von Politikern die Bühne. Personen wie Donald Trump oder Boris Johnson machten Politik zum Theater, zur Belustigung und Unterhaltung. „Die neuen Spielertypen können jedoch nur deshalb Erfolg haben, weil sie auf eine infantilisierte Spaßgesellschaft treffen. Diese hat die Unterschiede zwischen Politik und Unterhaltung weitgehend eingeebnet" (Lucke 2016, 6). Fragen, woher Menschen wie Trump ihren Reichtum hatten, wurden nicht mehr gestellt.

Zu Beginn des Jahrzehnts jedoch gab ein bis dahin beispielloses menschenrechtliches Dokument in der Behindertenhilfe Anlass zur Hoffnung. Mit der Behindertenrechtskonvention sollte alles besser werden.

8.1 Die Behindertenrechtskonvention

Am 13. Dezember 2006 verabschiedete die Generalversammlung der Vereinten Nationen das Übereinkommen über die Rechte von Menschen mit Behinderungen. Es folgt der Allgemeinen Erklärung der Menschenrechte von 1948, dem Internationalen Pakt über wirtschaftliche, soziale und kulturelle Rechte (UN-Sozialpakt) und dem Internationalen Pakt über bürgerliche und politische Rechte. Behinderung wird als Bestandteil menschlichen Lebens anerkannt und wertgeschätzt. Das Übereinkommen wurde von der UN unter Beteiligung von mehr als 400 Nicht-Regierungsorganisationen in einer Rekordzeit von fünf Jahren erarbeitet und verabschiedet. Auch behinderte Menschen als Expertinnen und

Experten waren beteiligt. „Damit waren behinderte Beteiligte zwar nicht in der Mehrheit, doch lässt sich behaupten, dass Menschen mit Behinderungen in einem bis dahin nicht gekannten Ausmaß an der Erarbeitung einer internationalen Rechtsnorm beteiligt waren; auf allen Ebenen und in allen Funktionen“ (Degener 2009, 264). In Deutschland (als 60. Staat) ist das „Gesetz zu dem Übereinkommen der Vereinten Nationen vom 13. Dezember 2006 über die Rechte von Menschen mit Behinderungen sowie zu dem Fakultativprotokoll vom 13. Dezember 2006 zum Übereinkommen der Vereinten Nationen über die Rechte von Menschen mit Behinderungen“ (meist kurz Behindertenrechtkonvention, noch kürzer BRK genannt) nach Zustimmung von Bundestag und Bundesrat zum 26.03.2009 in Kraft getreten, sodass die BRK in Deutschland geltendes Recht mit dem Rang eines Bundesgesetzes ist.

Die BRK ist Ergebnis eines Umdenkungsprozesses, der nicht „von Stellvertreterprofessionen“, sondern „von Organisationen der Behindertenbewegung selbst errungen wurde“ (Degener 2009, 275). Aber eine „UN-Konvention, eine Charta, verändert die Welt und die Lebenssituation der Menschen nicht unmittelbar“ (Fröhlich 2009, 2). So gab es zuvor schon viele UN-Konventionen: zu Fragen von Frauen, Migranten, Wanderarbeitern, Fischen, Biotopen, Wäldern, Klima usw.

Der in der BRK geforderte Wandel der Politik und Fachlichkeit von der Wohltätigkeit und Fürsorge zu einem menschenrechtsbasierten Paradigma bereitet der deutschen Fachlichkeit und Politik bis heute Probleme. Die Inhalte der BRK nehmen zu althergebrachten Rechtsauffassungen und Praktiken eine entgegengesetzte Position ein (vgl. Masuch 2014, 18).

In der BRK wird Behinderung nicht als individuelles Schicksal, sondern als Resultat der „Wechselwirkung zwischen Menschen mit Beeinträchtigungen und einstellungs- und umweltbedingten Barrieren“ gesehen (BRK Präambel, e). Nach diesem Ansatz geht es nicht mehr um Fürsorge oder Rehabilitation behinderter Menschen, sondern um ihre gleichberechtigte selbstbestimmte Teilhabe. Behinderung wird nicht nur als Bestandteil der Normalität menschlichen Lebens gesehen, sondern als Ausdruck gesellschaftlicher Vielfalt positiv gewürdigt. Als allgemeiner Grundsatz wird „die Achtung vor der Unterschiedlichkeit von Menschen mit Behinderungen und die Akzeptanz dieser Menschen als Teil der menschlichen Vielfalt und der Menschheit“ formuliert (Art. 3d). Menschenrechtsverletzungen gegenüber Menschen mit Behinderungen können nun als solche wahrgenommen und nicht mehr als behinderungsbedingtes Schicksal abgetan werden. „Gegen die Vision einer künftigen Gesellschaft ohne Behinderung stellt die Konvention das Bild einer Menschenwelt, in der Behinderte selbstverständlich leben und sich zugehörig fühlen können“ (Bielefeldt 2006, 7).

Es geht in der BRK um „Participation“ (Teilhabe). Auch wenn in der deutschen Übersetzung mehr von Participation als Teilnahme die Rede ist und nur gelegentlich der Begriff Teilhabe verwendet und dadurch wesentliche Aspekte des Begriffs verloren gehen (wie der Aspekt der Mitbestimmung), ist der Gedanke

„leitend für die gesamte Konvention" (Hirschberg 2010, 2). Kern der BRK ist das, was Hannah Arendt (1949, 760) das „Recht, Rechte zu haben" genannt hat und gegen Gewalt und Exklusion geschützt zu sein. Verbunden damit ist der unabdingbare Anspruch, ein Gefühl der Würde (sense of dignity) und ein Gefühl der Zugehörigkeit (sense of belonging) entwickeln zu können (vgl. Jantzen 2015, Bielefeldt 2006).

Die BRK erhebt dazu nicht nur strukturelle Anforderungen (wie ein inklusives Schulsystem), sondern formuliert in vielen Artikeln Schutzrechte des Einzelnen gegen den Staat und gegen Institutionen: zum Beispiel das Recht auf unabhängige Lebensführung (Art. 19), das Recht auf Freiheit und Sicherheit (Art. 14), das Recht auf Freiheit von erniedrigender Behandlung (Art. 15), das Recht auf Freiheit von Gewalt (Art. 16), das Recht auf Schutz der körperlichen und seelischen Unversehrtheit (Art. 17), das Recht auf Achtung der Privatsphäre (Art. 22). Diese subjektiven Menschenrechte sind die zentralen Bestandteile der BRK. Damit verbindet die BRK Freiheitsrechte „als Abwehrrechte gegen staatliche und andere Eingriffe in die persönliche Freiheit mit sozialen Rechten als Anspruchsrechte auf soziale Dienste und Leistungen" (Graumann 2009, 18). Nimmt man sie als Ganzes, so wäre zunächst „nicht über Inklusion, sondern über die Beseitigung von Exklusion zu verhandeln" (Jantzen 2015, 14), im eigenen Denken, in der eigenen Institution und in der Gesellschaft.

Dass es eine von Deutschland ratifizierte UN-Behindertenrechtskonvention gibt, deren zentrale Forderung die Teilhabe von behinderten Menschen an allen menschenrechtsrelevanten Bereichen ist, sagt noch nichts darüber aus, wie es in Wirklichkeit aussieht. Doch auch wenn die BRK eine „entleerte, geisterhafte Reformkulisse" (Wocken 2011, 1) geworden sein sollte, so ist sie doch ein großer Fortschritt, hat die gesellschaftliche Betrachtung von, die Diskussion über und den Umgang mit Behinderung verändert und wird dieses weiter tun.

Kernbegriffe der BRK sind „Inklusion" und „Teilhabe". Zunächst haben sich Praxis und Wissenschaft auf den Begriff „Inklusion" gestürzt und sich auf den Weg zur „Integration der Inklusion in die Segregation" (Feuser 2015, 266) gemacht. Nur wenige bemerkten, dass es schwer war, die „gegenwärtige Inklusionsrhetorik mit der Realität in Verbindung zu bringen" (Speck 2011, 293).

8.2 Alles inklusiv

Schon kurz nach Inkrafttreten der BRK in Deutschland wurde der Begriff „Inklusion" zum scheinbaren Leitbegriff. Dabei hat er eine erstaunliche Entwicklung genommen (vgl. Hänsel 2013, 186). Im „Handlexikon der Behindertenpädagogik" von 2001 (Antor, Bleidick 2001) taucht er nicht einmal im Schlagwortverzeichnis auf, ein paar Jahre später wurden fast alle Maßnahmen der Behindertenhilfe mit dem Attribut „inklusiv" veredelt. In den Institutionen wurde eifrig von

Integration auf Inklusion umetikettiert, ohne dass die dahinter stehende Praxis verändert wurde. Wissenschaftler*innen überschlugen sich, um die angeblich großen Unterschiede der alten Integration zur neuen Inklusion aufzuzeigen. Die dabei vorgenommene Unterscheidung war und ist häufig sehr oberflächlich und erschöpft sich in bunten Tortendiagrammen mit vielen farbigen Punkten, und sie ist ahistorisch, weil sie die Ergebnisse und Erkenntnisse der Kämpfe der Integrationsbewegung oder der Psychiatriereform nicht zur Kenntnis nimmt.

Dabei war die Frage nach Integration bzw. Inklusion längst eine Menschenrechtsfrage. Schon das UN-Weltaktionsprogramm für behinderte Menschen von 1983 forderte in Art. 120: „… Erziehung von behinderten Menschen sollte so weit wie möglich im Regelschulsystem stattfinden …". Mit der UN-Konvention über die Rechte des Kindes von 1989 verpflichtete sich auch Deutschland in Art. 23.1/3 dazu, dass „… das behinderte Kind wirklichen Zugang zu Erziehung, Ausbildung und Gesundheitsdiensten hat und diese nutzen kann, so dass die möglichst vollständige soziale Integration des Kindes ermöglicht wird …".

Schließlich wurden in der UNESCO Salamanca-Erklärung von 1994 Regierungen aufgefordert, „das Prinzip Erziehung ohne Ausgrenzung auf rechtlicher oder politischer Ebene anzuerkennen …" (Punkt 3a). In Punkt 2 wurde betont, dass integrative Regelschulen das wirksamste Mittel sind, „eine Gesellschaft ohne Ausgrenzung aufzubauen" und dass „Kinder mit Sondererziehungsbedürfnissen Zugang zur Regelschule haben". Georg Feuser (2010, 58) merkt dazu an: „Wenn unsere Initiativen zur aktiven Veränderung des Bildungssystems allein einer international gültigen Rechtsform und -norm bedürfen, dann hätten wir sie schon 1983 gehabt und müssten uns heute nicht so verhalten, als wäre gerade das Rad der Integration erfunden worden. Insofern baue ich nicht an einem die wirklichen Verhältnisse verschleiernden neuen Mythos mit, was unserem Fach mit der leidlichen Debatte um Integration und Inklusion ja schon in hinreichender Güte gelungen ist."

Die radikale Grundlage von Inklusion geht „an die Wurzeln des bestehenden Erziehungs- und Bildungssystems, des Sozialsystems, des gesamten Gesellschaftssystems in ihren funktionalen Teilsystemen" (Stein 2013, 4). Da beließ man es lieber bei einem oberflächlichen Kratzen an bestehenden Systemen (ebd.), denn „(d)ie Einforderung aller Menschenrechte für Menschen mit Behinderung impliziert … immer im Grunde auch die der Veränderung gesellschaftlicher Bedingungen" (Klauß 2010, 34).

Das Hilfesystem für behinderte Menschen mit seinen Institutionen, Haltungen und Mitarbeitenden hält nicht viel von grundlegenden Veränderungen. So beließ man es oftmals bei Ausflügen in die „normale" Lebenswelt. Nach wie vor gibt es nur wenige Überschneidungen der Lebenswelt vieler behinderter Menschen mit der Welt der „Nicht-Behinderten". Inklusion wird in vereinzelten Best-Practise-Modellen realisiert, ohne daraus eine gesamtgesellschaftliche Entwicklungsaufgabe erwachsen zu lassen (Dannenbeck 2014, 86). Inklusion als Schlagwort erschien in den Leitbildern fast aller Behinderteneinrichtungen, „freilich nur als Ideal von dem man zugibt, dass es zu keiner Zeit und an keinem Ort wirklich sein wird; das in der Zukunft liegt und zugleich im Nirgendwo“ (Grams, F. 2020, 209).

„Solange von leichter Sprache, Umdefinition von Menschen mit Lernschwierigkeiten und Teilhabe auf der Vorderbühne die Rede ist oder dort das ‚Es ist normal, anders zu sein‘ zur Rede von ‚verhaltensoriginellen‘ Menschen führt, die auf der Hinterbühne in Sondergruppen von Großeinrichtungen akkumuliert werden oder in Wohnheimen verborgen werden, wo immer schlechter bezahlte Mitarbeiterinnen einen immer größeren Arbeitsaufwand leisten müssen und dies alles nicht thematisiert wird, wo allgemein gesellschaftliche Ausgrenzung unter dem ‚Es ist normal, anders zu sein‘ verschwindet, kann weder von Inklusion noch von der Gewährleistung von Menschenrechten die Rede sein“ (Jantzen 2012a, 9).

8.3 „Gemeinsam einfach machen“ oder „Nicht mein Gesetz“: Das BTHG

Mit dem Internetauftritt unter den Motto „Gemeinsam einfach machen“ wirbt das Bundesministerium für Arbeit und Soziales für die Behindertenrechtskonvention und das „Bundesteilhabegesetz“ (BTHG), was wiederum eine Abkürzung für „Gesetz zur Stärkung der Teilhabe und Selbstbestimmung von Menschen mit Behinderungen“ ist.

Das BTHG ist ein Änderungsgesetz, durch das das Sozialgesetzbuch (SGB) IX „Rehabilitation und Teilhabe für Menschen mit Behinderung“ neu gefasst und zahlreiche weitere Gesetze geändert wurden. Es wurde 2016 beschlossen und ist in vier Reformstufen von 2017 bis 2023 in Kraft getreten. Inzwischen haben 16 Bundesländer 16 verschiedene Landesausführungsgesetze mit 16 verschiedenen Namen, entsprechend viele Landesrahmenverträge und 16 verschiedene Instrumente zur Hilfebedarfserhebung verabschiedet.

Mit dem BTHG sollte das deutsche Recht an die UN-Behindertenrechtskonvention angepasst werden und das Recht der Eingliederungshilfe aus dem Sozialhilferecht des SGB XII und der Tradition der Armenfürsorge herausgelöst werden, was einer alten Forderung der Selbsthilfe-Bewegung behinderter Menschen entsprach.

„Die Leistungen an Menschen, die aufgrund einer wesentlichen Behinderung nur eingeschränkte Möglichkeiten der Teilhabe am Leben der Gesellschaft haben, sollen aus dem bisherigen ‚Fürsorgesystem‘ herausgeführt und die Eingliederungshilfe zu einem modernen Teilhaberecht weiterentwickelt werden. Die Leistungen sollen sich am persönlichen Bedarf orientieren und entsprechend eines bundeseinheitlichen Verfahrens personenbezogen ermittelt werden. Leistungen sollen nicht länger institutionszentriert, sondern personenzentriert bereitgestellt werden. Dabei soll die Einführung eines Bundesteilhabegeldes geprüft werden. Die Neuorganisation der Ausgestaltung der Teilhabe zugunsten der Menschen mit Behinderungen soll so geregelt werden, dass keine neue Ausgabendynamik entsteht" (Deutscher Bundestag 2016, 190).

Mit dem BTHG sollte ein Systemwechsel von der Sozialhilfe zu einem neuen Leistungsrecht vollzogen werden. Behinderte Menschen sollten mehr Möglichkeiten zur Teilhabe und mehr Selbstbestimmung bekommen, bei der Gestaltung seiner Unterstützung sollte der einzelne Mensch im Mittelpunkt stehen. Den Wünschen des Leistungsberechtigten soll entsprochen werden, wenn diese „angemessen" sind (§ 104, SGB XI).

Eine der wesentlichsten Änderungen betraf die Trennung der Fachleistung der Eingliederungshilfe von den existenzsichernden Leistungen. Die Eingliederungshilfe konzentriert sich auf Fachleistungen zum Behinderungsausgleich, Leistungen zum Lebensunterhalt sollen nach dem SGB XII bzw. SGB II erbracht werden. „Mit diesem Gesetz wird die Eingliederungshilfe von einer überwiegend einrichtungszentrierten zu einer personenzentrierten Leistung neu ausgerichtet. Die notwendige Unterstützung des Menschen mit Behinderungen orientiert sich zukünftig nicht mehr an einer bestimmten Wohnform. Die Charakterisierung von Leistungen in ambulante, teilstationäre und stationäre Maßnahmen der Eingliederungshilfe wird aufgehoben" (Deutscher Bundestag 2016, 197).

Die Einkommens- und Vermögensgrenzen für behinderte Menschen, die Eingliederungshilfe beziehen, wurden erhöht.

„Die Position der Menschen mit Behinderungen im Verhältnis zu den Rehabilitationsträgern und den Leistungserbringern soll durch eine ergänzende unabhängige Teilhabeberatung gestärkt werden" (Deutscher Bundestag 2016, 3). Seit 2018 gibt es neue Beratungsstellen für behinderte Menschen, die Ergänzende unabhängige Teilhabeberatung (EUTB). Deren Mitarbeitende sollen unabhängig von Trägern zu Themen aus dem Bereich Behinderung und Teilhabe beraten. Inzwischen gibt es in Deutschland über 700 Beratungsstellen.

Im Bereich der Teilhabe am Arbeitsleben wurden nur wenige Anpassungen vorgenommen, wie eine deutlichere Ausgestaltung des Budgets für Arbeit oder die Marktöffnung für „Andere Anbieter" neben der Werkstatt für behinderte Menschen (WfbM). Die grundsätzlichen Strukturen blieben jedoch unverändert. Die Institution Werkstatt für behinderte Menschen wurde nicht infrage gestellt. Auch die diskriminierende Aufnahmeregel des „Mindestmaßes wirtschaftlich verwertbarer Arbeitsleistung" blieb unangetastet.

Gleichzeitig werden die Kommunen und Länder entlastet, da Grundsicherungs- und Eingliederungshilfeleistungen getrennt sowie teilweise vom Bund übernommen werden. „Gleichzeitig soll die Steuerungsfähigkeit der Eingliederungshilfe verbessert werden, um keine neue Ausgabendynamik entstehen zu lassen und den insbesondere demographisch bedingten Ausgabenanstieg in der Eingliederungshilfe zu bremsen" (Deutscher Bundestag 2016, 3).

Nach einem langen Beteiligungsprozess mit vielen Anhörungen von Betroffenen war die Enttäuschung bei den Selbstvertretungsorganisationen enorm. Deren Wünsche und Forderungen sind in weiten Teilen nicht erfüllt worden. Bei vielen Aktionen und Demonstrationen unter dem Motto „Nicht mein Gesetz!" wurde die Forderung nach einer Rücknahme des Gesetzesentwurfs gestellt.

Schließlich wurde das Gesetz in einigen Punkten nachgebessert. Trotzdem wurden viele Hoffnungen und Wünsche von behinderten Menschen nicht erfüllt. In vielen Punkten bleibt das Gesetz deutlich hinter den Erwartungen zurück. Kritisiert wurde das Grundprinzip der Kostenersparnis durch Optimierung in Verbindung mit „kostenneutraler UN-BRK-Lyrik".

Die Ausgrenzung von Menschen mit hohem Unterstützungsbedarf aus der Teilhabe am Arbeitsleben und sogar aus der Sonderwelt der Werkstätten für behinderte Menschen besteht fort. Der bisherige Grundsatz „ambulant vor stationär" ist entfallen, sodass das Wohnen in den eigenen vier Wänden nur dann „erlaubt" wird, wenn es günstiger oder ein Leben im Heim unzumutbar ist. Das angepriesene Wunsch- und Wahlrecht wird unter Kostenvorbehalt gestellt. So werden viele Menschen weiterhin im Heim leben, weil die Begleitung in einer eigenen Wohnung teurer ist als der Heimplatz. Dafür heißt das Heim nicht mehr Heim, sondern „besondere Wohnform".

Begrifflichkeiten wie „Zumutbarkeit", „Angemessenheit", „Wirkungkontrolle" und „Mehrkostenvorbehalt" bestimmen viele Regelungen. Die verstärkte Einführung von Markt und Wettbewerb führt zu einem Preiswettbewerb von Anbietern (vgl. Falkenstörfer 2020, 207), zumal der Eintritt gewerblicher Träger erleichtert wurde. Nach wie vor werden Vereinbarungen über Kosten nur zwischen Leistungsträgern und Leistungserbringern geschlossen. Das duale System bleibt erhalten. Betroffene sitzen bei der Ausgestaltung der Leistungen und bei der Preisverhandlung nicht mit am Tisch (§ 123 (1) SGB IX).

Schließlich ist jegliche Leistung an die Erstellung eines Teilhabeplans gebunden, der auf einem Hilfebedarfserhebungs-Instrument beruht. Mit „quasidiagnostischen Tools und Anamnese-Instrumenten" wird „der subjektive Hilfebedarf anhand programmatischer Kriterien vermessen und zur objektivierbaren Größe umgedeutet" (Kratz 2017, 33). „Das bedeutet, dass es dem Menschen mit Behinderung weder frei steht, den – im BTHG vorgeschriebenen – Gesamtplan zu boykottieren (dieser stellt die Voraussetzung dar, überhaupt Leistungen zu erhalten), noch sich (grundsätzlich) außerhalb von Zielvorgaben zu bewegen. Jede Leistung ist dabei mit (messbaren) Forderungen verbunden" (Falkenstörfer 2020, 208).

„Bei nüchterner Betrachtung ist das Bundesteilhabegesetz tatsächlich nichts anderes als eine Betriebsanleitung zur Steuerung von Zugängen, Prozessen und Abläufen. Ziel des Ganzen: Einsparen öffentlicher Gelder, garniert mit etwas ‚Ich-liebe-Euch-doch-Alle-Lyrik', sofern diese keine erheblichen Ausgaben zur Folge hat" (Frickenhaus 2017).

8.4 „Ja mach' nur einen Plan": Hilfeplanung

„Der Träger der Eingliederungshilfe hat die Leistungen nach den Kapiteln 3 bis 6 unter Berücksichtigung der Wünsche des Leistungsberechtigten festzustellen. Die Ermittlung des individuellen Bedarfes des Leistungsberechtigten muss durch ein Instrument erfolgen, das sich an der Internationalen Klassifikation der Funktionsfähigkeit, Behinderung und Gesundheit orientiert. Das Instrument hat die Beschreibung einer nicht nur vorübergehenden Beeinträchtigung der Aktivität und Teilhabe in den folgenden Lebensbereichen vorzusehen:

1. Lernen und Wissensanwendung,
2. Allgemeine Aufgaben und Anforderungen,
3. Kommunikation,
4. Mobilität,
5. Selbstversorgung,
6. häusliches Leben,
7. interpersonelle Interaktionen und Beziehungen,
8. bedeutende Lebensbereiche und
9. Gemeinschafts-, soziales und staatsbürgerliches Leben.

(2) Die Landesregierungen werden ermächtigt, durch Rechtsverordnung das Nähere über das Instrument zur Bedarfsermittlung zu bestimmen." So sieht es das BTHG in § 118 SGB IX vor.

Die Erhebung von „Hilfebedarfen" und deren Einteilung in Gruppen, die jeweils mit pauschalen Geldbeträgen hinterlegt sind, wurde bereits im SGB XII praktiziert. Hier wurde häufig das „Metzler-Verfahren" angewendet, benannt nach Heidrun Metzler, der Leiterin der Gruppe der Universität Tübingen, die das Verfahren entwickelt hatte. So wurden tausende Leistungsberechtigte in eine Handvoll Leistungsgruppen eingeteilt. Auch im BTHG sollten Gruppen vergleichbaren Bedarfs gebildet werden. So entstanden 16 verschiedene Bedarfserhebungsinstrumente in den 16 Bundesländern, die über die jeweils zuzuteilenden Geldbeträge entscheiden.

Auf die Mitarbeitenden in den Einrichtungen sind weitere neue Anforderungen zugekommen. Zunächst wurde mit viel Geld- und Personalaufwand das alte Hilfebedarfsinstrument geschult, es wurde viel dokumentiert und Bedarfe wurden festgestellt. Und kaum waren die Mitarbeitenden in den Einrichtungen einigermaßen vertraut mit dem „Metzler-Bogen", wurde ein dem BTHG entsprechendes neues Instrument eingeführt, wieder mit erheblichem Aufwand. Nun sollen nicht mehr die Mitarbeitenden der Einrichtungen den Hilfebedarf feststellen, sondern Vertreter des Kostenträgers zusammen mit dem behinderten Menschen. Das führte in der praktischen Umsetzung zu sehr unterschiedlichen Ergebnissen: zu deutlichen Verbesserungen der Situation behinderter Menschen, aber auch zu absurden Zielformulierungen und deutlichen Mittelkürzungen und auf jeden Fall zu Mehrkosten und höheren Belastungen für die Mitarbeitenden in den Einrichtungen.

Roland Frickenhaus beschrieb das Verfahren so: „Und da sitzen sie also nun in der ‚besonderen Wohnform' im Zimmer von Herrn Max Mustermann, der künftig, selbst und doch nicht selbstbestimmt, Mieter in der Sonderwelt sein wird, und werden sich detailliert darlegen lassen, ob und wie er seine Zukunft geplant hat. Brav muss er fremden Leuten, die mit fremdem Geld bezahlen, erklären, wie und mit wem er wohnen, wo und was er arbeiten möchte und was er in seiner Freizeit unternimmt. Er wird gefragt, wie es mit dem Aufstehen, der Hygiene und der Hauswirtschaft so klappt und was er noch so alles können wollen will. Am Ende wird alles brav quantifiziert und von den netten Damen und Herren in irgendetwas (Zeit, Geld, Personalanteile, Punkte, Qualifikation …) umgerechnet und dann wird alsbald, versehen mit der Datenschutzentbindung, der Heimweg angetreten. Wenn das nicht unanständig aufdringlich und neoliberaler Humbug ist, was ist es dann?" (Frickenhaus 2019)

9 Erinnerungen: Die Zehner Jahre

Wieder stehen einige berufliche Veränderungen und Herausforderungen an. Das letzte komplette Berufsjahrzehnt, an dessen Ende ich ein „zorniger alter Mann" sein werde, beginnt.

9.1 Das dicke Ende

Zum 31. Dezember 2011 verlasse ich den Träger. Aus dem Vorhaben, die Einrichtung mit Hilfe professioneller Begleitung aufzulösen, ist nichts geworden. Im Gegenteil.

Da ist eine Entscheidung gefragt. Ich bewerbe mich und bekomme die Zusage für eine interessante Aufgabe eines großen Trägers in Berlin. Aus privaten Gründen sage ich kurzfristig ab, ohne eine Alternative zu haben. Ich telefoniere herum und kontaktiere verschiedene Leute und schildere ihnen meine Lage, die alles andere als rosig ist. In solchen Situationen lernt man sich und seine Mitmenschen noch einmal ganz neu kennen. Aber ich habe Glück.

Nach ziemlich genau 6 Jahren verlasse ich die Einrichtung und trete eine Tätigkeit als Erzieher in einer Außenwohngruppe eines konfessionellen Trägers im Südwesten Sachsens an.

9.2 Bei einem konfessionellen Träger im Südwesten Sachsens (01.01.2012–30.05.2012)

Die Außenwohngruppe befindet sich in einem kleinen Ort, in dem der Träger in einem Haus mehrere Wohnungen angemietet hat, die von behinderten Menschen bewohnt werden und durch ihn betreut werden. Ich bin „normaler" Erzieher und muss mich in die Strukturen und Abläufe einarbeiten.

Ein denkwürdiges Gespräch am Kaffeetisch

Zum ersten gemeinsamen Kaffeetrinken habe ich mit David Dienst. Wir sind ungefähr 15 Personen und ich bin der Neue. Entsprechend werde ich gefragt, wo ich herkomme, was ich zuvor gemacht habe und wie meine private Lebenssituation ist. Ich gebe brav Auskunft. Und als ich das Gefühl habe, dass der größte Wissensdurst gestillt ist, bin ich nun an der Reihe, Fragen zu stellen: „Warum seid ihr eigentlich alle hier?", ist meine erste Frage und ich sehe, wie meinem Kollegen David das Gesicht einschläft. Als sähe man das nicht und immerhin wüsste ich doch, wo ich arbeiten würde, so sagen seine Blicke. Aber da sprudelt es auch schon aus einigen heraus und plötzlich höre ich Lebensgeschichten in denen es um überforderte Eltern, Ängste, „draußen" nicht bestehen zu können und allerhand Persönliches geht und plötzlich führen wir ein sehr offenes und interessantes Gespräch. Mir wird klar: Wer nicht fragt, warum jemand in der Betreuung ist, enthält seinem Gegenüber die Möglichkeit vor, etwas zentrales und schwerwiegendes und bedeutungsvolles von sich mitzuteilen.

Ich fasse das Gespräch zusammen und halte fest: „Da seid ihr also alle hier, weil ihr irgendetwas nicht könnt." „Und", frage ich meinen Tischnachbarn Lennard, „was kannst Du denn nicht?" Er sagt, dass er keine Uhr lesen kann und er fragt mich, ob ich ihm das beibringe. Ich lehne das ab. David schaut mich erneut äußerst angespannt an. Und dann sage ich zu Lennard: „Ja, ich kann versuchen, Dir das beizubringen, aber nur dann, wenn Du mir auch etwas beibringst. Was kannst Du denn gut, Lennard?" Er überlegt länger und dann hat er es: Er bietet mir an, mir im Gegenzug das Spielen mit der Spielekonsole, er spielt wirklich gut Autorennen, beizubringen. Da ist sie wieder, die Win-Win-Situation.

Wir treffen uns von nun an zu bestimmten Zeiten und ich bemühe mich, ihm das Uhrenlesen und er mir das Autorennen beizubringen.

Die Stärken stärken und die sog. „offengebliebenen Möglichkeiten" ansprechen. Sich auf Augenhöhe zu begegnen heißt auch, sich über die Stärken zu begegnen. Es geht nicht um Mitleid.

Es wurde dann doch nichts mit dem Lesen der Uhr, aber das spielt hinterher nicht mehr die wirkliche Rolle, denn Lennard hatte sich schon lange ein System überlegt, wie er sich zeitlich orientieren konnte, ohne die Uhr lesen zu können.

Alltag und Alltägliches

Ich begleite Bewohner zu Arztbesuchen, gehe mit ihnen einkaufen, koche an den Wochenenden und verbringe Zeit mit ihnen. Ich bringe meine Gitarre mit und freue mich, dass sich eine Bewohnerin dafür interessiert und ich ihr einige Griffe beibringen kann, sodass sie sich bald eine eigene Gitarre besorgt.

Zum 30. Mai 2012 geht meine Zeit bei dem Träger zu Ende, es ist eine befristete Stelle. Vorher aber steht noch eine gemeinsame Urlaubsfahrt an: Es geht nach Mallorca. Wir steigen in Dresden ins Flugzeug und sind wenige Stunden später in unserem Hotel. Das ist schon etwas Besonderes, Menschen, die in festen Hilfestrukturen leben, in einem ihnen völlig neuen Kontext zu beobachten. Plötzlich zeigen sich auch völlig neue Kompetenzen. Die Zeit vergeht schnell und es sind sehr entspannte Tage. Erwähnenswert ist noch, dass bei der Buchung etwas schiefgelaufen ist, sodass ein Bewohner und ich uns für die Dauer des Urlaubs ein Doppelzimmer teilen. Das ist schon irgendwie spaßig.

9.3 Bei einem Spitzenverband (01.06.2012–31.03.2019)

Der erste Juni 2012 ist ein Freitag und mein erster Arbeitstag als Referent für stationäre Eingliederungshilfe/Werkstätten. Viele Abläufe, Personen und inhaltliche Aufgaben sind mir durchaus (noch) vertraut. Inhaltlich bin ich für Wohnheime und Werkstätten zuständig. Neu ist, dass ich die Einrichtungen auch unmittelbar in Kostensatzverhandlungen begleite und ihre betriebswirtschaftlichen Zahlen bezüglich Wirtschaftlichkeit und Sparsamkeit bewerte. Das ist neu für mich, da ich kein Betriebswirt bin. Aber mit der Zeit komme ich ganz gut zurecht und das Excel-Programm verliert seinen Schrecken. Mit der Zeit kommt dann die Routine und ich muss feststellen, dass es durchaus Züge eine Bazars hat und dass nicht jeder dringend geforderte Cent auch dringend benötigt wird.

Menschen mit einer geistigen Behinderung erklären die UN-Behindertenrechtskonvention

Seit Jahren habe ich Kontakt zu einer Bildungsakademie. Eines Tages berichtet mir die für den Bereich der Behindertenhilfe zuständige Mitarbeiterin von einem interessanten Projekt: Menschen mit einer geistigen Behinderung werden zu Trainern ausgebildet, die anderen Menschen, egal ob mit oder ohne Beeinträchtigung, die zentralen Artikel der UN-Behindertenrechtskonvention erklären. Ich finde die Idee toll und nehme an der Ausbildung der Trainer teil. Dadurch erwerbe ich ein Zertifikat, das mich berechtigt, mit den Trainern herumzufahren und ihnen bei ihren Vorträgen zu assistieren.

Entwickelt wurde die Idee in Österreich. Im Rahmen einer EU-Förderung haben sich die Österreicher nun in verschiedenen europäischen Ländern Partner gesucht, die nach den von ihnen entwickelten Unterlagen und einem von ihnen erstellten Curriculum die Schulung vornehmen.

So kommt es, dass ich im Laufe der Jahre immer wieder mal mit einigen der Trainer*innen irgendwo in Deutschland unterwegs bin und ihnen bei den Vorträgen assistiere. Das macht mir große Freude und stellt mich und mein professionelles Denken mehr als einmal in Frage. Allerdings merke ich auch, dass wir einander brauchen, denn bestimmte Zusammenhänge erschließen sich den Trainern nicht automatisch.

Eines Tages sind wir auf den Weg nach Köln. Der Landschaftsverband Rheinland hat eingeladen. Wir halten auf einem Rasthof. Ein Bewohner kann die Cola, die er gern trinken möchte, nicht bezahlen: Es ist Donnerstag und Donnerstag wird erst am Nachmittag das Taschengeld ausgezahlt. Er ist also ohne Geld unterwegs. Da muss sich noch etwas gewaltig ändern, wenn das, was wir „Inklusion" nennen, gelingen soll. Als ich mich näher für den finanziellen Teil des Vorhabens interessiere, muss ich feststellen, dass die Trainer für ihre Tätigkeit den Werkstattlohn erhalten und dass sie ihre Tätigkeit in ihrer Freizeit ausüben bzw. Urlaub dafür genommen haben. Hinzu kommt, dass diejenigen, die für eine Trainertätigkeit infrage kommen, in der Regel auch diejenigen sind, die man gern als „Leistungsträger der Werkstatt" bezeichnet, also Personen, auf die die Werkstattleitung aufgrund finanzieller Interessen nicht so gern verzichtet. Mir ist unwohl, wenn ich an meinen Honorarvertrag denke. Hier passt etwas nicht und es betrübt mich, dass eine doch an sich gute Idee offensichtlich gar nicht wirklich in die Struktur einer WfbM passt: Inklusion braucht Infrastruktur!

„Eigensinn in Sachsen“

Menschen, deren Beeinträchtigung sehr komplex ist und die zudem eine manifeste Verhaltensauffälligkeit entwickelt haben, passen kaum in ein vorgegebenes Raster. Im Zusammenhang mit der Einführung des „Metzler-Verfahrens“ wurde mehrfach festgestellt, dass es Menschen gibt, deren Hilfebedarf so komplex und individuell ist, dass sie keiner bestehenden Vergleichsgruppe zugeordnet werden können. Oftmals liegt zudem auch noch ein richterlicher Beschluss zu einer geschlossenen Unterbringung vor. Es handelt sich wohl um die Personengruppe, die am wenigstens für sich selbst sprechen kann und die so gut wie keine Lobby hat.

Mit einigen Kolleg*innen haben wir uns zu einer kleiner Fachgruppe zusammengetan, die wir „Eigensinn in Sachsen“ nennen. Wir organisieren regelmäßig Fachveranstaltungen und versuchen, für diese Menschen Lobby zu machen.

Im Herbst 2015 sammeln wir Unterschriften für eine Erklärung, um auf die personelle Situation in Einrichtungen aufmerksam zu machen, in denen behinderte Menschen leben, die einen intensiven pädagogischen Hilfebedarf haben und bei denen zusätzlich auch noch ein richterlicher Beschluss für eine geschlossene Unterbringung vorliegt. Hier ist mit der Hilfebedarfserfassung nach dem Modell der Frau Dr. Metzler nicht viel anzufangen. Diese Personen leben „unter dem Radar“ und zählen zu der Personengruppe, die Klaus Dörner meinte, als er davon sprach, dass wir vom Schwächsten her zu denken haben.

Wir übergeben die Erklärung, die von knapp 1.000 Personen unterzeichnet wurde, an den Beauftragten für die Belange der Menschen mit Behinderungen der sächsischen Landesregierung.

Wir führen fachlich interessante Tagungen durch, die regen Zulauf haben. Es ist schon etwas Besonderes, sich für Menschen zu engagieren, die selbst nicht wirklich in durchgenormte Hilfestrukturen passen, sondern diese vielmehr infrage stellen.

Dass sich in den vielen Jahren nicht wirklich signifikante Verbesserungen in den Lebensumständen ergeben haben, stimmt nachdenklich, um dies vorsichtig zu formulieren.

Redakteur bei KOBINET

Schon einige Jahre ist mir der Nachrichtendienst KOBINET (Kooperation Behinderter im Internet e. V.) bekannt. Als Referent für den Bereich der Behindertenhilfe lese ich viele Newsletter, Fachzeitschriften und Artikel rund um das Thema „Teilhabe“.

Eines Tages schicke ich der Redaktion eine kleine Kolumne, die tatsächlich am 19. April 2016 veröffentlicht wird. Sie beschäftigt sich mit dem Bundesteilhabegesetz und trägt den Titel „Das Bundesteilhabegesetz - oder: Was wir aus der Physik lernen können".

Das Echo ist ermutigend, sodass ich fortan regelmäßig schreibe und den Status eines Redakteurs erhalte. Ich werde Mitglied im Verein und lerne die Idee und die Personen kennen, die hinter bzw. für KOBINET stehen und mit viel ehrenamtlichen Fleiß und Einsatz den Nachrichtendienst zu einer Art Institution gemacht haben.

Meine Tätigkeit bei KOBINET umfasst ziemlich genau vier Jahre und endet mit meinem Eintritt in den Ruhestand im Jahr 2020. In diesem Zeitraum schreibe ich über 50 Kolumnen. Das Echo ist überwiegend positiv, sodass sich eines Tages die Berliner Behindertenzeitung meldet und ich auch dort einige Kolumnen veröffentliche. Gelegentlich erscheinen auch Nachdrucke in Publikationen von Trägern.

Die Kooperation und die Kontakte innerhalb des Redaktionsteams sind effizient und sehr wertschätzend. Mir hilft das Schreiben sehr, Gedanken zu ordnen und Themen auf den Kerngehalt zu reduzieren. Das ist direkter und braucht nicht diese langen Schnörkel und Schachtelsätze, die in einer verbandlichen Kommunikation üblich sind.

Ob und inwieweit ein Mensch, dessen Behinderung nicht im kognitiven Bereich liegt, besser für die Belange eines Menschen reden kann, der geistig behindert ist, als jemand, der gar nicht behindert ist, vermag ich nicht zu sagen. Sagen kann ich aber, dass Menschen mit schweren geistigen Beeinträchtigungen eine Lobby brauchen, egal, wer für sie spricht. Meine Erfahrung ist, dass eine Behinderung niemanden „qualifiziert" automatisch auch für andere behinderte Menschen sprechen zu können.

Hinsichtlich der Kolumnen erfahre ich Schulterklopfen genauso wie Kopfschütteln und Naserümpfen. Mein Arbeitgeber wird mir später zum Beispiel hinsichtlich der Kolumne „Wir müssen reden, Gretchen", die am 15. Dezember 2018 erscheint, Schädigung des Verbandes vorwerfen und von Frechheit gegenüber Fachkräften und der Verhöhnung der Opfer des NSU sprechen. Auch wird er mir einen polemischen Sprachstil aus Verschwörungstheorien, Pauschalierungen und Panikmache unterstellen und die Kolumne als absolut unangemessen und unprofessionell bezeichnen. Aber das ist ein anderes Thema

Mir fällt auf, dass es in unserem Bereich eigentlich keine wirkliche Streitkultur gibt. Wie soll sich aber etwas weiterentwickeln, wenn der ganze Tross empathischer sozial tätiger Gutmenschen sich ziert, miteinander um fachlich-inhaltliche Themen zu ringen?

Haken schlagen – oder: Bei uns gibt es kein Problem mit Nazis

Es ist die Zeit, in der Frau Merkel ihr legendäres „Wir schaffen das!" denen sagt, die sich das nicht vorstellen können und die Angst haben, dass es ihnen schlechter gehen könnte, wenn wir helfen, dass es anderen besser geht.

Im Erzgebirge, aber natürlich nicht nur dort, finden sich Menschen zu „Spaziergängen“, Fackelmärschen und allerlei Aktionen zusammen. Eine aufgeladene Stimmung, die auch an den Sozialen Einrichtungen und denjenigen nicht vorübergehen, die dort arbeiten oder von dort Soziale Dienstleistungen empfangen.

Wir sitzen zusammen. „Wir“, das sind Leiter- und Leiterinnen von Werkstätten für behinderte Menschen, die Vertreterin der Landesarbeitsgemeinschaft der Werkstätten für behinderte Menschen und ich als zuständiger Fachreferent für den Bereich der Werkstätten, der später in „Teilhabe am Arbeitsleben“ umbenannt werden wird.

Ein Kollege berichtet sichtlich emotional bewegt, dass es zunehmend auch Probleme mit Nazis gäbe. Viele der Beschäftigten seien in doppelter Hinsicht ein „leichtes Opfer“: Entweder erführen sie Aggressionen, Gewalt und Mobbing, oder sie seien leicht empfänglich für die Botschaften von Nazis, die in der Regel einfach und plakativ seien und insofern leicht nachvollziehbare Antworten hätten. Hinzu käme der Kameradschaftsgeist und somit das Gefühl, auch irgendwo dazuzugehören. Auch seien Mitarbeiter*innen nicht ungefährdet und er wüsste nicht und wolle es gar nicht genau wissen, wie viele seiner Mitarbeiter*innen sich an den Fackelaufmärschen und sonstigen politischen Aktionen beteiligen würden. Es melden sich weitere Werkstattleiter*innen und im Nu haben wir eine Diskussion, die nicht auf der Tagesordnung steht, uns alle aber irgendwie beschäftigt und umtreibt.

Wir verabreden, uns einen Überblick über das Ausmaß zu verschaffen und so beschließen wir, dass ich einen Fragebogen entwerfe. Die folgenden Tage befasse ich mich also intensiver mit der Materie. Im Zusammenhang mit den Recherchen zu dieser Thematik, die man als Arbeitstitel mit „Menschen mit kognitiven Beeinträchtigungen und rechtspolitische Parteien und Parolen“ bezeichnen kann, habe ich unter anderem auch einen Termin beim sächsischen Innenminister und seinem dafür zuständigen Referenten. Wir diskutieren angeregt und sind uns einig, dass dieses Thema unterrepräsentiert ist und dass dazu Wissen fehlt.

Die Endfassung des Fragebogens schicke ich zur Beratung des Vorstandes an die Geschäftsstelle der Landesarbeitsgemeinschaft der Werkstätten für behinderte Menschen. Nachdem der ganze Prozess bis dahin in enger Abstimmung mit der Geschäftsführung erfolgt ist, bin ich sicher, dass die offizielle Bestätigung durch den Landesvorstand nur noch Formsache ist. Umso überraschter bin ich, als ich eines Tages mitgeteilt bekomme, dass man zu der Ansicht gelangt sei, keine flächendeckende Befragung vorzunehmen. Eine genaue Begründung erfolgt nicht.

Für den Rest der Zeit, in der Werkstätten für behinderte Menschen in mein Fachgebiet fallen, bin ich reservierter und beobachte genauer: Und Fragen bleiben …

Nicht mein Gesetz: Das Bundesteilhabegesetz (BTHG)

Die Eingliederungshilfe soll reformiert werden. Ich bin nicht der Ansicht, dass es dadurch zu einer Verbesserung der Teilhabe von behinderten Menschen kommen wird. Ist doch ein zentraler Impuls des Gesetzes, dass Geld gespart werden soll. Die Begründung der

Politik greift dabei sogar auf die Euthanasie zurück. Es leben wieder zu viele behinderte Menschen in unserem Land. Die Kämmerer merken nichts mehr von der Euthanasie. Allein darüber kann man sich auslassen. Umso verwunderlicher ist das allseitige Schweigen der Verbände zu diesem Argumentationsstrang der Politik. Ich finde es unanständig, (unter anderem auch ...) auf die Euthanasie Bezug zu nehmen, um ein Gesetz zu begründen, dass Einsparungen generieren soll.

Es gibt bundesweit viele Aktionen und Proteste und auch in Sachsen formiert sich Widerstand.

Bei den vielfältigen Aktionen, Diskussionen, Diskussionsrunden und Fachveranstaltungen wird ein grundsätzliches Problem der Behindertenhilfe in Deutschland sichtbar: Es gibt nämlich zwei unterschiedliche Gruppen auf Seiten der Betroffenen. Da sind zum einen die behinderten Menschen, die für sich selbst sprechen können und ein entsprechendes Standing in der Öffentlichkeit haben. Sie sind in Talkshows, bedienen sich der Sozialen Medien und haben eine öffentliche Präsenz.

Diejenigen Menschen, deren Behinderungen so komplex sind, dass sie all dieses nicht vermögen, leben oftmals in Institutionen und es ist naheliegend, dass die Institutionen und deren Verbände von der Politik als Interessenvertreter der behinderten Menschen wahrgenommen werden. Ihnen ist es nicht möglich, eine ähnlich starke öffentliche Wahrnehmung zu generieren.

Hinzu kommt, dass Verbände nicht nur das Interesse haben, gute Bedingungen für ihre Klienten zu erreichen, sondern zunächst erst einmal gute Bedingungen für die eigene Arbeit zu sichern. Dementsprechend sind die Reaktionen im Herbst 2016 auf das Vorhaben der Regierung, die Eingliederungshilfe neu zu regeln, auch sehr unterschiedlich und ich fühle mich auf der Seite der Verbände nicht immer wohl.

Zu bestimmten Aspekten des Bundesteilhabegesetzes äußere ich mich äußerst kritisch. Ein zentraler Knackpunkt ist nach meiner Einschätzung die Hilfebedarfsermittlung. Hier kann ich nicht mit der Haltung der Wohlfahrtsverbände mitgehen. Das ist mir zu moderat. Bei KOBINET veröffentliche ich zwei Kolumnen unter dem Titel „Hilfe, Bedarfsermittlung!" und erfahre dafür durchaus Zustimmung.

Das Gesetz passiert, mit einigen Änderungen, Bundestag und Bundesrat. Die konkrete Ausführung ist dann Sache der Länder. Es ist das Jahr 2018 und es zeichnet sich für mich ab, dass ich die „landeskonforme Umsetzung" in meiner Berufszeit nicht mehr erleben werde.

Expertenmeinung und Politik

Wenn die politisch Verantwortlichen Entscheidungen zu Sachverhalten zu treffen haben, die detailliertes Fachwissen voraussetzen, laden die politischen Parteien oftmals Experten ein, um sich genauer zu informieren. Auch mir ist es vergönnt, gelegentlich als Experte zu bestimmten Fragen aus dem großen Feld der Teilhabe eingeladen zu werden. Das ist dann immer sehr aufregend. In der Vorbereitung bedarf es allerhand Abstimmungen. Und das, was ich dort schließlich vortrage, enthält auch meine Meinung. Bei den auf

Grundlage der Anhörung später getroffenen politischen Entscheidungen erlebe ich selten, dass Expertenrat und -meinung umfangreich berücksichtigt werden. Oftmals haben die Ansichten der politisch Verantwortlichen schon vorher festgestanden. Unbekümmerter Expertenrat hat nicht wirklich viele Chancen, strategische politische Entscheidungen zu beeinflussen. Ich erlebe auch, wie während einer Anhörung, es geht um die Zukunft des Überörtlichen Sozialhilfeträgers im Freistaat Sachsen, der behindertenpolitische Sprecher einer großen Partei einfach einschläft.

PiCarDi = Palliative Care und Disability

Bereits als Wohnstättenleiter fiel mir auf, dass die palliative Versorgung von behinderten Menschen unzureichend ist. Und dass es oftmals für die betroffenen Personen doch noch zu einem Ortswechsel kommt, weil die Strukturen der Behindertenhilfe für dieses Thema nicht ausgerichtet sind.

Also nehme ich Kontakt zur Dresdner Palliativakademie auf. Schnell wird deutlich, dass dies ein Thema ist, das mehrere Professionen betrifft und deshalb auch am besten gemeinsam bearbeitet werden kann. Mir schwebt das Modell einer Forschungsarbeitsgemeinschaft vor. Also nehme ich Kontakt zu Prof. Dörner auf und schildere ihm mein Anliegen, hat er doch seinerzeit die Forschungsarbeitsgemeinschaft „Menschen in Heimen" an der Uni Bielefeld in Leben gerufen. Er macht mir Mut, den Plan zu verfolgen, steht allerdings aus gesundheitlichen Gründen selbst nicht zu Verfügung.

Gemeinsam mit der Leiterin laden wir einige Wissenschaftler aus Deutschland und der Schweiz zu einem Austausch nach Dresden ein. Wir diskutieren intensiv und am Ende nehmen Frau Prof. Schäper (Münster), Herr Prof. Jennessen (Konstanz, Berlin) und Frau Dr. Schlichting (Leipzig) den Impuls auf. In der Folge gelingt es ihnen tatsächlich, eine Förderung für den Zeitraum von 2017 bis 2020 durch das Bundesministerium für Bildung und Forschung für das Projekt „PiCarDi" zu erhalten. Die Veranstaltung zum Auftakt ist sehr feierlich und ich bin ein wenig stolz, dass aus meiner Idee nun ein Projekt geworden ist.

Die Verzahnung von Praxis und Theorie einerseits und die Verzahnung der sehr unterschiedlichen Professionen auf wissenschaftlicher Ebene andererseits scheint mir aber nach wie vor dringend weiter ausbaubedürftig.

Meine berufliche Tätigkeit im Wohlfahrtsverband endet leider Anfang 2019, sodass es mir nicht möglich ist, weiter im Projektbeirat mitzuarbeiten. Gern hätte ich mich hier weiter eingebracht.

Vorträge und Referate

Hin und wieder erhalte ich Anfragen, die ich in der Regel gern annehme. Es scheint, als seien kritische Töne durchaus erwünscht. Während einer Tagung lerne ich dann Heinz Becker kennen. Er leitet in Bremen eine Tagesförderstätte für Menschen mit schweren Behinderungen. Es geht nicht um wirtschaftlich verwertbare Leistung, sondern darum, das eigene Tun als nützlich zu erleben und um Teilhabe am gesellschaftlichen Leben außerhalb der Einrichtung. Ich hatte zuvor schon einige Ausätze und Artikel von ihm gelesen und freue mich über den persönlichen Austausch.

Wir begegnen uns erstmals in Köln zu einer Fachveranstaltung. Ich besuche seinen Vortrag und lade ihn daraufhin zu einem Fachvortrag ein. Ich schätze sein „Denken vom Schwächsten her", die nüchterne und klare Logik und die Beharrlichkeit, mit der er an „seinem" Thema, der Teilhabe am Arbeitsleben festhält.

Eine denkwürdige Stellungnahme, ein Offener Brief und das Haifischbecken

Am 13. Dezember 2006 hat die Generalversammlung der Vereinten Nationen das „Übereinkommen über die Rechte von Menschen mit Behinderungen" (UN-Behindertenrechtskonvention, UN-BRK) verabschiedet. Nachdem auch die Bundesrepublik Deutschland die UN-BRK am 24. Februar 2009 ratifiziert hat, ist sie seit dem 26. März 2009 in Deutschland in Kraft und geltendes Recht, welches von allen staatlichen Stellen umgesetzt werden muss.

Der zentrale Impuls der UN-BRK ist der Verzicht auf Besonderung von Menschen mit Behinderungen. Dies soll durch die Anpassung und Aufweichung der Strukturen erreicht werden, die allen anderen Bürgern zustehen. Besser ist dieser Vorgang mit dem Begriff der Inklusion beschrieben. Schulen, Heime und Werkstätten, in denen Menschen mit Behinderungen isoliert und unter sich sind, entsprechen nicht den Vorgaben der Konvention und sind aufzulösen, bzw. abzuschaffen. Jedes Land, in dem die Konvention geltendes Recht ist, hat regelmäßig über den Stand der Umsetzung dieser Konvention zu berichten (Staatenprüfung).

In seinem Bericht über den Stand in Deutschland fordert der Fachausschuss der Vereinten Nationen für die Rechte von Menschen mit Behinderungen „die schrittweise Abschaffung der Werkstätten für behinderte Menschen durch sofort durchsetzbare Ausstiegsstrategien und Zeitpläne sowie durch Anreize für die Beschäftigung bei öffentlichen und privaten Arbeitgebern im allgemeinen Arbeitsmarkt".

Als am 1. Oktober 2018 die Bundesarbeitsgemeinschaft der Werkstätten (BAG WfbM) gemeinsam mit den Werkstatträten Deutschland (WRD) eine Stellungnahme zur Staatenprüfung Deutschlands zur Umsetzung der UN-Behindertenrechtskonvention veröffentlicht, in der es unter anderem heißt: „Werkstätten sind Teil der Lösung und nicht des Problems, denn sie machen den Arbeitsmarkt in Deutschland erst inklusiv", ist für mich eine rote Linie überschritten.

Das ist, höflich formuliert, eine interessengeleitete Interpretation, die fachlich nicht haltbar ist. Ich muss das mehrmals lesen, weil ich nicht glauben kann, dass es Fachleute, also Kolleginnen und Kollegen sind, die eine derart hanebüchene Aussage publizieren. Wie verhält es sich dann mit Schulen, in denen nur Menschen mit Behinderungen unterrichtet werden und wie ist es mit Häusern, in denen ausschließlich Menschen mit Behinderungen leben? Was bleibt von dem Gedanken einer inklusiven Gesellschaft übrig, wenn das Aussonderende als „inklusiv" und quasi unersetzlich angesehen wird? Dann gehören zu einem inklusiven Gemeinwesen das Behindertenheim und zum inklusiven Bildungswesen die Sonder- und Förderschulen.

Mir kommt das wie ein Schlag ins Gesicht vor und mir wird klar, wenn ich dazu schweige, dann verrate ich, woran ich glaube und wofür ich viele Jahre gearbeitet habe. Schnell wird mir bewusst, dass sich dahinter mehr verbirgt als möglicherweise so etwas wie eine unglückliche Formulierung, die man irgendwie mit einem Augenzwinkern abtuen kann. Hier wird auch meine Berufsbiografie, immerhin zu dem Zeitpunkt 38 Jahre, veralbert. Wie will ich, zu dem Zeitpunkt arbeite als Referent für Teilhabe von Menschen mit Behinderungen bei einem Verband der Freien Wohlfahrtspflege, das jemanden erklären? Für mich ist das der Beginn einer schiefen Ebene, der ich mich entgegenstellen muss.

Es folgen einige schlaflose Nächte und irgendwann steht der Entschluss fest: Ich werde einen Offenen Brief schreiben.

Von meinem Vorgesetzen, der sich leider später distanzieren wird, erhalte ich kluge Formulierungsvorschläge, die ich gern aufnehme.

Mir ist klar, dass es als Einzelperson eher schwierig ist und so freue ich mich, dass Heinz Becker seine Bereitschaft zur Mitarbeit signalisiert.

Wir stimmen einzelne Formulierungen ab und suchen nun Erstunterzeichner. Wir sind überrascht über die Rückmeldungen und es finden sich folgende Personen als Erstunterzeichner*innen bereit:

- Dr. Sigrid Arnade, Geschäftsführerin ISL, Berlin
- Gerhard Bartz, Vorsitzender Forum selbstbestimmter Assistenz behinderter Menschen ForseA e. V., Mulfingen-Hollenbach
- Prof. Dr. Theresia Degener, Bochum
- Horst Frehe, ISL-Vorstand, Bremen
- Prof. Dr. Marianne Hirschberg, Bremen
- Prof. em. Dr. Wolfgang Jantzen, Bremen
- Prof. Dr. Sven Jennessen, Berlin
- Raul Krauthausen, Aktivist, SOZIALHELDEN e. V., Berlin
- Ottmar Miles-Paul, Netzwerk Artikel 3, Kassel I Dr. phil. Ilja SEIFERT, Berlin
- Dipl. Bibl. Udo Sierck, Autor und Dozent, Darmstadt
- Andreas Vega, Aktivist, München

Aber auch Vereine zeichnen mit:

- Forum selbstbestimmter Assistenz behinderter Menschen ForseA e. V., Berlin
- Netzwerk Artikel 3, Berlin
- Interessenvertretung Selbstbestimmt Leben in Deutschland e. V. – ISL, Berlin

In dem Brief schreiben wir: „Wir teilen die Einschätzung der internationalen Expertenkommission, dass Werkstätten für behinderte Menschen eine Sonderwelt darstellen, für die mit der Ratifizierung der UN-BRK in Deutschland Maßnahmen zum ‚Einstieg in den Ausstieg' einzuleiten sind. Ein aussondernder Arbeitsmarkt wird nicht dadurch inklusiv, dass man parallel dazu einen zweiten für die Ausgesonderten betreibt. Selbstverständlich kann man Sonderwelten wie Werkstätten für behinderte Menschen, Tagesförderstätten und Wohnheime nicht sofort und nicht ersatzlos schließen. Man kann aber Fehlanreize beseitigen und man kann Weichen für gesellschaftliche Inklusion stellen. Dazu ist es unter anderem erforderlich, eine deutschlandweit breite Fachdiskussion darüber zu führen, wie einerseits bestehende Sonderwelten so zu entwickeln sind, dass sie der Inklusion zuarbeiten und wie andererseits auf bestehende Strukturen, die sich bisher nicht mit Inklusion auseinandergesetzt haben, eingewirkt werden kann, dass sie sich für alle Menschen mit Behinderungen öffnen." (Frickenhaus, Becker 2018)

Am 03. Dezember 2018 ist es dann soweit. Wir haben den 03. Dezember gewählt, weil die UNO den 03. Dezember zum „Internationalen Tag der Menschen mit Behinderungen", ausgerufen hat. Wir finden: Ein guter Zeitpunkt, den Offenen Brief genau an diesem Tag zu verschicken. Dem Brief beigefügt ist eine kleine Information, wer wir sind und was das Anliegen des Offenen Briefes ist. Einige Zeit später erscheint der Offene Brief auch in Leichter Sprache.

Die Tage danach sind stürmisch und der Brief erfährt allerhand Aufmerksamkeit. Wir geben interessierten Leser*innen die Möglichkeit, diesen Brief ebenfalls zu unterzeichnen. Um das organisatorisch besser händeln zu können, geben wir uns den Namen „Initiative Inklusion" und haben eine eigene E-Mailadresse eingerichtet, über die die ganze Kommunikation läuft.

Die Möglichkeit einer Mitzeichnung läuft noch bis zum Frühjahr 2019. Unser Ziel ist es, am 05. Mai, dem Europäischen Protesttag zur Gleichstellung der Menschen mit Behinderungen, die Liste der Mitunterzeichner*innen an die BAG WfbM und die WRD e. V. zu übersenden.

Am Ende sind es über 100 Personen, die uns mit ihrer Unterschrift unterstützen. Einige kommen aus Österreich, der Schweiz und sogar Luxembourg. Mit über 30 Professorinnen bzw. Professoren beteiligen sich auch viele Personen aus dem Hochschul- und Bildungsbereich. Das Ziel, mit der eigenen Meinung in Erscheinung zu treten und ein klares Signal in die Hofburgen zu senden, ist erreicht. Mehr können und mehr wollen wir nicht.

Einzig mein Arbeitgeber, der mir zunächst Unterstützung und Bereitschaft zur Mitzeichnung signalisiert, und sich mit Formulierungsvorschlägen einbringt, distanziert sich plötzlich und kritisiert das Vorhaben als verbandsschädigend. Immerhin befinden sich viele Träger von Werkstätten in der Mitgliedschaft, sodass es am Ende zum Zerwürfnis kommt und ich mit Wirkung zum 31. März 2019, gut ein Jahr vor Erreichen des Renteneintritts, das Arbeitsverhältnis kündige.

Es ist eine Situation, die zu Studien zu Menschen im Sozialen Dienstleistungsbereich und deren Verständnis von Macht, Integrität und Selbstachtung einlädt. Und eine Erkenntnis bleibt: Nicht alle sind noch an Deck anzutreffen, wenn der Wind plötzlich aufzufrischen und aus einer anderen Richtung zu blasen beginnt.

Eine weitere Erkenntnis aus der Aktion ist, dass es bedauerlicherweise keine wirkliche fachliche Streitkultur in der behindertenpolitischen Fachwelt gibt. Gestritten wird mit der Politik und der Verwaltung, der Gesetzgebung und, natürlich der Finanzverwaltung. Aber fachliche Dispute, die den Blick schärfen und die Themen verdeutlichen und verdichten, sind eindeutig Mangelware.

Das wird mir später bei der Kolumne „Leben ist das, was uns zustößt, während wir uns etwas ganz anderes vorgenommen haben – oder: Vom Unsinn der Zukunftsplanung" erneut begegnen. Auch hier kein wirklicher fachlicher Dialog.

Der Leiter einer Einrichtung der Behindertenhilfe, die sich in Sachsen-Anhalt befindet, wir kennen uns schon einige Jahre, bietet mir eine Stelle an. So kommt es, dass ich nach fast 25 Arbeitsjahren in Sachsen für das letzte Berufsjahr mit meiner Frau nach Sachsen-Anhalt ziehe.

9.4 In Sachsen-Anhalt (01.04.2019 – 30.04.2020)

Die Einrichtung ist historisch gewachsen und befindet sich in einem ländlichen Umfeld. Ursprünglich handelte es sich um eine Arbeiterkolonie, in der die auf Wanderschaft befindlichen Arbeiter über die Wintermonate eine feste Bleibe hatten.

Die schrittweise Ausrichtung auf die Zielgruppe der Menschen mit kognitiver Beeinträchtigung begann noch zu Zeiten der DDR. Mittlerweile leben hier knapp 100 Personen. Auf dem Gelände besteht die Möglichkeit, an Angeboten zur Tagesstrukturierung teilzunehmen. Klassische Arbeitsangebote im Sinne einer Werkstatt für behinderte Menschen gibt es nicht.

Meine Hauptaufgabe besteht darin, die interne Umsetzung des Bundesteilhabegesetzes vorzubereiten. Dazu gehören Informationsveranstaltungen für die Mitarbeiter*innen und für die gesetzlichen Betreuer*innen. Dazu muss ich mich mit den länderspezifischen Bedingungen auseinandersetzen. Der Gesetzgeber hat die Ausführung des Bundesteilhabegesetzes den einzelnen Bundesländern überlassen. Ich muss also „pauken" und mich mit den Ausführungsbestimmungen des Landes Sachsen-Anhalt vertraut machen. Ich fahre zum Spitzenverband, der Diakonie Mitteldeutschland, nach Halle und nehme an Informationsveranstaltungen und Beratungen teil. Ich lerne andere Einrichtungen und neue Kollegen und Mitstreiter*innen kennen.

Gemeinsam mit dem Hausmeister messen wir sämtliche Flächen in den einzelnen Gebäuden auf, denn die künftigen Heimverträge, die jetzt Wohn- und Betreuungsvertrag heißen, weisen sämtliche Flächen aus, die mitgenutzt werden können. Auch die alten Heimverträge müssen umgearbeitet und „BTHG-tauglich" zu Wohn- und Betreuungsverträgen umgeschrieben werden. Das ist ein hoher bürokratischer Aufwand, zumal jeder Vertrag mehrfach ausgefertigt werden muss.

Nebenbei kümmere ich mich um Zuschüsse der „Aktion Mensch" zur Umgestaltung eines historischen Gebäudes in ein modernes Zentrum der Begegnung von Menschen mit und ohne Behinderung. Ich spreche mit den Architekten und Planern und schreibe Konzepte. Nebenbei beginne ich, unterschiedliche Dokumente, die einzelne Handlungsschritte und pädagogische Prozesse beschreiben, zu einem Qualitätshandbuch zusammenzuführen.

Im Winter 2019 erkranke ich, das zieht sich bis in den März. Unser Wohnort wird plötzlich komplett unter Quarantäne gestellt. „Corona" ist das alles bestimmende Thema. Auch die Einrichtung ist stark betroffen.

Seit Jahresbeginn bin ich im Krankenstand, als am 30. April 2020 meine 40 Berufsjahre unspektakulär und geräuschlos zu Ende gehen.

10 Macht und Gewalt

> *„Fürsorgende Praxis ist per se eine mächtige Praxis.“*
> Sophia Falkenstörfer (2018, 177)

Bei unserer Reise durch die Zeit von der Idiotenanstalt bis zur besonderen Wohnform sind uns verschiedene Ausprägungen von Machtausübung und Gewalt begegnet. Sicher haben sich die Lebensbedingungen von behinderten Menschen in den letzten Jahrzehnten deutlich verbessert, trotzdem besteht kein Grund, sich zufrieden zurückzulehnen. „Die Würde von Menschen ... wird immer dort angetastet, wo wir meinen, uns einen Menschen ‚verfügbar‘ machen zu können. Gerade die Pädagogik ist – mag man ihr auch die beste Absicht unterstellen – in ihrer Praxis wohl der Lebenszusammenhang schlechthin, in dem wir in besonderer Weise in der Gefahr sind, uns Menschen verfügbar zu machen“ (Feuser 1998, 5). Nach wie vor sind behinderte Menschen weltweit von schweren und zum Teil systematischen Menschenrechtsverletzungen betroffen. „Die Tatsache, dass solche Menschenrechtsverletzungen unter vergleichbaren Bedingungen überall auf der Welt und immer wieder geschehen, deutet darauf hin, dass die Täter ihre Taten gar nicht als Menschenrechtsverletzungen, sondern als *normale* Behandlung behinderter Menschen ansehen“ (Graumann 2011, 90 f.).

Der französische Soziologe Michel Foucault beschreibt die „Anstalt der Ordnung“: Sie ist „keine medizinische Einrichtung. Eher eine halbjuristische Struktur, eine Art administrative Einheit, die neben den bereits konstituierten Gewalten und neben den Gerichten entscheidet, richtet und exekutiert“ (Foucault 1973, 19). Diese Anstalten existierten in der alten Form in Deutschland bis in die 1980er Jahre hinein. Als eines von vielen Beispiel nennt Udo Sierck die Hamburger Alsterdorfer Anstalten die wegen ihrer katastrophalen Zustände Ende der 1970er Jahre in die Schlagzeilen gerieten und zum Symbol für die „Schlangengruben der Nation“ wurden. Räumliche Enge, kaum fassbare hygienische Verhältnisse ergänzten sich mit einem Katalog von Ordnungs- und Strafmaßnahmen unter dem Deckmantel christlicher Nächstenliebe: Das Anlegen von Zwangsjacken, Schläge, nächtliche Fixierungen am Bett, Medikation zur Ruhigstellung oder Essensentzug gehörten zur Anstaltsroutine (vgl. Sierck 2020, 25).

Aber auch in heutigen, modernen „besonderen Wohnformen“ findet sich Machtausübung. „Gewalt, Mißbrauch und Übergriffe ziehen sich wie ein roter Faden durch viele Lebensgeschichten von Menschen mit geistiger Behinderung“ (Pörtner 2018, 156). Schon wer „über jemanden in deren Gegenwart spricht, offenbart hierarchisches Denken, ohne es auszusprechen“ (Sierck 2020, 28). Ein „fürsorglicher Machmissbrauch“ (ebd.) ist nach wie vor in vielen Alltagspraxen zu finden. Im Alltag der Begleitung lassen sich „eine ganze Reihe von Handlungen entdecken, bei denen wir genau den Zwang ausüben, den wir für uns nicht gern hätten“ (Dörner, Plog 1989, 37). Nach wie vor findet sich vielfach ein großer „Verschleiß an Zeit und Energie durch unnötige und destruktive Machtkämpfe, wenn Mitarbeitende auf Biegen und Brechen irgendwelche Vorstellungen durchsetzen wollen, die sie gut finden, die aber bei den Bewohnern nicht ankommen“ (Pörtner 2021, 115 f.). Durch Personalmangel und tradierte Ordnungsvorstellungen der Fachkräfte werden Pflegeleistungen zeitlich optimiert: Am Morgen werden die Bewohner*innen nacheinander geweckt, damit sie bereit für die Pflege sind. Die Schlafenszeiten orientieren sich an der Ausgestaltung des Dienstplans. Oft ist in erlernter Hilflosigkeit und Abhängigkeit den Betroffenen ebenso wie den Mitarbeitenden nicht bewusst, dass sie Gewalt ausgesetzt sind bzw. diese ausüben (vgl. Schönwiese 2011a, 5).

„Betreuungspraxen können also letztlich auch zu Behinderungspraxen werden. Zu betonen ist dabei allerdings, dass diese Praxen nicht alleinig von den MitarbeiterInnen hervorgerufen werden. Vielmehr entstehen sie aus einer Eigenlogik der Einrichtung, welche letztlich durch die Struktur der ‚Versorgung‘ von außen vorgegeben ist, und so zu einer bürokratischen Überformung der Subjekte, die unter dem Protektorat der Behindertenhilfe (pädagogisch) handeln, führt“ (Trescher 2018, o. S.). So greift es zu kurz, wenn die „Schuld“ bei den einzelnen Macht missbrauchenden Menschen verortet wird (vgl. Kremsner 2019, 39), ohne sie jedoch aus ihrer Verantwortung zu entlassen.

10.1 Über Macht

„Macht“ hat mehrere Bedeutungen und wird in vielen Zusammenhängen genutzt: Staatsmacht, Supermacht, Machtkampf, Machtprobe, Machtwort, Ohnmacht usw. In unserem Zusammenhang ist „die jemandem zustehende und/oder ausgeübte Befugnis, über etwas oder über andere zu bestimmen“ gemeint, also „ein institutionalisiertes Dauerverhältnis der Machtausübung einer übergeordneten Person oder Personengruppe gegenüber der ihr untergeordneten Person oder Personengruppe“ (Klenner 1990, 115). Nach Max Weber ist Macht „jede Chance, innerhalb einer sozialen Beziehung den eigenen Willen auch gegen Widerstreben durchzuführen“ (Weber 1972, 28). So gesehen bezieht sich „Macht“ nicht nur auf „große“ Strukturen wie Staaten oder Institutionen, „sondern lässt sich auch auf alltägliche Interaktionen zwischen einzelnen Individuen übertragen“ (Kremsner 2019, 39).

Dabei ist Macht immer ein Merkmal sozialer Beziehungen, ohne die es keine Macht gibt. Sie ist Eigenschaft von Personen gegenüber Anderen und von Systemen, von Institutionen wie Anstalten oder Heimen. Insbesondere in institutioneller Unterbringung zeigen sich Abhängigkeitsverhältnisse besonders deutlich.

Zunächst sind hier Beziehungen zu nennen, die Menschen in Institutionen zum pädagogischen Betreuungspersonal aufbauen und auf die sie sich – oftmals in Ermangelung freundschaftlicher oder auch familiärer Bezugspersonen – verlassen (müssen). Allerdings gestalten sich diese Beziehungen zumeist asymmetrisch. Diese „Abhängigkeitsverhältnisse münden in Machtverhältnissen, welche sich in der fürsorgenden Praxis äußern. Die Ohnmacht auf der einen Seite des Verhältnisses bestimmt die Macht auf der anderen Seite des Verhältnisses. Damit ist die fürsorgende Praxis per se eine mächtige Praxis“ (Falkenstörfer 2018, 177).

Dabei sind Übergänge und gegenseitige Bedingung von Macht und Gewalt fließend. „Dominieren im sozialen Raum Machtverhältnisse, gegenüber denen kein Widerstand mehr möglich ist, ist die Macht keine Macht mehr, sodass die damit einhergehende Vermittlungsarmut in den Beziehungen der Verhältnisse zwischen den Menschen durch ‚Gewalt‘ bestimmt wird“ (Lanwer 2011, 109 f.).

10.2 Über Gewalt

Die Weltgesundheitsorganisation definiert Gewalt als den absichtlichen „Gebrauch von angedrohtem oder tatsächlichem körperlichem Zwang oder physischer Macht gegen die eigene oder eine andere Person, gegen eine Gruppe oder Gemeinschaft, der entweder konkret oder mit hoher Wahrscheinlichkeit zu Verletzungen, Tod, psychischen Schäden, Fehlentwicklung oder Deprivation führt“ (WHO 2003, 6).

Durch die ungleiche Verteilung von Macht in Einrichtungen der Behindertenhilfe steigt die Gefahr der Gewaltausübung. Tatsächlich sind Kinder, Frauen und Männer mit Behinderungen deutlich häufiger von Gewalt betroffen sind als die Durchschnittsbevölkerung (Mayrhofer et al. 2019, 37). Fangerau et al. (2021, 168 ff.) berichten bezogen auf Einrichtungen für Kinder und Jugendliche von Besenkammern, Bunkern, „Beruhigungszimmern“, „Besinnungsstübchen“, verdunkelten Kellerräumen, „Kleinstisolierstation (1,00 m x 1,50 m) mit Sehschlitz“, die ab Mitte der 1970er Jahre „Time-out-Räume“ genannt wurden. Fixierungen gab es im Bett, mit Gurten in einer Ecke am Boden, an Stühlen oder Heizungen oder mit Zwangsjacken („Schutzjacken“). „Zu körperlicher Gewaltanwendung kam es – in der BRD zumindest bis Mitte der 1970er Jahre – in allen untersuchten Einrichtungen. … In der DDR war körperliche Züchtigung bereits seit 1949 verboten. Dennoch lasst sich auch in Einrichtungen der DDR – staatlichen und konfessionellen – physische Gewalt nachweisen“ (Fangerau et al. 2021, 171).

Neben direkter Gewaltausübung tritt noch die Form der Gewalt, die Johan Galtung Strukturelle Gewalt nannte. Galtung unterscheidet natürliche Gewalt, kulturelle Gewalt, strukturelle Gewalt und direkte Gewalt, die sich wechselseitig bedingen, legitimieren oder verstärken können. Strukturelle Gewalt ist in sozialen Prozessen und gesellschaftlichen Systemen eingebettet und wird nicht von

Personen direkt ausgeübt (Galtung 1975, 12 ff.). Sie ist systemimmanent und kann sich zeigen in willkürlichen Regeln, in Vorenthaltung von Teilhabe für bestimmte Gruppen, in erzwungener räumlicher Trennung oder auch erzwungenem räumlichen Zusammenleben. Sie ist unsichtbar und wird von Strukturen gebildet, die Zugang zu Bildung erschweren oder Teilhabe am gesellschaftlichen Leben verhindern. Strukturelle Gewalt ist die Gewalt, bei der „niemand in Erscheinung tritt, der einem anderen direkt Schaden zufügen könnte; die Gewalt ist in das System eingebaut und äußert sich in ungleichen Machtverhältnissen und folglich in ungleichen Lebenschancen" (Galtung 1975, 12).

Strukturelle Gewalt zeigt sich, wenn Menschen in Einrichtungen der Behindertenhilfe keine Möglichkeit haben, „ihre Privatsphäre oder auch persönlichen Schutz durch Absperren des Zimmers, der Toilette oder des Badezimmers zu realisieren," wenn sie keine Mitentscheidung darüber bekommen, was und wie viel sie essen, wie sie sich kleiden, wer sie wann besucht oder wenn es starre Besuchsregeln gibt (Mayrhofer, Fuchs 2020, 17).

Jantzen schlägt eine Denk- und Reflexionsfolie vor. Er betont, es müsse zunächst darum gehen, zu erkennen, „dass der Kern der gesamten Behindertenpädagogik, der Kern der Konstruktion von Behinderung direkt und indirekt die offene und strukturelle Gewalt" (Jantzen, Feuser 2002, 11) sei. Formen struktureller Gewalt nach Galtung (1997) können zum Beispiel in diesem Kontext sein: Das Ausbleiben von Wahlmöglichkeiten, wiederholtes Bevormunden oder begrenzte Kontaktmöglichkeiten zu Menschen ohne Behinderung. Jantzen betont ferner: „Die Kernperspektive des Faches wäre, (…), diesen Kern anzunehmen und dem erst einmal stand zu halten, dass das so ist und dass unsere besten Beteuerungen, Beziehungsarbeit o. ä. zu leisten, ständig von der Praxis ins Gegenteil verkehrt wird, ohne dass wir bemerken, dass das passiert" (Jantzen, Feuser 2002, 11).

Franco Basaglia bezeichnet deswegen solche Einrichtungen als „Institutionen der Gewalt" (Basaglia 1978, 124). Die von ihm in den italienischen Anstalten der 1970er Jahre festgestellte scharfe Trennung in die Gruppe der Machthaber und die Gruppe der Machtlosen finden wir auch noch in manchen „besonderen Wohnformen" der Gegenwart.

Die Behindertenrechtskonvention betont in Artikel 16 das Recht auf die „Freiheit von Ausbeutung, Gewalt und Missbrauch" und den Schutz „vor jeder Form von Ausbeutung, Gewalt und Missbrauch, einschließlich ihrer geschlechtsspezifischen Aspekte". Im Juni 2021 wird im SGB IX ein neuer Paragraf § 37a zum Gewaltschutz eingefügt. Unbestritten gibt es Fortschritte bezüglich der erhöhten Aufmerksamkeit für Gewaltschutz. In vielen Bundesländern „wurden die Einrichtungskonzeptionen zur Prävention von Gewalt- und Missbrauch als strukturqualitatives Merkmal für alle Leistungen der Eingliederungshilfe in den Landesrahmenvertrag nach § 131 SGB IX aufgenommen" (Schröttle et al. 2021,

59). Trotzdem laufen in Wohneinrichtungen und Werkstätten die „bestehenden rechtlichen Instrumente zum Schutz vor Gewalt oft ins Leere" (Schröttle et al. 2021, 13).

Gewalt gegen behinderte Menschen in Institutionen ist kein Thema der Vergangenheit. Immer wieder werden Gewalttaten gegen behinderte Menschen bekannt und aufgearbeitet. „So begrüßenswert diese Initiativen sind, sie intendieren einen Schlussstrich-Charakter, als seien spätestens mit der Ratifizierung der international verpflichtenden Behindertenrechtskonvention Menschenrechtsverletzungen ein Relikt der Vergangenheit" (Sierck 2020, 25).

Gewalt gegen behinderte Menschen sind oft „Menschenrechtsverletzungen in Lebensformen, die nicht menschenrechtskonform sind. So einfach ist das" kommentiert Roland Frickenhaus (2017b) einen Beitrag der RTL-Sendung „Team Wallraff – Reporter undercover" (RTL). Eine Reporterin hatte sich in quotensteigernder Absicht als Praktikantin ausgegeben und in einigen Wohnstätten und Werkstätten Übergriffe, verbale und körperliche Gewalt seitens der Betreuer*innen gegenüber den Menschen in den Einrichtungen heimlich gefilmt. Die erste Reaktion einer der Einrichtungen, der Lebenshilfe Speyer-Schifferstadt, war ein Vorwurf an RTL, die Privatsphäre der Bewohner*innen verletzt zu haben. Erst später wurden einige der beteiligten Täter*innen arbeitsrechtlich belangt. Ein weiterer bitterer Beigeschmack liegt darin, dass eindeutig zu viel Zeit vergangen ist, bis die „Praktikantin" ihr Recherchematerial öffentlich machte. „Mehr als 12 Monate nichts zu unternehmen und die entrechteten Menschen weiterhin den Personen zu überlassen, deren Handeln von Verachtung geprägt ist, wissend also, dass es noch viele Tage in dunklen Zimmern geben wird, dazu gehört schon was! … Hand aufs Herz: Wahrscheinlich hat die Lebenshilfe in Speyer einfach ‚Pech' gehabt und die in Hinterposemuckel ‚Glück', weil die eine eine ‚Undercover-Praktikantin' hatte und die andere nicht. … Wer für jede(n) seiner Mitarbeiterinnen und Mitarbeiter die Hand ins Feuer legen kann, der werfe den ersten Stein" (Frickenhaus 2017b).

Die Stiftung Wittekindshof ist eine der größten evangelischen Komplexeinrichtungen. 2019 begannen im Heilpädagogischen Intensivbereich umfangreiche polizeiliche Ermittlungen, zeitweise gegen 165 Beschuldigte wie Ärzte, Betreuer*innen, Leitung und gesetzliche Betreuer*innen wegen „Freiheitsberaubung und gefährlicher Körperverletzung" von 32 mutmaßlich geschädigten Bewohner*innen. Bekannt wurden freiheitsentziehende Maßnahmen, Zimmereinschlüsse, Fixierungen, Schläge, Tritte, medikamentöse Sedierung und Reizgas (Bradl 2022, 360).

In den Jahren 2019, 2020 und 2021 gab jeweils rund 500 angezeigte Fälle von Gewaltausübung gegen behinderte Menschen in Einrichtungen. Die tatsächlichen Zahlen dürften weitaus höher sein, denn das Bundeskriminalamt veröffentlicht nur Daten über bekannt gewordene Fälle (Bogner 2022, o. S.).

Es ist davon auszugehen, dass derartige „Einzelfälle“ keine solche sind. Psychische Gewalt wie Anschreien, Beschimpfen, Einschüchtern, Drohen, Erpressen, Ausgrenzen oder Stalking kommen in vielen Zusammenhängen der Begleitung behinderter Menschen vor. „Eingeschränkte Sprechmächtigkeit erhöht die Risiken, von Gewalt betroffen zu sein, und reduziert die Möglichkeiten, Grenzen setzen und Unterstützung mobilisieren zu können“ (Mayhofer, Fuchs 2020, 22). „Ein Erschrecken über den in Feldern der Heil- und Sonderpädagogik immer wieder auftretenden Machtmissbrauch, der meist nur als Einzelfall personaler Gewalt öffentlich wird, darf uns den Blick auf die strukturellen Bedingungen und funktionalen Wirkmechanismen des Systems als Ganzes nicht verstellen“ (Feuser 2022, 120, vgl. auch Glammeier 2018, 13). Gewalt in Institutionen wird zwar durch Einzelne verübt, es wirken aber immer personale und organisationale Faktoren in einer spezifischen Täter-Opfer-Institutionen-Dynamik zusammen (vgl. Schröttle 2021, 56).

Neben der offensichtlichen und direkten Gewalt kommen in Einrichtungen der Behindertenhilfe scheinbar fachlich legitimierte Formen der Gewalt hinzu. Hierunter sind Maßnahmen zu verstehen, die in durchaus wohlwollender Absicht ausgeführt werden, von den Betroffenen aber als Gewalt empfunden werden können. „Personen mit Unterstützungsbedarf bei Grundbedürfnissen wie Körperpflege, Nahrungsaufnahme etc. berichteten wesentlich öfter über Gewalterfahrungen“ (Mayrhofer, Fuchs 2020, 22).

Gewalt findet sich zudem in vielen vermeintlich pädagogischen oder therapeutischen Maßnahmen wie Wahrnehmungsförderung nach Doman, Festhaltetherapie nach Prekop oder Krankengymnastik nach Vojta (vgl. Irblich 1999, 133). Medizinische Maßnahmen, Situationen in der Pflege, in Therapien wie Logopädie oder Krankengymnastik können als Gewaltanwendung erfahren werden, wenn sie gegen den Willen des Betroffenen oder ohne Einsicht in die vermeintliche Notwendigkeit geschehen. Daneben gibt es Übergriffe, die weder von Täter- noch von Opferseite als solche wahrgenommen und nicht als solche verstanden werden. Es sind subtile Übergriffe, die den Alltag behinderter Menschen in Einrichtungen durchziehen. „Wenn eine Pflegeperson dem pflegebedürftigen Mann den Löffel in den Mund steckt, bevor er die Gelegenheit hat, ihn selber zu öffnen, ist das Gewalt. … Wenn die Bezugspersonen bestimmen, wie viel und was jemand essen soll, so ist das ein Übergriff. … Wenn sich eine Betreuerin – möglicherweise aus eigenen Bedürfnissen nach Nähe und Gebrauchtwerden heraus – auf eine besonders enge Beziehung mit einem behinderten Menschen einläßt, aber bald überfordert ist und sich dann abrupt zurückzieht, dann ist das emotionaler Mißbrauch“ (Pörtner 2018, 159 f.).

Dazu kommen alltägliche Praktiken, die als Gewalt wahrgenommen werden können: respektlose Sprache, Sprechverbote, Beschränkung der Mobilität durch Fixierung oder Ruhigstellung, würdelose Assistenz bei der Pflege, Sitzenlassen auf der Toilette, Vorenthalten von Ess- oder Trinkhilfen, Missachtung der

Privatsphäre, Verweigerung von Wahlfreiheiten im Alltag, Missachtung von Intimität (Bradl 2022, 364). „Es ist ein großer Unterschied, ob unumgängliche Verrichtungen, welche die Intimsphäre eines Menschen berühren, mit Achtung vor seiner Integrität und Rücksicht auf seine persönliche Eigenart ausgeführt werden oder mit mechanischer Routine, die ihn zum Objekt degradiert“ (Pörtner 2018, 161). Häufige Konfliktfelder finden sich in alltäglichen Bereichen: bei den Mahlzeiten, der Körperpflege, beim An- und Ausziehen, bei Gemeinschafts- und Gruppenaktivitäten, der Zimmerreinigung oder Gemeinschaftsaufgaben wie Küchendienst“ (Bradl 2015, 110).

Für behinderte Menschen ist es in Institutionen aufgrund der klar hierarchischen Abhängigkeitsverhältnisse schwer, Gewaltsituationen zu erkennen oder gar anzusprechen. Gewaltausübung im sozialen Nahraum einer Wohneinrichtung oder einer Werkstatt vollzieht sich in einem System von Abhängigkeit, Macht und Kontrolle. Für die Betroffenen verschwimmen schnell die Grenzen zwischen angemessener Nähe und Gewalt.

10.3 Mächtig gewaltig? Die Fachkräfte

Zygmunt Bauman beschreibt die „Aporie (den Widerspruch) der Nähe“: „die Naivität, Unklugheit, Unvorsichtigkeit des Anderen unterstreicht meine Einsicht, Klugheit und Umsicht. Ihrer eigenen Logik folgend, unmerklich und heimlich, ohne mein Versehen oder bösen Willen, ist Fürsorge in Macht umgeschlagen. Verantwortung hat Unterdrückung hervorgebracht. Hilfe prallt zurück als Willenswettstreit. Weil ich verantwortlich bin und weil ich der Verantwortung nicht ausweiche, muß ich den Anderen zwingen, sich dem zu unterstellen, was ich guten Gewissens als ‚sein Bestes‘ ansehe. Es gibt keinen Grund, mich der Habgier oder Besitzergreifung oder gar der Selbstgefälligkeit zu bezichtigen: ich handle immer noch *zum Besten des Anderen*, denn ich bin immer noch ein moralisches Selbst, ungeachtet des Eigeninteresses berechne ich nicht meine Kosten und bin zu Opfern bereit (…) Dies ist die wirkliche Aporie moralischer Nähe. Es gibt keine Aussicht auf eine befriedigende Lösung. Wenn ich nicht nach meiner Interpretation des Wohlergehens des Anderen handle, mache ich mich dann nicht sündhafter Indifferenz schuldig? Und wenn ich es tue, wie weit soll ich dann gehen, seinen Widerstand zu brechen, wieviel seiner Autonomie kann ich ihm nehmen? … Zwischen Fürsorge und Unterdrückung ist nur eine feine Linie gezogen; und die Tücke der Unachtsamkeit erwartet jene, die dies wissen und vorsichtig, sich des Überschreitens bewußt, weitergehen“ (Bauman 1995a, 140 f.).

„Gewalt und der Missbrauch von Macht gegen Menschen mit Lernschwierigkeiten gründet (…) auf gesellschaftlichem Konsens, der (…) Institutionen zu schaffen vermag, die letztlich dazu dienen, Menschen mit Lernschwierigkeiten aus der Gesellschaft auszuschließen“ (Kremsner 2017, 259). Nun sind die in diesen Institutionen tätigen Personen der systemimmanenten Tendenz zur Gewaltausübung nicht hilflos ausgeliefert. Zunächst ist jedoch festzuhalten, dass Mitarbeiter*innen der Behindertenhilfe häufig über kein fundiertes Fachwissen zu dem allgemeinen Thema Gewalt gegen behinderte Menschen verfügen. Das Thema ist bisher kaum Inhalt von Ausbildungen und es gibt wenige Ansätze, die eine Reflektion über das eigene diesbezügliche Handeln anregen. Ausbaufähig sind zudem Qualifizierungsmaßnahmen zur umfassenden Gewaltsensibilisierung des Fachpersonals und der Leitungskräfte (vgl. Schröttle et al. 2021). Ein wenn auch nur im weitesten Sinne pädagogischer Auftrag beinhaltet zudem die Verantwortung über Deutungen und Stellvertretung, worin genuin eine Anfälligkeit für Gewalt, Missachtungen oder Zwang liegt (vgl. Helpser, Wenzel 1995, 19).

Aktive Anwendung von Gewalt tritt mitunter auch in Verbindung mit Gewaltabwehr auf. Mitarbeiter*innen sind nicht nur Täter*innen, sondern können auch Opfer sein. „Beschrieben werden körperliche Verletzungen durch tätliche oder körperliche Aggressionen und Übergriffe wie z. B. geschlagen, gestoßen, geboxt oder getreten werden, gebissen, gekratzt, gekniffen werden, an den Haaren gezogen, gewürgt, festgekrallt werden, mit Gegenständen beworfen werden, bespuckt werden … bedroht oder beleidigt werden“ (Bradl 2015, 103). Hierzu liegen nur wenige Daten vor. Die Berufsgenossenschaft für Gesundheitsdienst und Wohlfahrtspflege (BWG) berichtet 2007: „Danach berichteten bis zu 86 % der befragten Mitarbeiter aus Pflege- und Betreuungseinrichtungen, in den letzten 12 Monaten verbal attackiert worden zu sein; bis zu 60 % haben körperliche Gewalt wie z. B. Kneifen, Spucken oder Schläge erfahren. Jede dritte Betreuungskraft fühlt sich durch verbale oder körperliche Gewalt hoch belastet“ (Bradl 2015, 106). Fachliches Handeln kann sich in solchen Situationen der Überforderung auf bloße Verhinderung und ggf. Intervention reduzieren. Schnell kann es zu körperlicher Gegengewalt kommen. „Wenn hier Grauzonen entstehen, ist eine schiefe Ebene vorgezeichnet, wo sich schlussendlich Übergriffe von Klienten und Übergriffe von Mitarbeitern immer weniger unterscheiden lassen“ (Bradl 2015, 107). Nicht selten schaffen aber Praxen in Institutionen „neue ‚Täter‘, weil sie zum Handlungsmuster werden für behinderte Menschen, die sich an dem orientieren, was um sie herum geschieht und was sie selber erleben“ (Pörtner 2018, 156). „Gewaltstrukturen hinterlassen … nicht nur Spuren im Körper, sondern auch im Denken“ (Galtung 1997, 916), bei Mitarbeitenden ebenso wie bei behinderten Menschen.

Schließlich weist Jantzen (1998, 110) mit Verweis auf Klaus Dörner darauf hin, dass eine „rein emotionale Haltung … durchaus in Terrorismus umschlagen (kann). Burnout ist nur die eine Konsequenz des insoweit andiskutierten Helfersyndroms, Mitleid das in ‚tödliches Mitleid‘ umzuschlagen vermag, die andere.“

Die Grenze, hinter der Menschen Gewalt gegen Mitmenschen ausüben, kann unter bestimmten Bedingungen schnell fallen. Die klassischen Versuche von Stanley Milgram zeigten, dass der Mensch Gewalt bis zum Mord anwendet, „wenn er sich in einer Situation wiederfindet, die das Foltern und Morden erlaubt bzw. angeblich im Dienste einer ‚höheren Sache' erfordert" (Birbaumer 2015, 56f.). Mit seinen Experimenten wollte Milgram das Gehorsamsverhalten von durchschnittlichen Menschen in autoritären Situationen untersuchen. Das Experiment wurde als Reaktion auf die Nürnberger Prozesse nach dem Zweiten Weltkrieg durchgeführt, um zu verstehen, warum Menschen Anordnungen folgen, auch wenn sie moralisch fragwürdig sind. Im Experiment gab es den Versuchsleiter, den „Lehrer" (eigentlich der Proband) und den/die „Lernenden" (Schauspieler). Der/die „Lehrer*in" wurde angewiesen, den „Lernenden" bei falschen Antworten einen Elektroschock zu verabreichen, wobei die vermeintliche Stärke des Schocks mit jeder falschen Antwort bis zur eigentlich tödlichen Stärke von 400 Volt zunahm.

Das Hauptergebnis des Milgram-Experiments war, dass die Mehrheit der Teilnehmer*innen bereit waren, den Anweisungen der Autoritätsperson zu folgen und trotz offensichtlicher Qualen vermeintliche Elektroschocks zuzufügen. Das Experiment verdeutlichte die Tendenz vieler Menschen, in autoritären Situationen gegen ihre eigenen moralischen Prinzipien zu handeln.

Ähnliche Ergebnisse zeigten sich im Stanford-Prison-Experiment von Philip Zimbarno. In „eskalierenden Situationen betrachten die Täter ihre Handlungen in der Regel als ebenso normale Handlungen wie andere Handlungen des Alltags" (Jantzen 2012, 150). Die übergeordnete Aufgabe der Aufrechterhaltung der Ordnung im Zuständigkeitsbereich des Personals kann in angespannten Situationen die Anwendung von Gewalt subjektiv als notwendig erscheinen lassen, zumal die Definitionsmacht unseres Hilfesystems immer auch noch eine Diagnose bereit hält, die „schwieriges" Verhalten als krankheits- und behinderungsbedingt definiert und nicht als Folge einer Lebensgeschichte oder der Lebensumstände begreift.

Zygmunt Bauman weist am Beispiel der Milgram-Experimente auf den Verlust der moralischen Instanz durch einen bürokratischen, zweckrationalen Funktionalismus im Rahmen einer sozial legitimierten Autorität hin. „Grausamkeit korreliert mit bestimmten Formen sozialer Interaktion weit mehr als mit Persönlichkeitsmerkmalen oder individueller Veranlagung der Täter. Die Ursachen unmenschlicher Taten sind sozialer und nicht individuell-dispositioneller Natur. In einem sozialen Kontext, der moralische Maßstäbe entkräftet und Unmenschlichkeit legitimiert, wird es auch Menschen geben, die grausam sind" (Bauman 1992/2002, 180).

Eine Voraussetzung für eine gewaltfreie Praxis ist die Selbstreflektion der Mitarbeitenden. „Problematisch ist es, wenn Bezugspersonen in der Beziehung zu den Menschen, die sie betreuen, unerfüllte Bedürfnisse oder ungelöste Lebensprobleme ausleben. Ob es sich um Bedürfnisse nach Anerkennung, nach Nähe, Zuneigung, Zärtlichkeit, um Machtansprüche, unerfüllte Kinderwünsche oder um andere unbewältigte Lebensthematiken handelt – wenn sie auf die Beziehung zu den betreuten Personen übertragen werden, ist das in jedem Fall ein Mißbrauch" (Pörtner 2021, 111).

11 „Wozu bin ich denn noch da?“: Rolle und Selbstverständnis

„Haltung lässt sich nicht überziehen wie ein Berufskittel. Man eignet sie sich auch nicht ein für allemal an und ‚hat‘ sie dann. Sie zu verwirklichen, ist ein ständiger Prozess.“
Marlis Pörtner (2013, 120)

Wie Fachkräfte in ihrer Praxis handeln, wird, wenn überhaupt, nur zum kleinen Teil durch Leitbilder der Einrichtungen bestimmt. „Vielmehr verkörpert die Praxis ein Konglomerat an Alltagsmentalitäten und Werthaltungen, die sich auch außerhalb der Einrichtungen wiederfinden (Fangerau et al. 2021, 158). Was in Einrichtungen der Behindertenhilfe geschieht, wie mit den dort lebenden Menschen umgegangen wird, hängt mit den jeweils gegenwärtigen oder auch vergangenen Vorstellungen und Praxen des Umgangs in der jeweiligen Gesellschaft zusammen, kann jedoch in der geschlossenen Welt der Einrichtung weitaus stärker und unkontrollierter zur Geltung kommen. Solche Einrichtungen bringen Eigengesetzlichkeiten hervor und „entwickeln sich zu abgeschlossenen Imperien oder erstarren im bloßen Funktionieren“ (Speck 1988, 54). So finden sich „Ablagerungen des Gestern“ (Galuske 2002, 37) nicht nur in den Mauern und Gebäuden, sondern auch in den Ideologien, Paradigmen der Institutionen und in den Köpfen der dort tätigen Personen und ihrem beruflichen Habitus.

Der Begriff des Habitus kommt schon bei Aristoteles vor und wird in verschiedenen Theorien verschieden verwendet. In den Sozialwissenschaften wird er heute meistens mit Pierre Bourdieu verbunden, der das Konzept vom Habitus bei Untersuchungen algerischer Bauern entwickelt hat. Damals prallten zwei Welten aufeinander, die vorkapitalistische Welt der kabylischen Bauern mit ihren Traditionen und die ihnen durch die französische Kolonialmacht aufgezwungene Welt der kapitalistischen Ökonomie. Die häufige Beobachtung der Handlungsunfähigkeit oder Fehleinschätzung beschrieb Bourdieu mit dem Habituskonzept. Der bestehende Habitus war den neuen Verhältnissen nicht adäquat.

Der Begriff Habitus „bezeichnet im Grund eine recht simple Sache“ (Bourdieu 2005, 33). Er formt sich in sozialen Feldern, im privaten schon ab der frühen Kindheit, im beruflichen später. In beiden Fällen entwickelt sich der Habitus „durch Nachmachen und Mittun, durch Aneignung von Routinen und Gewohnheiten und durch die dementsprechende Entwicklung von Denk-, Wahrnehmungs-, Urteils- und Handlungsmustern“ (Liebau in Ziemen 2011, 123). Im beruflichen Feld ist er der „strukturierende Mechanismus, der von innen heraus in den Akteuren wirkt, … ein System dauerhafter und übertragbarer Dispositionen. …

Als Ergebnis der Verinnerlichung der äußeren Strukturen reagiert der Habitus auf die Anforderungen des Felds weithin kohärent und systematisch" (Boudieu, Waquant 1996, 39). Soziale Milieus können nach diesem Ansatz verstanden werden als eine Gruppe von Menschen, die aufgrund eines bestimmten Habitus über eine ähnliche Lebens- oder Arbeitsweise verfügen. Über den Habitus tragen die Akteure quasi den „inneren Bauplan" des Feldes (hier: der Anstalt, des Heimes, der WfbM) in sich. So ist die Einrichtung nicht einfach nur die „äußere prägende Umwelt", sondern wird auch durch die Akteure geprägt.

Im beruflichen Feld der Behindertenhilfe ermöglicht der berufliche Habitus eine innere Haltung und eine Verinnerlichung von Konzepten und Handlungen, die es ermöglichen, in verschiedensten, nicht immer vorhersehbaren Situationen das vermeintlich Richtige zu tun (vgl. Becker-Lenz, Müller 2009, 360).

Bourdieu betont, dass im Habitus die Tendenz verankert ist, sich gegen Krisen und Infragestellungen zu schützen (Hysteresis-Effekt, Trägheitsannahme). Der Habitus ist schwer veränderbar, ist resistent gegen Einflussnahme und Veränderung (Bourdieu 1987, 238). So bleiben alte Handlungssicherheit gebende Muster auch bei Veränderungen, zum Beispiel von Paradigmen der Teilhabe, lange bestehen.

Deswegen reicht es nicht aus, Strukturen im Hilfesystem zu verändern, was allein schon schwer genug wäre. Es kommt auch auf den Habitus, die Haltungen der dort tätigen Personen an, die manchmal noch schwerer zu verändern sind.

Aber auch wenn Haltungen und Praxen, die in den beruflichen Habitus eingegangen sind, nur sehr zäh modifizieren und weitergetragen werden, sind Mitarbeitende in diesen Systemen dem nicht hilflos ausgeliefert. Kurzfristige Veränderungen des Habitus sind an Bewusstmachung gebunden und so durchaus möglich.

11.1 Vom Wärter zum Betreuer zum Fallmanager

Das erste Berufsbild in unserer Geschichte war von der Anforderung der Institutionen und vom Selbstbild des Personals als Aufseher und Wärter geprägt. Die Aufgaben waren Verwahrung und Absonderung. Dieses Bild hat sich langsam modifiziert zum Betreuer und Pfleger. Es ging um paternalistische fürsorgende, manchmal auch aufopfernde Betreuung. Im Universallexikon von 1731 wird ein Wärter beschrieben als „eine Manns- oder Weibs-Person, welche dazu gesetzet ist, daß sie z. B. auf kranke, unsinnige, schwermüthige oder andere dergleichen Personen genaue Aufsicht haben, und vor deren Wartung und Pflege besonders besorgt seyn sollen" (Zedler 1731, 500). Die später in diesem Berufsfeld erscheinenden Frauen tragen „das Zeugnis aufopfernder Liebe und stiller Selbstverleugnung … als besonderen Ziemt auf ihrem Ehrenschilde" um dazu beizutragen, „eine der düsteren Nachtseiten des menschlichen Lebens zu mildem" (Ziegler 1901, 98 f.).

Menschen in weißen Kitteln waren die Experten und wussten, dass die zu Betreuenden unfähig seien, für sich zu entscheiden, überhaupt sich zu entwickeln oder gar an der Gesellschaft teilzuhaben. „Wer ein solches Krankenbild, Menschenbild mit sich trägt, ist zur Kommunikation mit dem Kranken untauglich, er kann allenfalls Detektiv spielen, der Defekte aufspürt und mit seinen Mitteln bekämpft" (Klee 1978, 111).

„Ablagerungen" dieses Berufs- und Menschenbildes finden sich bis in die Gegenwart. Theo Vetter stellt 1972 (28) über „das geistigbehinderte Kind" fest, dass den „pflegebedürftigen Schwachsinnsformen … nur eine umfassende Pflege zuteil werden kann, ohne Möglichkeit einer Förderung. (…) Wahrnehmungen und Empfindungen gleiten, ohne Gedächtnisspuren zu hinterlassen, an dem Kind vorbei. Das Kind vermag daher keine Erfahrungen zu sammeln. Ein Rückgriff auf Wissen und Kenntnisse ist nicht möglich." Aber auch noch 30 Jahre später meinen Tölle und Windgassen (2003, 141) in einem „Lehrbuch-Klassiker" betonen zu müssen: „Zoophilie (Sodomie) nennt man sexuelle Beziehungen mit Tieren, z. B. bei Behinderten und retardierten Männern auf dem Lande". Bei Menschen mit geistiger Behinderung sei der „Vorstellungsschatz" arm. „Eingeschränkt ist auch die Fähigkeit, Wesentliches zu erkennen und von Unwesentlichem zu unterscheiden, Gründe und Gegengründe abzuwägen, Bedeutungen, Beziehungen und Sinnzusammenhänge zu erfassen und – darauf gestützt – neue Situationen zu bewältigen. (…) Unter solchen Voraussetzungen kann nur ein kärgliches Inventar an Schulbildung und Kenntnissen aufgenommen, behalten und verwendet werden" (Tölle, Windgassen 2003, 316). In einem weiteren Standardwerk der Psychiatrie wird ein Jahr vor der Verabschiedung der Behindertenrechtskonvention gelehrt, dass „Oligophrene" eine „Minusvariante der Verstandesbegabung" (Huber 2005, 424, 577) seien. „Bei Erregungszuständen Oligophrener ist oft eine medikamentöse Sedierung, z. B. mit Neuroleptika (…) notwendig" (Huber 2005, 584) und bei schwerer Behinderten sei „eine Dauerhospitalisierung notwendig" (Huber 2005, 585).

Parallel zu solchen hartnäckigen „Ablagerungen" haben sich humane sozialwissenschaftliche Ansätze entwickelt, die den Fachkräften Modelle und Anregungen für einen Wandel ihrer Haltung ermöglichten. Schon Ende der 1970er Jahre stellte Wolfgang Jantzen „Isolation" als Kern von Behinderung heraus (Jantzen 1978, 21) und öffnete den Blick darauf, dass die Menschen nicht in der Anstalt sind, weil sie Symptome haben, sondern dass sie Symptome zeigen, weil sie in der Anstalt sind. Otto Speck schrieb 1972, „daß die Chancen für eine Verhaltensänderung durch Erziehung größer sind, als der Laie gemeinhin annimmt" (Speck 1972, 92). „Erzieherische Hilflosigkeit der Eltern, unangemessene Erziehung in den ersten Lebensjahren und weitestgehende Isolierung des Kindes tragen stärker zur sozialen Unbeholfenheit bei als gemeinhin angenommen" (Speck 1972, 103). „Geistigbehinderte gibt es nicht" brachte Georg Feuser eine neue Sicht auf Behinderung auf den Punkt und präzisierte: „Es gibt Menschen, die *wir* aufgrund *unserer* Wahrnehmung ihrer menschlichen Tätigkeit, im Spiegel der Normen, in dem *wir* sie sehen, einem Personenkreis zuordnen, den *wir* als ‚geistigbehindert' bezeichnen" (Feuser 1996, 18).

Aber den Institutionen und ihren Fachkräften fällt es schwer, in allen Konsequenzen der Erkenntnis zu folgen, dass eine Diagnose wie „geistig behindert" wohl eine gesellschaftliche und fachliche Realität beschreibt, nicht aber die Individualität und Subjekthaftigkeit eines Menschen und auch nicht die Notwendigkeit eines Lebens im Heim begründet.

Schließlich hat auch die Behindertenrechtkonvention ein neues Verständnis von Behinderung und damit der Rolle der Betreuenden ermöglicht, mit dem eine Abkehr von einem biologisierenden medizinischen Modell von Behinderung und seinen Institutionen endgültig möglich sein könnte.

Schon in den 1980er Jahren begann eine Diskussion über die Auflösung von Sondereinrichtungen, die allerdings, wenn überhaupt, nur zu halbherzigen Umsetzungen gelangte. Außerdem kann mit der Beseitigung von Sondereinrichtungen allein noch keine Gegenwelt zur Aussonderung geschaffen und keine Gegenkraft entfaltet werden, „die es zu leisten vermag, dem Druck der normierenden gesellschaftlichen Mythen und Ideologien zu widerstehen" (Feuser 1995, 42).

Parallel zu der Entwicklung einer humanistischen Behindertenpädagogik vollzog sich durch die Hintertür eine neue Biologisierung und eine Diskussion über lebensunwertes Leben mit den Thesen von Peter Singer und anderen (vgl. Becker 2020, 255 ff.). Der Geist ist wieder aus der Flasche und hat die Grenzen des Diskutierbaren nachhaltig verschoben (vgl. Köbsell 2012, 34). „Neben und hinter den schönen Worten von Inklusion und Teilhabe stehen noch immer die eiskalten Ideologien und Praxen des Utilitarismus und des Aufrechnens – weil sie eine Widerspiegelung der vorherrschenden ökonomischen Verhältnisse sind" (Grams, F. 2020, 210). Die Ökonomisierung der Behindertenhilfe hat den Wandel des Habitus der Helfenden vom Betreuer zum Fallmanager begleitet.

Schließlich wurde mit „Einzug des Paradigmas der Selbstbestimmung in der Heilpädagogik … als neue professionelle Leitfigur der ‚Assistent' aus der Taufe gehoben" (Schäper 2006, 320). Assistent*innen unterstützen nur dann und dort, wann und wo der behinderte Mensch sie beauftragt. „Die Professionellen werden zu Begleitenden, spielen also fortan nicht mehr die dominierende Rolle im Prozess der Hilfeleistung" (Schäper 2006, 320). Seitdem kämpft die Heilpädagogik mit ihrer Vergangenheit und deren „Ablagerungen" einerseits und andererseits mit dem Dilemma, dass Teilhabe von Menschen mit höherem Unterstützungsbedarf nicht im Assistenzmodell funktioniert, sondern nach wie vor stellvertretende Entscheidungen der Unterstützer*innen erfordert.

Die neue Anforderung an das Hilfesystem und die dort tätigen Personen fasst Horst Frehe kurz zusammen: „Der Anspruch behinderter Menschen am gesellschaftlichen Leben teilhaben zu können, wird danach nicht erst durch die erfolgreiche Rehabilitation erworben, sondern besteht bereits bedingungslos als

Bürgerrecht" (Frehe 2008, 9). Aufgabe der im Hilfesystem tätigen Personen ist es, diese Teilhabe am gesellschaftlichen Leben und nicht nur am Leben der anderen behinderten Menschen zu organisieren, zu gestalten und zu begleiten.

11.2 Anforderungen an Mitarbeitende

„Ohne den Mut, das eigene Denken infrage zu stellen und sich von den internalisierten Denkstilen zu lösen, d. h. sich des eigenen Verstandes zu bedienen, werden wir … in den Ängsten vor der eigenen Veränderung stecken bleiben und diese im Gewand und Schutz der Institutionen zu bewältigen versuchen" (Feuser 2022, 127 f.). Fachkräfte können nicht darauf warten, bis sich der Gesetzgeber oder die Institutionen geändert haben und ein inklusives, menschenrechtsbasiertes System entwickeln und anbieten. Die Anderen werden es nicht tun. „Veränderungsinitiativen … konzentrieren sich normalerweise darauf, in dem anderen etwas zu verändern, in dem System oder darauf, einen externen Veränderungsprozess zu implementieren. Die Akteure fixieren sich auf ein externes Objekt und selten darauf, was ‚ich' oder ‚wir' tun müssen, damit das System sich verändern kann" (Scharmer 2009, 12). Es gilt, die eigene Rolle und die Verstrickung im System der Behindertenhilfe zu reflektieren, denn die „Machtverhältnisse sind den Subjekten nicht äußerlich. Wir sind von ihnen durchzogen. Wir gestalten sie aktiv mit und sind somit Teil dieser Verhältnisse. Das heißt, es gibt kein Außerhalb oder Jenseits der Verhältnisse. Dieser Gedanke läuft nicht auf die Verabschiedung einer Veränderungsperspektive hinaus, wohl aber auf den Abschied von der Vorstellung, es wäre möglich, die Struktur und das System in Gänze oder gar auf einmal und für immer abzuschaffen" (Stövesand 2011, o. S.). Es reicht nicht, die Menschen aus den Anstalten und Heimen herauszuholen, wir müssen auch die Anstalt aus den Menschen herausholen, aus den Bewohner*innen, aber auch aus uns Mitarbeitenden. „Dies impliziert die Bereitschaft, die eigene Deutungshoheit der Profession ein Stück weit zugunsten einer Anerkennung der Perspektiven ihrer Adressatinnen und Adressaten aufzugeben oder diese zumindest miteinander auszuhandeln. … Es bedarf des Willens, tatsächlich die Ressourcen der Menschen im Fokus zu behalten und damit verbundene paternalistische Haltungen zugunsten der Anerkennung von Kompetenzen aufzugeben. Gerade dies ist in der Eingliederungshilfe eine Herausforderung, da der durch das SGB IX definierte Zugang zu den bereitgestellten Leistungen trotz des Bezugs zur ICF weiterhin den Blick auf das Negative, Fehlende, Behinderte fordert." (Kahl, Gundlach 2021, 3)

Eine neue Haltung zu entwickeln, ist ein Prozess. 200 Jahre Ideologie der Aussonderung und der Gewalt lassen sich nicht einfach abschütteln, individuell nicht und als Hilfesystem mit seinen Strukturen und Interessen schon gar nicht.

„Haltung lässt sich nicht überziehen wie ein Berufskittel. Man eignet sie sich auch nicht ein für allemal an und ‚hat' sie dann. Sie zu verwirklichen, ist ein ständiger Prozess" (Pörtner 2013, 120).

Die Behindertenhilfe braucht ein neues berufliches Selbstverständnis für die Zeit nach der Besonderung (Frickenhaus 2017a). Dazu müssen wir eine neue Form der Fürsorge entwickeln, „(e)ine nicht paternalistische, sondern ermöglichende – und also reflektierte – Fürsorge" (Falkenstörfer 2022, 29), die sich an den individuellen Bedürfnissen orientiert und das eigene Handeln vor dem Hintergrund möglicher Übergriffigkeiten reflektiert (vgl. Falkenstörfer 2020, 4).

12 Blick in die Zukunft: Systemsprenger gesucht

> *„Die Verbesserung der Welt kann man nicht delegieren, die muss man selbst machen.“*
> Harald Welzer (2019, 62)

Unser Leben wird vielfältiger, aber wird es dadurch besser? Das Medienangebot, Identitätsangebote, Krimiserien, Joghurts, Studiengänge, Zahnpasten, Geschlechter, Schokoriegel: alles ist vielfältiger geworden. Aber der Vogelbestand ist seit 1800 um 80 % zurückgegangen, der Insektenbestand in 25 Jahren um 80 %, 70 % aller Pflanzen sind gefährdet. Bis zu einem Viertel der Viertklässler können nicht richtig lesen und rechnen. Es gibt mehr Tütensuppen, Streaming-Dienste, Müslis, Mobiltelefone und Kartoffelchips denn je, aber 30.000 Maissorten gab es, davon werden weltweit noch ein paar Dutzend angebaut, die meisten davon sind gentechnisch verändert. Von Bananen gibt es nur noch eine Sorte, von 20.000 Apfelsorten bekommt man im Supermarkt höchstens sechs. Ein Drittel der weltweit gesprochenen Sprachen sterben aus (vgl. Bauer 2018, 7 ff.). Ein Apfel, der im April in unserer Küche landet, hat mitunter schon 10.000 Kilometer zurückgelegt, bevor wir ihn in die Ökotonne werfen. Wir konsumieren so viel wie noch nie, aber es ist uns nicht angeboren, versessen auf das Shoppen zu sein. Nicht nur in den Sozialen Medien werden Menschen zu „Konsumenten einer für sie von Konzernen geschaffenen Ersatzwelt, die ihnen erlaubt, aus der von denselben Konzernen verwüsteten Wirklichkeit zu fliehen. … Die Bürger kaufen sich freiwillig die Technik, die sie davon abhält, ihre reale Situation zu erkennen und zu verändern.“ (Scheidler 2017a, 100 f.) „Der besondere Clou dabei ist, dass die Nutzer am Ende auch noch denken, damit ihren ureigenen Bedürfnissen zu folgen, während sie letztlich nur dem Räderwerk der großen Kapitalismusmaschine dienen“ (ebd. 97). So kommen wir nicht dazu, zum Beispiel über eine autofreiere Welt nachzudenken, sondern überlegen, wie man die benzin- und dieselgetriebenen Autos durch E-Autos ersetzen kann, alles mit dem Ziel, dass es möglichst so weitergehen solle wie bisher.

„Der Idealmensch des Neoliberalismus ist agil, mitteilungsfreudig, aufgekratzt und stürzt sich voller Enthusiasmus in den Ring der Aufmerksamkeitsökonomie“ (Boeing 2022, o. S.). Sich unterscheiden und ständig verbessern ist die Anforderung, die an uns herangetragen wird. Der Idealbürger des Neoliberalismus vollzieht selbst die „Identifikation seiner selbst als Ware“ (Bröckling 2002, 181).

12.1 Und unser Fachgebiet?

Ist unser Fachgebiet von all dem unberührt? Die geschlossenen Welten der Behindertenhilfe sind einerseits Teil der Gesellschaft und von gesellschaftlichen Entwicklungen beeinflusst. Die Ökonomisierung des Lebens hat auch vor den Institutionen der Behindertenhilfe nicht Halt gemacht und ist in die Prozessbeschreibungen und Köpfe eingedrungen. Andererseits haben sich alte Denkweisen und Strukturen gehalten. Der Soziologie Niklas Luhmann spricht von in Jahrhunderten aufgeschichteten „Theorieablagerungen, die uns in den Institutionen entgegentreten" (Luhmann 1981, 15) und die als Nachwirkungen des „medizinischen Modells" bis heute wirksam sind – in den Institutionen und in den Köpfen.

Dabei war schon 1969 klar: „Ohne die inselartige Abgeschlossenheit innerhalb des gesellschaftlichen Großraumes wäre die Aufrechterhaltung eines stabilen Anstaltsregimes nicht denkbar" (Fischer, F. 1969, 102). Heute sind die meisten Einrichtungen keine Anstalten mehr. Sie haben schöne Einzelzimmer, Snoezelräume, Wasserbetten, der Tagesraum heißt jetzt Wohnzimmer, die Isolierzelle heißt „Time-out-Raum" und wir nennen sie „Besondere Wohnformen", aber es sind immer noch in sich abgeschlossene Welten, in denen wir Betreuer entscheiden. Nach wie vor erteilen nur die leistungsanbietenden Institutionen dem Personal Aufträge und nicht die behinderten Menschen.

„Hätte sich das soziale Modell tatsächlich durchgesetzt, würden wir zuvorderst die krankmachenden und behindernden Verhältnisse und nicht die ‚Kranken' und ‚Behinderten' behandeln" (Schuster 2023, 326). Heute werden mehr behinderte Menschen in stationären Einrichtungen betreut als zum Zeitpunkt des Inkrafttretens der BRK (Monitoring-Stelle UN-Behindertenrechtskonvention 2019, 19). In den Werkstätten arbeiten mehr behinderte Menschen denn je unter sich für einen monatlichen Durchschnittslohn von etwas über 200 Euro. Ein Großteil der Bewohnerinnen und Bewohner von Wohneinrichtungen fühlen sich nicht dazu ermächtigt, selbst über ihr Leben zu bestimmen (Trescher 2018a, 9). „Die Vorgaben des gouvernementalen Überbaus führen in vielen Fällen dazu, dass sich in den Wohneinrichtungen selbst informelle Praxen ausbilden. .... Dies betrifft in erster Linie die zeitliche Optimierung von Abläufen. Als Beispiel kann hier die Optimierung von Dokumentationspraxen angeführt werden, indem ein Büroarbeitsplatz im Wohnzimmer der BewohnerInnen eingerichtet wird, sodass bürokratische Tätigkeiten, wie in diesem Kontext die Dokumentation, vor Ort erledigt werden können und die MitarbeiterInnen dafür nicht die Wohngruppe verlassen oder zusätzliche Büroarbeitszeiten eingeplant werden müssen" (Trescher 2018, o. S.).

Der sozialwirtschaftliche Bereich ist der größte private Arbeitgeber in Deutschland (vgl. Wöhrle 2003, 63) mit Personal, Verwaltungen und Immobilien, die genutzt werden wollen. „Die Versorgung ist nicht mehr alleiniger Zweck, sondern wesentliches Mittel, um den Träger bzw. den Anbieter in seinem Bestand zu sichern. Klientenversorgung ist das Produkt, das den wirtschaftlichen Erfolg sichert. Folglich werden klientenbezogene Entscheidungen vermehrt auch durch wirtschaftliche Zwänge und Ziele bestimmt“ (Lutz 2008, S. 4).

So gibt es viele Hindernisse. In gesetzlichen Grundlagen wie dem Mehrkostenvorbehalt im BTHG/SGB IX, in dem Erhaltungsbedürfnis der Institutionen oder in den Köpfen und Paradigmen wie der Hartnäckigkeit der Annahme, dass es für bestimmte Menschen einen ‚stationären Hilfebedarf‘ gebe. So bleibt mit Udo Sierck festzustellen, „dass die aktuelle Struktur der Behindertenhilfe mit dem Ideal der Inklusion nicht kompatibel ist“ (Sierck 2019, 41).

12.2 Über Sprengmeister*innen und Utopien

Klaus Dörner hat 2001 eine „ethische (innere und äußere) De-institutionalisierung“ (Dörner 2001, 44) gefordert. Äußerlich geht es um die Rahmenbedingungen, die gesetzlichen Grundlagen, die Art und Struktur der Angebote. Die innere Deinstitutionalisierung betrifft das fachliche Selbstverständnis und die Haltung der Betreuer*innen.

Wir brauchen ein Unterstützungssystem, das nicht an Aussonderung, sondern an Teilhabe orientiert ist. Das haben wir jedoch nicht. Rohrmann und Weber schlagen vor, für jede einzelne stationäre Einrichtung einen Aktionsplan zu entwickeln, „wie diese aufgelöst oder so umgestaltet werden kann, dass die Wohnmöglichkeiten dort der Logik des privaten Wohnens folgen und damit dem Anspruch auf ein selbstbestimmtes Leben entsprechen“ (Rohrmann, A. & Weber 2015, 233). Mit entsprechenden Strukturen lassen sich Berührungspunkte zwischen Menschen mit und ohne Behinderung schaffen. Es muss nicht immer die „Behindertendisko“ am Freitag um 15 Uhr im Freizeitclub der Lebenshilfe sein.

Inklusion lässt sich aber nicht nur durch ein paar Maßnahmen herstellen, „sondern muss sich, als Praxis der Diskursverschiebung, in der Lebenspraxis vollziehen“ (Trescher 2018, o. S.). Es ist wichtig, Unterstützungssysteme zu ändern, aber das ist nicht alles. „Die wohlintegrierte Gemeinde, deren Bewohner mit großartiger Unmittelbarkeit und Solidarität instinktiv absolut wunderbare Dinge füreinander vollbringen, kann genau dieselbe Gemeinde sein, in der Zuwanderern, die von außerhalb in die Gegend ziehen, die Fensterscheiben eingeworfen werden“ (Sen 2007, 18) oder die behinderte Menschen nicht in ihrer Mitte duldet.

Neben neuen Angeboten brauchen wir ein neues Selbstverständnis, wie es im neuen Berufsbild Heilpädagogin/Heilpädagoge anklingt: Heilpädagogik soll sich als „Teilhabepädagogik“ verstehen (BHP 2022, 7 ff.), deren Aufgabe es ist, ohne „mildtätigem Paternalismus“ Teilhabebarrieren zu erkennen und abzubauen.

„Haltung als ein Geschehen zwischen Personen“ (Menth 2023,10) ergibt sich nicht zwangsläufig aus Versorgungsstrukturen oder Paragrafen. Als „Gast im Leben der Bewohner“ (Müller-Teusler 2008, 23) ist die Aufgabe nicht mehr das

Beseitigen oder Heilen von Störungen, auch nicht das Fördern auf einen meist doch nie erreichten Zustand hin, der dann Teilhabe ermöglichen solle. Wir sind nicht die Experten, die wissen, was für behinderte Menschen richtig ist. Wir sind bestenfalls Ratgeber, können Anregungen geben und dabei unterstützen, selbst den richtigen Weg zu finden, und zwar nicht in unseren Sondersystemen, sondern draußen, in der Gesellschaft. Wir sind nicht Herrscher über unsere Klienten, auch nicht über die Frage „ja oder nein" zur Inklusion oder Teilhabe. Wir stehen mit der Geschichte unseres Fachgebiets in der Bringschuld und Verantwortung, ein menschenrechtsbasiertes Teilhabesystem zu entwickeln und umzusetzen (vgl. Feuser 2012a, 12).

Das hört sich nicht nur nach Utopie an, das ist es auch. „Utopien können gefährlich werden, wenn sie in die Hände von Leuten geraten, die aus ihnen mit aller Macht Wirklichkeit machen wollen. Aber Utopien sind ein großartiges Mittel, um Denken und Wünschen zu üben: sich einen wünschbaren Zustand in einer denkbaren Zukunft zu imaginieren, macht den Status quo zu lediglich *einer* Variante von vielen möglichen Wirklichkeiten" (Welzer 2013, 136). Ein Nachdenken über eine auch vielleicht utopisch erscheinende Zukunft zieht Überlegungen nach sich, wie Gegenwart zu verändern ist.

„Das System lässt sich nicht von innen heraus reformieren und schon gar nicht von Menschen, die von ihm partizipieren. Da sind sich Heimbetreibende, Mitarbeitende und Heimbeiräte bzw. Werkstatträte auch unausgesprochen einig. Und auch von Angehörigen, die jedes zweite Wochenende Sohnemann und Tochterfrau nach Hause holen, dürfte wohl kaum eine systemsprengende Bedrohung ausgehen. Wenn diejenigen, die das System zu sprengen drohen, weggesperrt werden, dann gibt es innerhalb des Systems zu wenige, die es bedrohen. Druck muss also hauptsächlich von außen kommen. Konjunktiv ist keine Kunst und zu einer klaren menschenrechtlichen Umsetzung der UN-BRK braucht es weniger von denen, die mit Laptop, PowerPoint und Nadelstreifen daherkommen, sondern mehr kluge und umsichtige ‚Sprengmeister*innen'. Ein Verbündeter ist schnell ausgemacht: Die UN-BRK selbst! Wer sie anwendet, sprengt das System! Das erklärt, warum schon seit Jahren so heftig um ihre Deutungshoheit gestritten wird. Und das erklärt auch, was dringend gesucht wird: Systemsprenger!" (Frickenhaus 2022).

Dazu brauchen wir eine „störrische Professionalität" und als Gegenbegriff zur Unterwerfung unter die „Ablagerungen des Gestern" mit Worten von Michel Foucault die „freiwillige Un-Knechtschaft" oder „Entunterwerfung": „Gegenstück zu den Regierungskünsten, gleichzeitig ihre Partnerin und ihre Widersacherin, als Weise ihnen zu misstrauen, sie abzulehnen, sie zu begrenzen und sie auf ihr Maß zurückzuführen, sie zu transformieren, ihnen zu entwischen oder sie immerhin zu verschieben zu suchen …: die Kunst nicht dermaßen regiert zu werden" (Foucault 1992, 12).

13 Wer nun weiß, Gutes zu tun …

Vorhin hatte ich ein Telefonat. Ein großer Verband fragt an, ob ich für ein Interview und einen Videopodcast zur Verfügung stünde. Man sei auf mich aufmerksam geworden, weil ich mich klar gegen Heime ausspräche und es in dem Verband zwei Strömungen gäbe, nämlich die Befürworter und die Gegner stationären Wohnens.

Es ist also immer noch ein Thema. Und es ist noch immer so, dass es für eine viel zu große Gruppe behinderter Menschen nur die Wahl zwischen Elternhaus oder Heim gibt. Auch wenn in den letzten Jahren viel Geld ausgegeben und viel Papier bedruckt, viel geforscht, ausprobiert und entwickelt wurde, hat sich an diesem Dilemma nicht wirklich etwas geändert. Und wenn man dann noch bedenkt, dass die Entscheidung, stationär zu wohnen, in der Regel keine eigene Entscheidung ist, ahnt man, welche Nöte und Fragen in vielen Familien bestehen.

Das eigentliche Dilemma für behinderte Menschen besteht darin, dass Heime gesellschaftspolitisch gewollt, aber fachlich nicht notwendig sind.

In unseren vierzig Berufsjahren, die sich erst richtig verstehen lassen, wenn man sie vor dem Hintergrund der jeweiligen sozialpolitischen und gesamtgesellschaftlichen Zeit betrachtet, ist dies als zentrale Erkenntnis gereift: Veränderungswille geht nicht vom Kopf, sondern vom Herzen aus.

Der Buchtitel „Wer nun weiß, Gutes zu tun …" ist der erste Teil eines Bibelzitats, das vollständig lautet: „Wer nun weiß, Gutes zu tun und tut es nicht, dem ist es Sünde" (Brief des Jakobus 4:17). Selbstverständlich kann man sich diesen Bibelvers auch für die Sonntage aufheben und werktags unverdrossen an der Umsetzung des BTHG arbeiten, muss man aber nicht.

Wenn man ihn also mit in seinen (beruflichen) Alltag nimmt, so bedeutet er, dass es fahrlässig und schädlich ist, wenn man eine Hilfeleistung bewusst unterlässt bzw. verweigert. Das ist ein ethisch hoher Anspruch und legt die Latte auf eine Höhe, die wohl niemand überspringen kann. Dennoch ist es gut, dass sie dort liegt, denn das spornt an und das zeigt den Weg. Ansonsten würde Hilfe beliebig sein und dann wären wir bei dem, was wir kennen: Hilfe nach Kassenlage, nach wirtschaftlichen Kriterien, Hilfe nach gesellschaftlicher Bedeutung oder gar nach Volkszugehörigkeit. Das ist schon einmal schiefgegangen.

Und wenn wir unter „Hilfe nach Kassenlage" auch „Hilfe nach Kostenzusage" bzw. „Hilfe nach Fördermitteleingang" verstehen, dann ist der Satz nicht mehr so abstrakt und tut weh. Aber auch die zunehmende Professionalisierung hat eine zweite Seite, weil sie die Hilfeerbringung an definierte Bildungs- und Berufsabschlüsse, Fortbildungszertifikate und Zusatzausbildungen koppelt. Können Mitarbeitende diese nicht nachweisen, gibt es keine Hilfe. Hilfe nach Professionalisierungslage.

In den helfenden Berufen geht es nicht nur um Fachwissen, sondern es geht auch um Zugewandtheit. Es geht um soziale Kompetenzen und es geht um Ehrfurcht vor dem Leben. Wenn sich dann noch so etwas wie Betroffenheit einstellt, dann kann das die Dynamik entfachen, die es braucht, um Räder dieser Größenordnung zum Drehen zu bringen.

Und im Übrigen bestätigt sich, was der französisch-rumänische Autor und Dramatiker Eugène Ionesco einst formulierte:

„Wir glauben, Erfahrungen zu machen, aber die Erfahrungen machen uns.“

Literatur

Ackermann, Karl-Ernst; Dederich, Markus (2011): Vom Standpunkt des Anderen. Ein interdisziplinärer Diskurs über Stellvertretung und Behinderung. Oberhauen: Athena.

Adenauer, Konrad (1949): Erste Regierungserklärung von Bundeskanzler Adenauer. 20. September 1949. URL: https://www.konrad-adenauer.de/seite/20-september-1949-regierungserklaerung-des-bundeskanzlers-vor-dem-deutschen-bundestag/ (10.05.2024).

Altvater, Elmar (2003): Was passiert, wenn öffentliche Güter privatisiert werden? In: Peripherie 23(2003) 90/91, 171–201.

Aly, Götz (2012): Die Belasteten. „Euthanasie" 1939–1945. Eine Gesellschaftsgeschichte. Frankfurt/M.: Fischer.

Anders, Günther (1985): Die Antiquiertheit des Menschen. Band I. Über die Seele im Zeitalter der zweiten industriellen Revolution. 7. Auflage. München: Beck.

Antor, Georg; Bleidick, Ulrich (Hrsg.)(2001): Handlexikon der Behindertenpädagogik. Stuttgart: Kohlhammer.

Arendt, Hannah (1949): Es gibt nur ein einziges Menschenrecht. In: Die Wandlung, 4. (1949) Herbstheft, 754–770. URL: https://www.hannaharendt.net/index.php/han/article/view/154/273 (04.06.2024).

Arendt, Hannah (1950/1993): Besuch in Deutschland. Hamburg: Rotbuch-Verlag.

Baader, Gerhard (2005): Zwischen sozialpsychiatrischen Reformansätzen und Vernichtungsstrategien. In: Tögel, Christfried; Lischka, Volkmar (Hrsg.): „Euthanasie" und Psychiatrie. Uchtspringer Schriften zur Psychiatrie, Neurologie, Schlafmedizin, Psychologie und Psychoanalyse, Bd. 3. Uchtspringe: Sigmund-Freud-Zentrum, 17–36.

Backhaus-Maul, Holger (2003): Die neue Freiheit der verbandlichen Wohlfahrtspflege? Vom privilegierten Status im Sozialstaat zu Vereinbarungen in der Bürgergesellschaft. In: Hammerschmidt, Peter; Uhlendorff, Uwe (Hrsg.): Wohlfahrtsverbände zwischen Subsidiaritätsprinzip und EU-Wettbewerbsrecht. Kassel: Universität Kassel. S. 93–107.

Barsch, Sebastian (2009): Behinderte Menschen in der DDR. In: Cantow, Jan; Grüber, Karin (Hrsg.): Ein Welt ohne Behinderung. Vision oder Alptraum? Berlin: IMEW Selbstverlag. S. 51–64.

Barsch, Sebastian (2013): Geistig behinderte Menschen in der DDR. Erziehung – Bildung – Betreuung. Oberhausen: Athena.

Barton, Russel (1974): Hospitalisierungsschäden in psychiatrischen Krankenhäusern. In: Finzen, Asmus (Hrsg.): Hospitalisierungsschäden in psychiatrischen Krankenhäusern. München: Piper S. 11–79.

Basaglia, Franco (Hrsg.) (1978): Die negierte Institution oder Die Gemeinschaft der Ausgeschlossenen. Frankfurt/M.: Suhrkamp.

Basaglia, Franco; Basaglia-Ongaro, Franca (1980): Befriedungsverbrechen. In: Basaglia, Franco; Basaglia-Ongaro, Franca (Hrsg.): Befriedungsverbrechen. Über die Dienstbarkeit der Intellektuellen. Frankfurt/M.: EVA. S. 11–61.

Bauer, Annemarie; Schmidbauer, Wolfgang (2005): Im Bauch des Wals. Über das Innenleben von Institutionen. Berlin: Leutner.

Bauer, Thomas (2018): Die Vereindeutigung der Welt. Über den Verlust an Mannigfaltigkeit und Vielfalt. Stuttgart: Reclam.

Bauman, Zygmunt (1992/2002): Dialektik der Ordnung. Die Moderne und der Holocaust. Hamburg: EVA.

Bauman, Zygmunt (1995): Ansichten der Postmoderne. Berlin: Argument Sonderband 239.

Bauman, Zygmunt (1995a): Postmoderne Ethik. Hamburg: Hamburger Edition.

Bauman, Zygmunt (2005): Verworfenes Leben. Hamburg: Hamburger Edition.

Baur, Erwin; Fischer, Eugen; Lenz, Fritz (1921/1932): Menschliche Erblehre und Rassenhygiene. Band II. Menschliche Auslese und Rassenhygiene (Eugenik) von Fritz Lenz. München: Lehmanns.

Beck, Iris (1999): Der „Kunde", die Qualität und der „Wettbewerb". Zum Begriffschaos in der Wettbewerbsdebatte. In: Jantzen, Wolfgang; Lanwer-Koppelin, Willehad; Schulz, Kristina (Hrsg.): Qualitätssicherung und Deinstitutionalisierung. Berlin: Marhold. S. 35–47.

Beck, Iris (2005): Qualität in der Arbeit mit Menschen mit schwerer Behinderung. In: Bundesvereinigung Lebenshilfe (Hrsg.): Schwere Behinderung – eine Aufgabe für die Gesellschaft. Teilhabe von Menschen mit schweren Behinderungen als Herausforderung für Praxis, Wissenschaft und Politik. Marburg: Lebenshilfe. S. 183–194.

Beck, Ulrich (1999): Modell Bürgerarbeit. In: Beck, Ulrich (Hrsg.): Schöne neue Arbeitswelt. Vision: Weltbürgerschaft. Frankfurt/M.: Campus. S. 7–189.

Becker, Heinz (1984): Rehabilitationspädagogik. In: Reichmann, Erwin (Hrsg.): Handbuch der kritischen und materialistischen Behindertenpädagogik. Oberbiel: Jarick. S. 509–513.

Becker, Heinz (2020): Die große Welt und die kleine Paula. Eine Geschichte der Behinderung. Weinheim, Basel: Beltz.

Becker, Heinz (2020a): „Es ist geschehen und es kann wieder geschehen". In: Birkholz, Carmen; Knedlik, Yvonne (Hrsg.): Teilhabe bis ans Lebensende. Marburg: Lebenshilfe. S. 28–44.

Becker, Heinz (2022): „Auf den Schultern …". In: Grams, Florian; Hoffmann, Ilka (Hrsg.): „Sich vor niemandem bücken – höchstens um ihm aufzuhelfen". Zum Gedenken an Wolfgang Jantzen. Berlin: Lehmanns Media. S. 65–74.

Becker, Heinz (2023): Von isolierenden Denkmustern zu teilhabenden Handlungen. In: Menschen 46(2023)3, 41–45.

Becker, Klaus-Peter et al. (1979): Rehabilitationspädagogik. Berlin/DDR: Volk und Gesundheit.

Becker-Lenz, Roland; Müller, Silke (2009): Der professionelle Habitus in der Sozialen Arbeit. Bern: Lang.

Beine, Karl-H. (2015): 40 Jahre Psychiatrie-Enquete: von heute aus gesehen – Die Forderungen sind noch nicht erfüllt. URL: https://www.dgvt.de/aktuelles/details/?tx_ttnews%5Btt_news%5D=3950&cHash=300a32736a4ce3cfc507840d1924cb05 (31.08.2022).

Bentele, Peter; Metzger, Thomas (1996): Didaktik und Praxis der Heilerziehungspflege. Ein Lehrbuch. Freiburg: Lambertus.

Benz, Ute (Hrsg.)(2013): Festhaltetherapien. Ein Plädoyer gegen umstrittene Therapieverfahren. Gießen: Psychosozial-Verlag.

BHP (Berufsverband der Heilpädagoginnen und Heilpädagogen) (2022): Berufsbild Heilpädagogin, Heilpädagoge. Berlin: bhp.

Bielefeldt, Heiner (2006): Zum Innovationspotential der UN-Behindertenrechtskonvention. Deutsches Institut für Menschenrechte. Essay No. 5. URL: http://www.institut-fuer-menschenrechte.de/fileadmin/user_upload/Publikationen/Essay/essay_zum_innovationspotenzial_der_un_behindertenrechtskonvention_auflage3.pdf (10.05.2024).

Billroth, Theodor (1881): Die Krankenpflege im Haus und im Hospitale. Ein Handbuch für Familien und Krankenpflegerinnen. Wien: Verlag Gerold's Sohn.

Binding, Karl; Hoche, Alfred (1920): Die Freigabe der Vernichtung lebensunwerten Lebens. Ihr Maß und ihre Form. Leipzig: Verlag Meiner.

Birbaumer, Niels (2015): Dein Gehirn weiß mehr, als du denkst. Berlin: Ullstein.

Birnbaum, Norman (1997): Siegt die Marktorthodoxie, stirbt die Demokratie. Überlegungen am Ende eines zwiespältigen Jahres. In: Blätter für deutsche und internationale Politik, 42(1997)12, 1443–1456.

Blair, Tony; Schröder, Gerhard (1999): Der Weg nach vorne für Europas Sozialdemokraten, hier zit. nach http://www.glasnost.de/pol/schroederblair.html (10.05.2024).

Blasius, Dirk (1980): Der verwaltete Wahnsinn. Eine Sozialgeschichte des Irrenhauses. Frankfurt/M.: Fischer.

BMG (Bundesminister für Gesundheit) (Hrsg.)(1991): Zur Lage der Psychiatrie in der ehemaligen DDR. Bestandsaufnahme und Empfehlungen. Bonn: BMG.
Bock, Gisela (2010/1986): Zwangssterilisation im Nationalsozialismus. Neuauflage. Münster: MV Wissenschaft.
Bodenmüller, Martina (2007): Sozialberufe zwischen Arbeit und Privatleben. In: Hering, Sabine (Hrsg.): Bürgerschaftlichkeit und Professionalität. Wirklichkeit und Zukunftsperspektiven Sozialer Arbeit. Wiesbaden: VS. S. 109–114.
Boeing, Niels (2022): Bis hierher. Wie die Weltmaschine in Gang kam. https://www.zeit.de/zeit-wissen/2022/05/kapitalismus-globalisierung-industrialisierung-oekonomie/komplettansicht (10.05.2024).
Bogner, Manuel (2022): Besserer Schutz vor Gewalt. Zeit online 16.05.2022. URL: https://www.zeit.de/gesellschaft/2022-05/behinderte-behindertenbeauftragter-massnahmen-heime (10.05.2024).
Bopp, Linus (1930): Heilpädagogik und Heilerziehung. In: Deutsches Institut für wissenschaftliche Pädagogik (Hrsg.): Lexikon der Pädagogik der Gegenwart. 1. Band Abendgymnasium bis Kinderfreude. Freiburg: Herder. S. 1124–1139.
Bopp, Linus (1958): Heilerziehung aus dem Glauben, zugleich eine theologische Einführung in die Pädagogik überhaupt. Freiburg: Herder.
Bourdieu, Pierre (1987): Die feinen Unterschiede. Frankfurt/M: Suhrkamp.
Bourdieu, Pierre (2005): Die verborgenen Mechanismen der Macht. Hamburg: VSA.
Bourdieu, Pierre (2009): Entwurf einer Theorie der Praxis auf der Ethnologischen Grundlage der kabylischen Gesellschaft. Frankfurt/M.: Suhrkamp.
Bourdieu, Pierre; Waquant, Louis (1996): Reflexive Anthropologie. Frankfurt/M.: Suhrkamp.
Bradl, Christian (1996): Vom Heim zur Assistenz. Strukturelle Grenzen von ‚Selbstbestimmt Leben' im Heim. In: Bradl, Christian; Steinhart, Ingmar (Hrsg.): Mehr Selbstbestimmung durch Enthospitalisierung. Bonn: Psychiatrie-Verlag. S. 178–203.
Bradl, Christian (2003): Leben ohne Institution? In: Leben ohne Institution. Tagungsbericht. DHG Schriften 10/2003. Halle, Düren: DHG. S. 8–11.
Bradl, Christian (2015): Die Helfer als Opfer – Die Gewalt der Klienten gegenüber den Helfern. In: Gewaltsysteme und Systemgewalten. Über Gewalt in der Arbeit mit geistig behinderten Menschen. Dokumentation einer Fachtagung. Rotenburg: Rotenburger Werke. S. 97–120.
Bradl, Christian (2022): Systemische Risiken für Gewalt und mangelnden Gewaltschutz in Einrichtungen der Behindertenhilfe bei erheblich herausforderndem Verhalten. In: Behindertenpädagogik 61(2022)4, 358–383.
Braun, Hans (1985): Professionelle Hilfe und Laienhilfe in sozialpolitischer Sicht. In: Wacker, Elisabeth; Neumann, Johannes (Hrsg.): Geistige Behinderung und soziales Leben. Frankfurt/M.: Campus. S. 237–248.
Breitsprecher, Adelbert (1971): Welches Kind muss sonderpädagogisch betreut werden? Berlin: Volk und Wissen.
Bröckling, Ulrich (2000): Totale Mobilmachung. Menschenführung im Qualitäts- und Selbstmanagement. In: Bröckling, Ulrich; Krasmann, Susanne; Lemke, Thomas (Hrsg.): Gouvernementalität der Gegenwart. Frankfurt/M.: Suhrkamp. S. 131–167.
Bröckling, Ulrich (2002): Das unternehmerische Selbst und seine Geschlechter. Gender-Konstruktionen in Erfolgsratgebern. In: Leviathan 30(2002)2, 175–194.
Bröckling, Ulrich (2003): You are not responsible for being down, but you are responsible for getting up. Über Empowerment. In: Leviathan 31(2003)3, 323–344. https://www.researchgate.net/publication/251302026_You_are_not_responsible_for_being_down_but_you_are_responsible_for_getting_up_Uber_Empowerment (10.05.2024).
Bröckling, Ulrich (2005): Gleichgewichtsübungen. In: spw – sozialistische Politik und Wirtschaft 2/2005, S. 19–22. Hier zit. nach URL www.linksnet.de/de/artikel/19120 (10.05.2024).
Brumlik, Micha (2004): Advokatorische Ethik. Zur Legitimation pädagogischer Eingriffe. Wien: Philo.

Bude, Heinz (2008): Die Ausgeschlossenen. Das Ende vom Traum einer gerechten Gesellschaft. München: Hanser.

Bundesministerium für Arbeit und Soziales (2011): Übereinkommen der Vereinten Nationen über Rechte von Menschen mit Behinderungen. Erster Staatenbericht der Bundesrepublik Deutschland. URL: www.bmas.de/SharedDocs/Downloads/DE/staatenbericht-2011.pdf?__blob=publicationFile (10.05.2024).

Butterwege, Christoph (2009): Armut in einem reichen Land. Wie das Problem verharmlost und verdrängt wird. Frankfurt/M.: Campus.

Butterwege, Christoph (2010): Kinderarmut und sozialer Ausschluss. In: Zeitschrift für Inklusion 4/2010. URL: www.inklusion-online.net (10.05.2024).

Christoph, Franz (1983): Krüppelschläge. Reinbeck: Rowohlt rororo.

Clausen, Jens J. (2012): Dimensionen der Inklusion in der Behindertenhilfe und der Sozialpsychiatrie. In: Balz, Hans-Jürgen; Benz, Benjamin; Kuhlmann, Carola (Hrsg.): Soziale Inklusion. Grundlagen, Strategien und Projekte in der Sozialen Arbeit. Wiesbaden: Springer 211–223.

Dahme, Heinz-Jürgen (2008): Krise der öffentlichen Kassen und des Sozialstaats. In: Aus Politik und Zeitgeschichte 12–13/2008, 10–16.

Dahme, Heinz-Jürgen; Wohlfahrt, Norbert (2007): Vom Korporatismus zur Strategischen Allianz von Sozialstaat und Sozialwirtschaft: Neue „Sozialpartnerschaft" auf Kosten der Beschäftigten? In: Dahme, Heinz-Jürgen; Trube, Achim; Wohlfahrt, Norbert (Hrsg.): Arbeit in sozialen Diensten: flexibel und schlecht bezahlt? Zur aktuellen Entwicklung der Beschäftigungsbedingungen im Sozialsektor. Baltmannsweiler: Schneider Verlag Hohengehren, S. 22–34.

Dannenbeck, Clemens (2014): Vielfalt neu denken. Behinderung und Migration im Inklusionsdiskurs aus der Sicht Sozialer Arbeit. In: Wansing, Gudrun; Westphal, Manuela (Hrsg.): Behinderung und Migration. Inklusion, Diversität, Intersektionalität. Wiesbaden: Springer. S. 83–96.

DBK (Sekretariat der Deutschen Bischofskonferenz) (2003): Das Soziale neu denken. Für eine langfristig angelegte Reformpolitik. Bonn. URL: https://www.dbk.de/fileadmin/redaktion/veroeffentlichungen/kommissionen/Ko_28.pdf (10.05.2024).

Dederich, Markus (2013): Recht und Gerechtigkeit. In: Dederich, Markus; Greving, Markus; Mürner, Christian; Rödler, Peter (Hrsg.): Behinderung und Gerechtigkeit. Heilpädagogik als Kulturpädagogik. Gießen: Psychosozial Verlag. S. 21–35.

Degener, Theresia (2009): Die neue UN-Behindertenrechtskonvention aus der Perspektive der Disability Studies. In: Behindertenpädagogik 48(2009)3, 263–283.

Deutscher Bundestag (2016): Entwurf eines Gesetzes zur Stärkung der Teilhabe und Selbstbestimmung von Menschen mit Behinderungen (Bundesteilhabegesetz – BTHG). Bundestagsdrucksache 18/9522, 05.09.2016.

Deutscher Bundestag (1973): Enquête über die Lage der Psychiatrie in der Bundesrepublik Deutschland. Zwischenbericht der Sachverständigenkommission. URL: https://dserver.bundestag.de/btd/07/011/0701124.pdf (10.05.2024).

Deutscher Bundestag (1975): Bericht über die Lage der Psychiatrie in der Bundesrepublik Deutschland. Zur psychiatrischen und psychotherapeutisch/psychosomatischen Versorgung der Bevölkerung. URL: https://dserver.bundestag.de/btd/07/042/0704200.pdf (10.05.2024).

Dörner, Klaus (1990): Zeit und sozialer Wandel – ein Stück Psychiatriegeschichte. In: Ciompi, L.; Dauwalder, H. (Hrsg.): Zeit und Psychiatrie. Sozialpsychiatrische Aspekte. Bern: Huber, 202–214.

Dörner, Klaus (1999/1969): Bürger und Irre. Zur Sozialgeschichte und Wissenschaftssoziologie der Psychiatrie. 2. Auflage. Hamburg: eva.

Dörner, Klaus (1999): Gegen die Schutzhaft der Nächstenliebe. Publik-Forum. Zeitung kritischer Christen Nr. 15, 1999; hier nach URL: http://bidok.uibk.ac.at/library/doerner-schutzhaft.html (10.05.2024).

Dörner, Klaus (2001): Wie viel Psychiatrie soll, muss, darf sein? In: Aktion Psychisch Kranker (Hrsg.): 25 Jahre Psychiatrie-Enquete, Band 2. Bonn: Psychiatrie-Verlag. S. 44–51.

Dörner, Klaus (2002): Inklusion durch community care. In: Geißner, Ursula; Nickolai, Werner (Hrsg.): Inklusion – Exklusion. Helfende Berufe im Schatten ihrer Geschichte. Konstanz: Hartung-Gorre Verlag. S. 60–71.

Dörner, Klaus (2010): Jeder Mensch braucht seine Tagesdosis an Bedeutung für andere. Im Gespräch mit Christian Mürbeteig. In: Behinderte Menschen 33(2010)2, 30–36.

Dörner, Klaus; Plog, Ursula (1989): Irren ist menschlich. Bonn: Psychiatrie-Verlag.

Droste, Thomas (2000): Leitlinien für die Enthospitalisierung schwer geistig behinderter Menschen aus der Psychiatrie. In: Geistige Behinderung 39(2000)2, S. 125–137.

Dussel, Enrique (1989): Philosophie der Befreiung. Hamburg: Argument.

Ellger-Rüttgardt, Sieglind Luise (2008): Geschichte der Sonderpädagogik. München, Basel: Ernst Reinhardt Verlag.

Ellger-Rüttgardt, Sieglind Luise (2010): Historiographie der Behindertenpädagogik. In: Horster, Detlef; Jantzen, Wolfgang: Wissenschaftstheorie. Enzyklopädisches Handbuch der Behindertenpädagogik Band 1. Stuttgart: Kohlhammer. S. 65–95.

Engler, Wolfgang (2019): Verheißung und Enttäuschung. Die Ostdeutschen und die Demokratie. In: Blätter für deutsche und internationale Politik 64(2019)8, 73–80.

Eßbach, Siegmar und Autorenkollektiv (1981): Ein Kind kann keine Schule besuchen – hat es überhaupt eine Entwicklungschance? Berlin: Volk und Gesundheit.

Evangelischer Widerstand (o. D.): Widerstand?! Evangelische Christinnen und Christen im Nationalsozialismus. URL: https://de.evangelischer-widerstand.de/?#/menschen/Wurm/D5435 (10.05.2024).

Falkenstörfer, Sophia (2018): Fürsorge: Alltag in der Praxis – ein blinder Fleck in der Theorie. In: Lamers, Wolfgang (Hrsg.): Teilhabe von Menschen mit schwerer und mehrfacher Behinderung an Alltag | Arbeit | Kultur. Oberhausen: Athena. S. 167–180.

Falkenstörfer, Sophia (2020): Zur Relevanz der Fürsorge in Geschichte und Gegenwart. Wiesbaden: Springer VS.

Falkenstörfer, Sophia (2022): Für Sorge. Verantwortung und Sorge für Menschen mit (komplexen) Behinderungen. In: Menschen 45(2022)1, 25–30.

Fangerau, Heiner; Dreier-Horning, Anke; Hess, Volker; Laudien, Karsten; Rotzoll, Maike (Hrsg.)(2021): Leid und Unrecht. Kinder und Jugendliche in Behindertenhilfe und Psychiatrie der BRD und DDR 1949 bis 1990. Köln: Psychiatrie-Verlag.

Fengler, Christa; Fengler, Thomas (1980): Alltag in der Anstalt. Rehburg-Loccum: Psychiatrie-Verlag.

Feuser, Georg (1995): Behinderte Kinder und Jugendliche. Zwischen Integration und Aussonderung. Darmstadt: Wissenschaftliche Buchgesellschaft.

Feuser, Georg (1996): „Geistigbehinderte gibt es nicht!" In: Geistige Behinderung 1/1996, S. 18–25.

Feuser, Georg (1997): Wider die Unvernunft der Euthanasie. Grundlagen einer Ethik in der Heil- und Sonderpädagogik. Luzern: Edition SZH.

Feuser, Georg (1998): „Die Würde des Menschen ist antastbar". URL: http://bidok.uibk.ac.at/library/feuser-wuerde.html?hls=Die (10.05.2024).

Feuser, Georg (2004): Heilpädagogik – Assistenz und Anwaltschaft. In: Berufsverband der Heilpädagogen, Bericht der Fachtagung 20.–23.11.2003, Kiel: BHP-Verlag, 70–83.

Feuser, Georg (2009): Naturalistische Dogmen: Unerziehbarkeit, Unverständlichkeit, Bildungsunfähigkeit. In: Dederich, Markus; Jantzen, Wolfgang (Hrsg.): Behinderung und Anerkennung. Enzyklopädisches Handbuch der Behindertenpädagogik Bd. 2. Stuttgart: Kohlhammer, 233–239.

Feuser, Georg (2010): Die UN-Konvention und deren Relevanz für die Integration und Inklusion. Behindertenpädagogik 49(2010)1, 53–69.

Feuser, Georg (2012): Der lange Marsch durch die Institutionen … Ein Inklusionismus war nicht das Ziel! In: Behindertenpädagogik 51(2012)1, 5–34.

Feuser, Georg (2012a): Eine zukunftsfähige „Inklusive Bildung" – keine Sache der Beliebigkeit. URL: https://www.georg-feuser.com/eine-zukunftsfaehige-inklusive-bildung-keine-sache-der-beliebigkeit/ (10.05.2024).

Feuser, Georg (2013): Inklusive Bildung – ein pädagogisches Paradoxon. Vortrag Universität Potsdam 31.05.2013. https://www.georg-feuser.com/wp-content/uploads/2019/04/Feuser-G-Inklusive-Bildung-ein-p%C3%A4dagogisches-Paradoxon-06-06-2013.pdf (10.05.2024).

Feuser, Georg (2015): Inklusion. Eine Forderung nach Gleichheit, Solidarität und Bildungsgerechtigkeit. In: Behindertenpädagogik 54(2015)3, 257–269.

Feuser, Georg (2022): Zur „Banalität des Bösen" (Arendt) in Feldern der Heil- und Sonderpädagogik. Dilemmata einer Wissenschaft und ihrer Praxis als Artefakt. In: Behindertenpädagogik 61(2022) 118–136.

Finzen, Asmus (2015): Auf dem Wege zur Reform: Die Psychiatrie-Enquete wird 40. URL: http://finzen.de/pdf-dateien/psychiatriereform.pdf (10.05.2024).

Finzen, Asmus/Schädle-Deininger, Hilde (1979): „Unter elenden menschenunwürdigen Umständen" – Die Psychiatrie-Enquete. Rehburg-Loccum: Psychiatrie-Verlag.

Fischer, Dieter (1997): Am Ort der Mühe wohnen – in Förderstätte, Schule, Familie und Heim. Würzburg: edition bentheim.

Fischer, Frank (1969): Irrenhäuser. Kranke klagen an. München, Wien, Basel: Desch.

Fornefeld, Barbara (2009): Selbstbestimmung/Autonomie. In: Dederich, Markus; Jantzen, Wolfgang (Hrsg.): Behinderung und Anerkennung. Enzyklopädisches Handbuch der Behindertenpädagogik Bd. 2. Stuttgart: Kohlhammer. S. 183–187.

Forster, Rudolf (1997): Psychiatriereformen zwischen Medikalisierung und Gemeindeorientierung. Eine kritische Bilanz. Opladen: Westdeutscher Verlag.

Foucault, Michel (1973): Wahnsinn und Gesellschaft. Frankfurt/M.: Suhrkamp.

Foucault, Michel (1992): Was ist Kritik? Berlin: Merve.

Frehe, Horst (1999): Persönliche Assistenz – Eine neue Qualität ambulanter Hilfen. In: Jantzen, Wolfgang; Lanwer-Koppelin, Willehad; Schulz, Kristina (Hrsg.): Qualitätssicherung und Deinstitutionalisierung. Berlin: Marhold. S. 271–284.

Frehe, Horst (2008): Was helfen bedeutet – eine kritische Auseinandersetzung mit der professionellen Helferrolle. URL: https://www.zedis-hamburg.de/wp-content/download-pdfs/frehe_was_helfen_bedeutet.pdf (10.05.2024).

Frickenhaus, Roland (1999): Diskussionspapier zur Enthospitalisierung von stationären Einrichtungen der Behindertenhilfe im Freistaat Sachsen. URL: https://roland-frickenhaus.de/diskussionspapier-zur-enthospitalisierung (10.05.2024).

Frickenhaus, Roland (2017): Bundesteilhabegesetz: Stärkung der Steuerung schwächt das sozialrechtliche Dreieck. Kobinet Kolumne 17.04.2017. URL: https://roland-frickenhaus.de/Bundesteilhabegesetz-Steuerung-schwaecht-sozialrechtliche-dreieck (10.05.2024).

Frickenhaus, Roland (2017a): Alles auf Anfang. Kobinet-Kolumne 15.05.2017. URL: https://roland-frickenhaus.de/alles-auf-anfang (10.05.2024).

Frickenhaus, Roland (2017b): Achtung: Sturm außerhalb des Wasserglases! Kobinet Kolumne 15.03.2017. URL: https://roland-frickenhaus.de/achtung-sturm-ausserhalb-des-wasserglases (10.05.2024).

Frickenhaus, Roland (2019): Leben ist das, was uns zustößt, während wir uns etwas ganz anderes vorgenommen haben – oder: vom Unsinn der Zukunftsplanung. Kobinet-Kolumne 15.12.2019. URL: https://roland-frickenhaus.de/sinn-unsinn-zukunftsplanung (10.05.2024).

Frickenhaus, Roland (2022): Systemsprenger gesucht. URL: https://roland-frickenhaus.de/systemsprenger-gesucht (10.05.2024).

Frickenhaus, Roland; Becker, Heinz (2018): Offener Brief. URL: https://heinz-becker-bremen.de/teilhabe-am-arbeitsleben/initiative-inklusion/ (10.05.2024).

Friedman, Milton (2000): „Alle Steuern sind zu hoch". Interview von Mathias Müller von Blumencron und Ulrich Schäfer. In: Der Spiegel 41/2000 vom 08.10.2000. URL: https://www.spiegel.de/wirtschaft/alle-steuern-sind-zu-hoch-a-ef2c72ca-0002-0001-0000-000017541231 (10.05.2024).

Fröhlich, Andreas (2009): Die UN-Konvention über die Rechte behinderter Menschen – ein Schatz den wir heben müssen!" URL: http://www.basale-stimulation.de/fileadmin/Redaktion/pdf/Textversion_Un-_Konvention.pdf (12.12.2013).

Fühmann, Franz; Riemann, Dietmar (1985): Was für eine Insel in was für einem Meer. Leben mit geistig Behinderten. Rostock: Hinstorff.

Galen, Clemens August Graf von (o. D.): Predigt des Bischofs von Münster, Clemens August Graf von Galen, am Sonntag, dem 3. August 1941, in der St. Lambertikirche zu Münster. URL: www.galen-archiv.de/index.php?option=com_content&view=article&id=4&Itemid=6 (10.05.2024).

Galtung, Johan (1975): Strukturelle Gewalt. Reinbeck: Rowohlt.

Galtung, Johan (1997): Gewalt. In: Wulf, Christoph (Hrsg.): Vom Menschen. Handbuch Historische Anthropologie. Weinheim, Basel: Beltz. S. 913–919.

Galuske, Michael (2002): Flexible Sozialpädagogik. Elemente einer Theorie Sozialer Arbeit in der modernen Arbeitsgesellschaft. Weinheim, Basel: Beltz Juventa.

Galuske, Michael (2004): Der aktivierende Sozialstaat. Konsequenzen für die Soziale Arbeit. Studientexte aus der Evangelischen Hochschule für Soziale Arbeit Dresden, 4/2004. URL: https://www.khsb-berlin.de/sites/default/files/ebooks/Studientext_2004-04_Galuske.pdf (10.05.2024).

Georgens, Jan Daniel/Deinhardt, Heinrich (1861): Die Heilpaedagogik. Mit besonderer Berücksichtigung der Idiotie und der Idiotenanstalten. Erster Band. Leipzig: Fleischer.

Glammeier, Sandra (2018): Machtmissbrauch in Institutionen für Kinder und Erwachsene mit Behinderungen. In: Gemeinsam leben. Zeitschrift für Inklusion, Nr. 1/2018, 13–20.

Goffman, Erving (1973): Asyle. Frankfurt/M.: Suhrkamp.

Göring-Eckardt, Katrin; Dückert, Thea (2003): Solidarität in Bewegung. Chancen für alle. Bündnis 90/ Die Grünen – Bundestagsfraktion. Berlin 2003. URL: http://www.portal-sozialpolitik.de/uploads/sopo/pdf/2003/2003-05-22-Agenda-2010-Goering-Eckardt-Dueckert.pdf (10.05.2024).

Graf, Erich Otto (2013): Inklusion – vom Gewinn des Scheiterns. In: Behindertenpädagogik 52(2013)1, 7–22.

Grams, Florian (2020): Corona wirkt wie ein Brennglas. Teilhabe und Ausgrenzung von Menschen mit Behinderungen in der Pandemie. In: vorgänge. Zeitschrift für Bürgerrechte und Gesellschaftspolitik. 59(2020) 3–4, S. 205–212.

Grams, Wolfram (2000): Sozialarbeit als Ware oder: Das Soziale zu Markte tragen … In: Wilken, Udo (Hrsg.): Soziale Arbeit zwischen Ethik und Ökonomie. Freiburg: Lambertus. S. 77–98.

Graumann, Sigrid (2009): Die UN-Konvention für die Rechte von Menschen mit Behinderungen. In: Cantow, Jan; Grüber, Katrin (Hrsg.): Eine Welt ohne Behinderung – Vision oder Alptraum? Institut Mensch, Ethik und Wissenschaft (IMEW). S. 17–23.

Graumann, Sigrid (2011): Assistierte Freiheit. Von einer Behindertenpolitik der Wohltätigkeit zu einer Politik der Menschenrechte. Frankfurt/New York: Campus.

Greving, Heinrich; Niehoff, Dieter (Hrsg.)(2009): Bausteine der Didaktik und Methodik. Praxisorientierte Heilerziehungspflege. 3. Auflage. Troisdorf: Bildungsverlag Eins.

Gröschke, Dieter (2008): Heilpädagogisches Handeln. Eine Pragmatik der Heilpädagogik. Bad Heilbrunn: Klinkhardt.

Güse, Hans-Georg; Schmacke, Norbert (1984): Zwangssterilisiert – Verleugnet – Vergessen. Bremen: Brockkamp Verlag.

Habermas, Jürgen (2020): 30 Jahre danach: Die zweite Chance. In: Blätter für deutsche und internationale Politik 65(2020)9, 41–56.
Haeckel, Ernst (1879): Natürliche Schöpfungsgeschichte. Gemeinverständliche wissenschaftliche Vorträge über die Entwickelungslehre im Allgemeinen und diejenige von Darwin, Goethe und Lamarck im Besonderen. Berlin: Verlag G. Reimer.
Hänsel, Dagmar (2013): Inklusive Sonderpädagogik: Verbindungslinien zur Hilfsschulpädagogik. In: Behindertenpädagogik 52(2013)2, 186–200.
Hammerschmidt, Peter; Weber, Sascha; Seidenstücker, Bernd (2017): Soziale Arbeit – die Geschichte. Opladen, Berlin, Toronto: Budrich.
Helpser, Werner; Wenzel, Hartmut (1995): Reflexionen zum Verhältnis von Pädagogik und Gewalt. In: Helpser, Werner; Wenzel, Hartmut (Hrsg.): Pädagogik und Gewalt. Opladen: Leske + Budrich, S. 9–33.
Herriger, Norbert (2020): Empowerment in der Sozialen Arbeit. Eine Einführung. 6. erweiterte und aktualisierte Auflage. Stuttgart: Kohlhammer.
Herold-Weiss, Ursula (1974): Wenn dir ein Ziegel auf den Kopf fällt … In: Finzen, Asmus (Hrsg.): Hospitalisierungsschäden in psychiatrischen Krankenhäusern. München: Piper. S. 114–177.
Hinte, Wolfgang (2008): Soziale Arbeit in einem Bürgerkrieg, der nicht geführt wird. In: Hering, Sabine (Hrsg.): Bürgerschaftlichkeit und Professionalität. Wirklichkeit und Zukunftsperspektiven Sozialer Arbeit. Wiesbaden: VS. S. 181–188.
Hirschberg, Marianne (2010): Partizipation – ein Querschnittsanliegen der UN-Behindertenrechtskonvention. In: Institut für Menschenrechte: Positionen Nr. 3, hier zit. nach URL: http://bidok.uibk.ac.at/library/monitoringstelle3-hirschberg-partizipation.html (10.05.2024).
Hobsbawm, Eric (2004): Das imperiale Zeitalter. 1875–1914. Frankfurt/M.: Fischer.
Hoffmann, Thomas; Jantzen, Wolfgang; Stinkes, Ursula (Hrsg.) (2018): Empowerment und Exklusion. Gießen: Psychosozial-Verlag.
Höll, Thomas; Schmidt-Michel, Paul-Otto (1989): Irrenpflege im 19. Jahrhundert. Die Wärterfrage in der Diskussion der deutschen Psychiater. Bonn: Psychiatrie-Verlag.
Huber, Gerd (2005): Psychiatrie. Lehrbuch für Studium und Weiterbildung. Stuttgart: Schattauer (7. Aufl.).
Hübner, Ingolf (2006): Der Weg der Diakonie in der DDR. https://de.readkong.com/page/i-4-der-weg-der-diakonie-in-der-ddr-3933156 (10.05.2024).
Illich, Ivan (1979): Entmündigende Expertenherrschaft. In: Illich, Ivan u. a.: Entmündigung durch Experten. Zur Kritik der Dienstleistungsberufe. Reinbeck: Rowohlt. S. 7–35.
Irblich, Dieter (1999): Gewalt und geistige Behinderung. In: Geistige Behinderung 38(1999)2, 132–145.
Jantzen, Wolfgang (1977): Konstitutionsprobleme materialistischer Behindertenpädagogik. Lollar: Achenbach.
Jantzen, Wolfgang (1978): Behindertenpädagogik, Persönlichkeitstheorie, Therapie. Köln: Pahl-Rugenstein.
Jantzen, Wolfgang (1982): Bemerkungen zur historisch-ideologischen Bestimmtheit des Verhältnisses Helfer/Klient. In: Jantzen, Wolfgang; Feuser, Georg (Hrsg.): Jahrbuch für Psychopathologie und Psychotherapie II/1982. Köln: Pahl-Rugenstein. S. 39–72.
Jantzen, Wolfgang (1998): Die Zeit ist aus den Fugen. Marburg: BiWi-Verlag.
Jantzen, Wolfgang (2003). Unterdrückung mit Samthandschuhen – Über paternalistische Gewaltausübung (in) der Behindertenpädagogik. In: Jantzen, Wolfgang, „… die da dürstet nach Gerechtigkeit“. Deinstitutionalisierung in einer Großeinrichtung der Behindertenhilfe (302–313). Berlin: Edition Marhold. Auch URL: https://userpages.uni-koblenz.de/~proedler/res/landau.pdf (16.02.2024).
Jantzen, Wolfgang (2009): Rehistorisierung unverstandener Verhaltensweisen und Veränderungen im Feld. www.basaglia.de/Artikel/Rehistorisierung-2009.pdf (10.05.2024).

Jantzen, Wolfgang (2012): Macht, Gewalt, Herrschaft. In: Beck, Iris; Greving, Heinrich (Hrsg.): Lebenslage und Lebensbewältigung. Enzyklopädisches Handbuch der Behindertenpädagogik, Band 5. Stuttgart: Kohlhammer. S. 144–157.

Jantzen, Wolfgang (2012a): Behindertenpädagogik in Zeiten der Heiligen Inklusion. In: Behindertenpädagogik 51(2012)1, 35–53.

Jantzen, Wolfgang (2013): Reelle Subsumtion und Empowerment. In: Behindertenpädagogik 52(2013)1, 44–67.

Jantzen, Wolfgang (2015): Inklusion als Paradiesmethapher? Zur Kritik einer unpolitischen Diskussion und Praxis. In: Behinderte Menschen 38(2015)3, 13–17.

Jantzen, Wolfgang (2016): Warum Geschichte? Was und wie lernen wir aus ihr? Vortrag beim Kongress des Verbands Sonderpädagogik, Weimar 21.–23.04.2016. URL: www.basaglia.de/Artikel/Vortrag%20Weimar.pdf (10.05.2024).

Jantzen, Wolfgang (2018): Frieden als Erfahrung und Utopie. Vortrag FHS Frankfurt/M. im Rahmen der Tagung: Von (un)vernüftigen Zuständen. Krieg ist ein Gesellschaftszustand. 20.09.2018 URL: http://www.basaglia.de/Artikel/Frieden%20als%20Erfahrung%202018.pdf (10.05.2024).

Jantzen, Wolfgang; Feuser, Georg (2002). Behindertenpädagogik. Fragen der Zeit und zum „Zeitgeist“. Ein Interview vom 19. April 2001. In: Georg Feuser/Ernst Berger (Hrsg.), Erkennen und Handeln. Momente einer kulturhistorischen (Behinderten-)Pädagogik und Therapie (7–58). Berlin: Pro Busines.

Jetter, Dieter (1981): Grundzüge der Geschichte des Irrenhauses. Darmstadt: Wissenschaftliche Buchgesellschaft.

Just, Renate (1979): Schlangengruben in unserem Land. In: Zeitmagazin 20.04.1979, S. 62–63.

Kahl, Yvonne; Gundlach, Miriam (2021): Mehr sozialraumorientierte Praxis dank BTHG? Eine Analyse des gesetzlichen Rahmens und praktischer Spielräume in der Eingliederungshilfe, Teil III. Fachbeitrag D34-2021 www.reha-recht.de (10.05.2024).

Kannonier-Finster, Waltraud; Ziegler, Meinrad (2011): Institutionen und Prozesse der sozialen Exklusion. In: Behinderte Menschen 34(2011)1, 55–62.

Kant, Immanuel (1785/1906): Grundlegung zur Metaphysik der Sitten. Herausgegeben von Karl Vorländer. Leipzig: Verlag der Dürr'schen Buchhandlung.

Kappeler, Manfred (2000): Der schreckliche Traum vom vollkommenen Menschen. Rassenhygiene und Eugenik in der Sozialen Arbeit. Marburg: Schüren.

Kardorff, Ernst von; Meschnig, Alexander (2009): Selbstbestimmung, Teilhabe und selbständige Lebensführung: konzeptionelle Überlegungen. In: Garms-Homolová; von Kardorff, Ernst; Theiss, Katrin; Meschnig, Alexander; Fuchs, Harry: Teilhabe und Selbstbestimmung von Menschen mit Pflegebedarf. Frankfurt/M: Mabuse. S. 61–91.

Kirchhoff, Theodor (1890): Grundriss einer Geschichte der deutschen Irrenpflege. Berlin: Verlag von August Hirschwald.

Kirmsse, Carl Eduard (1846): Über Wartung und Pflege der Irren. Allgemeine Zeitschrift für Psychiatrie und psychisch-gerichtliche Medicin. Dritter Band, drittes Heft. Berlin: Verlag August Hirschwald. S. 447–479.

Klauß, Theo (2000): Ist Selbstbestimmung auch Menschen mit schwerer geistiger Behinderung ein sinnvolles Ziel. URL: https://www.ph-heidelberg.de/fileadmin/user_upload/wp/klauss/selbstbest_sb.pdf (10.05.2024).

Klauß, Theo (2005): Selbstbestimmung als sinnvolles Leitmotiv einer anwendungsorientierten Forschung für Menschen mit geistiger Behinderung – ein Paradigmenwechsel? URL: https://www.ph-heidelberg.de/fileadmin/user_upload/wp/klauss/Selbstbestimmung_und_Forschung_DIFGB_05.pdf (10.05.2024).

Klauß, Theo (2010): Inklusive Bildung: Vom Recht aller, alles Wichtige über die Welt zu erfahren. In: Behindertenpädagogik 49(2010)4, S. 341–374.

Klee, Ernst (1978): Psychiatrie-Report. Frankfurt/M.: Fischer.

Klee, Ernst (1979): Verleihung der „Goldenen Krücke“. In: Die Luftpumpe. Zeitung für Behinderte und Nichtbehinderte. Nr. 20, Dez. 1979, S. 3–5.

Klee, Ernst (1985): „Euthanasie“ im NS-Staat. Die „Vernichtung lebensunwerten Lebens“. Frankfurt/M.: Fischer.

Klee, Ernst (1993): Irrsinn Ost – Irrsinn West. Psychiatrie in Deutschland. Frankfurt/M.: Fischer.

Klee, Ernst (1999): NS-Behindertenmord: Verhöhnung der Opfer und Ehrung der Täter. http://bidok.uibk.ac.at/library/beh6-99-ns.html (10.05.2024).

Klee, Ernst (2006): Das Personenlexikon zum Dritten Reich. Augsburg: Weltbild.

Kleiber, Dieter; Enzmann, Dirk (1986): Helfer – Leiden: Überlegungen zum Burnout in helfenden Berufen. In: Jantzen, Wolfgang; Feuser, Georg (Hrsg.): Jahrbuch für Psychopathologie und Psychotherapie VI 1986. Köln: Pahl-Rugenstein. S. 49–78.

Klenner, Hermann (1990): Macht – Gewalt – Herrschaft. In: Sandkühler, Hans-Jörg (Hrsg.): Europäische Enzyklopädie zu Philosophie und Wissenschaften, Band 3. Hamburg: Felix Meiner Verlag. S. 114–121.

Kluge, Karl Josef; Sparty, Leo (1995): Sollen, können, dürfen Behinderte heiraten? Schriftenreihe Band 11. BAG Hilfe für Behinderte. Bad Godesberg: Rehabilitations-Verlag.

Köbsell, Swantje (2009): Behindertenbewegung. In: Dederich, Markus; Jantzen, Wolfgang (Hrsg.): Behinderung und Anerkennung. Enzyklopädisches Handbuch der Behindertenpädagogik Bd. 2. Stuttgart: Kohlhammer. S. 217–221.

Köbsell, Swantje (2012): Wegweiser Behindertenbewegung. Neues (Selbst-)Verständnis von Behinderung. Neu-Ulm: AG SPAK.

Köhler, Ernst (1977): Arme und Irre. Die liberale Fürsorgepolitik des Bürgertums. Berlin: Wagenbach.

König, Uta (1980): Die Kinder von Lüneburg. In: Der Stern Nr. 49, 27.11.1980.

Kraepelin, Emil (1900): Die psychiatrischen Aufgaben des Staates. Jena: Gustav Fischer.

Kratz, Dirk (2017): Wie Wirkungsorientierung die Adressat_innen vergisst. In: Sozial Extra 41 (2017) 32–34.

Kremsner, Gertraud (2017): Vom Einschluss der Ausgeschlossenen zum Ausschluss der Eingeschlossenen. Biographische Erfahrungen von so genannten Menschen mit Lernschwierigkeiten. Bad Heilbrunn: Julius Klinkhardt.

Kremsner, Gertraud (2019): „Damit unsere Betreuer wissen, wie die Rolle ist, wenn sie wirklich auf Hilfe angewiesen sind“ – biographische Erfahrungen zu Gewalt und Machtmissbrauch in Einrichtungen der Behindertenhilfe. In: DIFGB (Deutsche Interdisziplinäre Gesellschaft zur Förderung der Forschung für Menschen mit geistiger Behinderung e. V.): Institutionalisierte Macht & Gewalt – Reflexionen und Herausforderungen im Kontext der Behindertenhilfe. Dokumentation der Jahrestagung der DIFGB 15.-16. November 2018 in Leipzig. Leipzig: DIFGB. S. 36–49.

Kulenkampff, Caspar (2001): Grußwort des Vorsitzenden der ehemaligen Enquete-Kommission. In: Aktion Psychisch Kranker (Hrsg.): 25 Jahre Psychiatrie-Enquete, Band 1. Bonn: Psychiatrie-Verlag. S. 38–43.

Lanwer, Willehad (2011): Gibt es eine „behinderte“ Identität? Überlegungen zur Paradoxie der Funktionalität der Macht. In: Mürner, Christian; Sierck, Udo (Hrsg.): Behinderte Identität. Neu-Ulm: AG SPAK. S. 80–113.

Lehmann, Peter (2001): Wenn Psychiater zu viel von Empowerment reden. In: Aktion Psychisch Kranker (Hrsg.): 25 Jahre Psychiatrie-Enquete, Band 1. Bonn: Psychiatrie-Verlag. S. 368–373.

Lempp, Reinhart (1985): Zur Motivation der Mitarbeiter in heilpädagogischen Berufen. In: Wacker, Elisabeth; Neumann, Johannes (Hrsg.): Geistige Behinderung und soziales Leben. Frankfurt/M.: Campus. S. 266–280.

Lempp, Reinhart (1993): Pathogenität bestimmter Sozialfaktoren. In: Eggers, Christian; Lempp, Reinhart; Nissen, Gerhard; Strunk, Peter: Kinder- und Jugendpsychiatrie. 6. Auflage. Berlin, Heidelberg, New York: Springer. S. 574–586.

Liek, Erwin (1927): Der Arzt und seine Sendung. Gedanken eines Ketzers. 4. Aufl. München: Lehmanns Verlag.

Lob-Hüdepohl, Andreas (2011): Exklusive versus inklusive Solidaritäten – Anmerkungen zu soziokulturellen Deutungsmustern und professionsmoralischen Grundhaltungen. In: Dederich Markus (Hrsg.): Herausforderungen. Mit schwerer Behinderung leben. 2., unveränd. Aufl. Frankfurt am Main. S. 161–174.

Löbsack, Theo (1966): Erbverfall durch Nächstenliebe. Eugenik wird immer dringlicher. Eine Folge des medizinischen Fortschritts. In: Die Zeit 16.09.1966. www.zeit.de/1966/38/erbverfall-durch-naechstenliebe/komplettansicht (10.05.2024).

Lucke, Albrecht von (2016): Brexit oder: Die verzockte Demokratie. In: Blätter für deutsche und internationale Politik 61(2016)8, S. 5–6.

Luhmann, Niklas (1981): Politische Theorie im Wohlfahrtsstaat. Analysen und Perspektiven Bd. 8/9. München, Wien: Günter Olzog Verlag.

Lutz, Ronald (2008): Perspektiven der Sozialen Arbeit. In: Aus Politik und Zeitgeschichte. Wandel der Sozialen Arbeit (12–13/2008). S. 3–10.

Maslach, Christina (1985): Das Problem des „Ausbrennens“ bei professionellen Helfern. In: Wacker, Elisabeth; Neumann, Johannes (Hrsg.): Geistige Behinderung und soziales Leben. Frankfurt/M.: Campus. S. 249–285.

Masuch, Peter (2014): Die Bedeutung der UN-Behindertenrechtskonvention für die Reform des Teilhaberechts behinderter Menschen. In: Archiv für Wissenschaft und Praxis der sozialen Arbeit 45(2014)3, 18–29.

Mayrhofer, Hemma; Fuchs, Walter (2020): Gewalt an Menschen mit Behinderungen. In: Menschen 43(2020)3, 15–23.

Mayrhofer, Hemma; Schachner, Anna; Mandl, Sabine; Seidler, Yvonne (2019): Erfahrungen und Prävention von Gewalt an Menschen mit Behinderungen. Wien: Bundesministerium für Arbeit, Soziales, Gesundheit und Konsumentenschutz.

Mbembe, Achille (2014): Kritik der schwarzen Vernunft. Frankfurt/M.: Suhrkamp.

Menth, Michaela (2023): Heilpädagogische Haltung und die Frage nach dem guten Leben. Schweizerische Zeitschrift für Heilpädagogik, 29(2023)4, 8–12.

Mercklin, Director Dr. (1900): Zum Fachunterricht des Irrenpflegepersonals. In: Psychiatrische Wochenschrift Nr. 17, S. 169–172.

Monitoring-Stelle UN-Behindertenrechtskonvention (2019): Analyse. Wer Inklusion will, sucht Wege. Berlin: Deutsches Institut für Menschenrechte. URL: https://www.institut-fuer-menschenrechte.de/publikationen/detail/wer-inklusion-will-sucht-wege (10.05.2024).

Moser, Vera (2012): Gründungsmythen der Heilpädagogik. In: Zeitschrift für Pädagogik 58 (2012) 2, S. 262–274.

Müller, C. Wolfgang (1988): Wie Helfen zum Beruf wurde. Eine Methodengeschichte der Sozialarbeit. Band 2: 1945–1985. Weinheim, Basel: Beltz.

Müller, C. Wolfgang (1999): Wie Helfen zum Beruf wurde. Eine Methodengeschichte der Sozialen Arbeit. Band 1: 1883–1945. Weinheim, München: Juventa.

Müller-Teusler, Stefan (2008): Erst die Person, dann der Mitarbeiter, dann … In: Müller-Teusler, Stefan (Hrsg.): Autistische Menschen. Leben in stationärer Betreuung. Freiburg: Lambertus. S. 17–29.

Mürner, Christian; Sierck, Udo (2009): Krüppel Zeitung. Bilanz der Behindertenbewegung. Neu-Ulm: AG SPAK.

Neumann, Johannes (Hrsg.)(1988): Arbeit im Behindertenheim. Situationsanalyse und Strategien zu ihrer Humanisierung. Frankfurt/New York: Campus.

Nirje, Bengt; Perrin, Burton (1991): Das Normalisierungsprinzip und seine Mißverständnisse. Sonderdrucke der Lebenshilfe Österreich Bd. 3. Wien: Lebenshilfe.

Ostner, Ilona; Beck-Gernsheim, Elisabeth (1979): Mitmenschlichkeit als Beruf. Eine Analyse des Alltags in der Krankenpflege. Frankfurt/M.: Campus.

Ottnad, Adrian; Wahl, Stefanie; Miegel, Meinhard (2000): Zwischen Markt und Mildtätigkeit. Die Bedeutung der Freien Wohlfahrtspflege für Gesellschaft, Wirtschaft und Beschäftigung. München: Olzog.

Piketty, Thomas (2015): Das Kapital im 21. Jahrhundert. München: Beck.

Ploetz, Alfred (1895): Die Tüchtigkeit unserer Rasse und der Schutz der Schwachen. Berlin: S. Fischer.

Ploetz, Alfred (1906): Ableitung einer Gesellschafts-Hygiene und ihrer Beziehung zur Ethik. In: Archiv für Rassen- und Gesellschaftsbiologie 3(2), 253–259.

Pörtner, Marlis (2013): Fachkompetenz oder Mitmenschlichkeit? In: Blaha, Kathrin; Meyer, Christine; Colla, Herbert; Müller-Teusler, Stefan (Hrsg.): Die Person als Organon in der Sozialen Arbeit. Erzieherpersönlichkeit und qualifiziertes Handeln. Wiesbaden: Springer VS. S. 113–121.

Pörtner, Marlis (2018): Brücken bauen. 5. Auflage. Stuttgart: Klett-Cotta.

Pörtner, Marlis (2021): Ernstnehmen – zutrauen – verstehen. 14. Auflage. Stuttgart: Klett-Cotta.

Reil, Johann Christian (1803): Rhapsodien über die Anwendungen der psychischen Curmethode auf Geisteszerrüttungen. Halle: Curtsche Buchhandlung.

Richter, Eva (2021): Psychiatrie in der DDR. Stecken geblieben: Ansätze vor 38 Jahren. In: Deutsches Ärzteblatt (98) 6, S. A307–A310.

Richter, Helmut (2012): Vereine/Verbände. In: Beck, Iris; Greving, Heinrich (Hrsg.): Lebenslage und Lebensbewältigung. Enzyklopädisches Handbuch der Behindertenpädagogik, Band 5. Stuttgart: Kohlhammer. S. 301–305.

Rohrmann, Albrecht; Weber, Erik (2015). Selbstbestimmt Leben. In: Degener, Theresia; Diehl, Elke (Hrsg.). Handbuch Behindertenrechtskonvention. Teilhabe als Menschenrecht – Inklusion als gesellschaftliche Aufgabe (226–240). Bonn: Bundeszentrale für politische Bildung (Band 1506).

Rohrmann, Eckhard (2005): Ambulant oder stationär. Unterstützung behinderter Menschen im Rahmen der Eingliederungshilfe. URL: http://www.forsea.de/aktuelles/Ambulant%20oder%20stationaer.pdf (10.05.2024).

Rohrmann, Eckhard (2012): Leben im Heim. In: Beck, Iris; Greving, Heinrich (Hrsg.): Lebenslage und Lebensbewältigung. Enzyklopädisches Handbuch der Behindertenpädagogik, Band 5. Stuttgart: Kohlhammer. S. 277–281.

Rohrmann, Eckhard (2019): Zwischen selbstbestimmter sozialer Teilhabe, fürsorglicher Ausgrenzung und Bevormundung – Lebenslagen und Lebensbedingungen von Menschen, die wir behindert nennen. In: DIFGB (Deutsche Interdisziplinäre Gesellschaft zur Förderung der Forschung für Menschen mit geistiger Behinderung e. V.): Institutionalisierte Macht & Gewalt – Reflexionen und Herausforderungen im Kontext der Behindertenhilfe. Dokumentation der Jahrestagung der DIFGB 15.-16. November 2018 in Leipzig. Leipzig: DIFGB. S. 3–21.

Rosenhan, David L. (2006/1981): Gesund in kranker Umgebung. In: Watzlawik, Paul (Hrsg.): Die erfundene Wirklichkeit. Wie wissen wir, was wir zu wissen glauben? München, Zürich: Piper. S. 111–137.

Roth, Karl Heinz; Aly, Götz (1984): Das „Gesetz über die Sterbehilfe bei unheilbar Kranken". Protokolle der Diskussion über die Legalisierung der nationalsozialistischen Anstaltsmorde in den Jahren 1938–1941. In: Roth, Karl Heinz (Hrsg.): Erfassung zur Vernichtung. Von der Sozialhygiene zum „Gesetz über die Sterbehilfe", Berlin: Verlagsgesellschaft Gesundheit, 101–179.

Salomon, Alice (1908): Soziale Frauenbildung. Leipzig, Berlin: Teubner.

Sarrazin, Thilo (2009): Masse statt Klasse. Von der Hauptstadt der Transferleistungen zur Metropole der Eliten. In: Lettre International, 86/2009, S. 197–201.

Schäper, Sabine (2006): Ökonomisierung in der Behindertenhilfe. Berlin: Lit-Verlag.

Schäper, Sabine (2023): Machtstrukturen – Wissensordnungen – Subjektivierungsweisen. In: Behindertenpädagogik 62(2023)2, 123–139.

Scharmer, Otto (2009): Theorie U. Von der Zukunft her führen. Heidelberg: Carl-Auer-Verlag.

Scheidler, Fabian (2017): Das Ende der Megamaschine. Wien: Promedia.

Scheidler, Fabian (2017a): Der digitalisierte Mensch. Unser Leben in der Matrix. In: Blätter für deutsche und internationale Politik 62(2017)12, S. 95–104.

Schmalohr, Emil (1968): Frühe Mutterentbehrung bei Mensch und Tier. München, Basel: Reinhardt.

Schmidbauer, Wolfgang (2015): Hilflose Helfer. Über die seelische Problematik der helfenden Berufe. 20. Auflage. Reinbek: Rowohlt.

Schmuhl, Hans-Walter (1987): Rassenhygiene, Nationalsozialismus, Euthanasie. Göttingen: Vandenhoeck & Ruprecht.

Schmuhl, Hans-Walter (2009): Menschen mit Behinderungen im Spannungsfeld von Exklusion und Inklusion. Vorüberlegungen zu einer notwendigen Erweiterung der Sozialgeschichte Deutschlands im 20. Jahrhundert. In: Cantow, Jan; Grüber, Katrin (Hrsg.): Eine Welt ohne Behinderung – Vision oder Alptraum? Institut Mensch, Ethik und Wissenschaft (IMEW). S. 24–49.

Schneider, Michael (2000): Normalisierung durch Arbeitsintegration: Eine Utopie? In: Jakobs, Hajo; König, Andreas; Theunissen, Georg (Hrsg.): Lebensräume – Lebensperspektiven. Ausgewählte Beiträge zur Situation Erwachsener mit geistiger Behinderung. Butzbach-Griedel: Afra. S. 192–228.

Scholz, L. (1900): Eigene Zimmer für das Pflegepersonal. In: Psychiatrische Wochenschrift Nr. 50, 457–460.

Schönwiese, Volker (2011): Behinderung und Identität: Inszenierungen des Alltags. In: Mürner, Christian; Sierck, Udo (Hrsg.): Behinderte Identität. Neu-Ulm: AG SPAK. S. 143–162.

Schönwiese, Volker (2011a): Pädagogische Machtverhältnisse, Gewalt und Behinderung. URL: https://bidok.library.uibk.ac.at/obvbidoa/download/pdf/7362266?originalFilename=true (10.05.2024).

Schröder, Gerhard (2002): Gerechtigkeit im Zeitalter der Globalisierung schaffen – für eine Partnerschaft in Verantwortung. Regierungserklärung von Bundeskanzler Gerhard Schröder vor dem Deutschen Bundestag am 29. Oktober 2002 in Berlin. Berlin: Presse- und Informationsamt der Bundesregierung. URL: http://www.ag-friedensforschung.de/themen/Aussenpolitik/regierungserklaerung02.html (10.05.2024).

Schröttle, Monika et al.; Institut für empirische Soziologie (2021): Gewaltschutzstrukturen für Menschen mit Behinderungen – Bestandsaufnahme und Empfehlungen. Nürnberg: ifes.

Schuppener, Saskia (2007): Geistig- und Schwermehrfachbehinderungen. In: Borchert, Johann (Hrsg.): Einführung in die Sonderpädagogik. München: Oldenbourg. S. 111–147.

Schuster, Stefan (2023): Die Forderung nach Inklusion in einer verkehrten Welt. In: Behindertenpädagogik 62(2023)4, 317–331.

Schwarte, Norbert (2010): Sozialraumorientierung und Behinderung – eine Herausforderung für Sozialleistungsträger, Gemeinden, Einrichtungen und Dienste. URL: http://www.drachensee.de/uploads/media/Schwarte_2010_-_Sozialraumorientierung.Vortrag.pdf (22.07.2012).

Seifert, Ilja (1990): Für eine bessere deutsche Republik ohne Entmündigung. In: Randschau 8(1990)2, 6–9.

Seithe, Mechthild (2010): Schwarzbuch Soziale Arbeit. Wiesbaden: VS Verlag für Sozialwissenschaften.

Seithe, Mechthild (2013): Was ist gute Soziale Arbeit? Professionelle versus neosoziale Sicht in der Qualitätsdebatte. In: SozialAktuell Heft 3/2013, S. 14–16. URL: http://zukunftswerkstatt-soziale-arbeit.de/wp-content/uploads/2014/12/2013-sozialaktuell-Schweiz-Was-ist-gute-Soziale-ARbeit-.pdf (10.05.2024).

Sen, Amartya (2007): Die Identitätsfalle. Warum es keinen Krieg der Kulturen gibt. Bonn: Bundeszentrale für politische Bildung.

Sengelmann, Heinrich (1885): Idiotophilus. Sytsematisches Lehrbuch der Idioten-Heilpflege. Norden: Dietr. Soltaus's Verlag.

Sennett, Richard (2010): Der flexible Mensch. 7. Auflage. Berlin: Berlin Taschenbuch Verlag.

Sierck, Udo (2019): Macht und Gewalt – Tabuisierte Realitäten in der Behindertenhilfe. Weinheim: Beltz.

Sierck, Udo (2020): Macht und Gewalt. In: Menschen 43(2020)3, 25–29.

Sierck, Udo/Mürner, Christian (1995): Stellvertretung und Gewalt. In: Jantzen, Wolfgang (Hrsg.): „Euthanasie – Krieg – Gemeinsinn. Solidarisch handeln, demokratisch verantworten". Für ein humanes Leben aller. Münster: LIT. S. 316–319.

Snell, Otto (1897): Grundzüge der Irrenpflege für Studirende und Aerzte. Berlin: Verlag von Georg Reimer.

Sollier, Paul (1891): Der Idiot und der Imbecille. Eine psychologische Studie. Hamburg, Leipzig: Verlag Leopold Voss.

Speck, Otto (1972): Der geistigbehinderte Mensch und seine Erziehung. München: Reinhardt.

Speck, Otto (1988): Heilpädagogik. Eine ökologisch reflexive Grundlegung. München: Reinhardt.

Speck, Otto (1999): Die Ökonomisierung sozialer Qualität. München, Basel: Reinhardt.

Speck, Otto (2004): Marktgesteuerte Qualität – eine neue Sozialphilosophie? In: Peterander, Franz; Speck, Otto (Hrsg.): Qualitätsmanagement in sozialen Einrichtungen. München, Basel: Reinhardt. S. 15–30.

Speck, Otto (2011): Soziale Inklusion als pädagogische Idee und gesellschaftliche Herausforderung. In: Kulig, Wolfram; Schibort, Kerstin; Schubert, Michael (Hrsg.): Empowerment behinderter Menschen. Stuttgart: Kohlhammer. S. 285–294.

Spitz, René (1970): Nein und Ja. Die Ursprünge der menschlichen Kommunikation. Stuttgart: Klett-Cotta.

Stadler, Daniel; Gut, Damaris (2022): „Literatur kann zu einer Kultur der Empathie beitragen". In: Schweizerische Zeitschrift für Heilpädagogik 28(2022)7–8, 8–15.

Staub-Bernasconi, Silvia (2008): Kommunitarismus, Effizienzorientierung und Menschenrechte als Herausforderungen an die Soziale Arbeit. In: Hering, Sabine (Hrsg.): Bürgerschaftlichkeit und Professionalität. Wirklichkeit und Zukunftsperspektiven Sozialer Arbeit. Wiesbaden: VS. S. 59–64.

Staub-Bernasconi, Silvia (2016): Macht und (kritische) Soziale Arbeit. In: Kraus, Björn; Krieger, Wolfgang (Hrsg.): Macht in der Sozialen Arbeit. 4. überarbeitete Auflage. Lage: Jacobs. S. 395–424.

Stein, Anne-Dore (2013): Inklusion ist nicht voraussetzungslos: historische und aktuelle Implikationen. In: ARCHIV für Wissenschaft und Praxis der Sozialen Arbeit 44(2013)3, 4–15.

Steinrück, Peer (2003): Etwas mehr Dynamik bitte. In: Die Zeit Nr. 47 13.11.2023. URL: https://www.zeit.de/2003/47/Steinbr_9fck (10.05.2024).

Steinhoff, Michael; Trobisch, Achim (2014): Behindertenhilfe in der DDR. In: Orientierung 3/2014, S. 17–21.

Stövesand, Sabine (2007): Gemeinwesenarbeit als Instrument neoliberaler Politik? URL: https://www.stadtteilarbeit.de/index.php/gemeinwesenarbeit/grundlagen/gemeinwesenarbeit-als-instrument-neoliberaler-politik (10.05.2024).

Stövesand, Sabine (2011): Gemeinwesenarbeit als Instrument neoliberaler Politik?, Online unter https://www.stadtteilarbeit.de/gemeinwesenarbeit/grundlagen/gemeinwesenarbeit-als-instrument-neoliberaler-politik (10.05.2024).

Thesing, Theodor (2011): Heilerziehungspflege. Ein Lehrbuch zur Berufskunde. 8. Auflage. Freiburg: Lambertus.

Theunissen, Georg (2009): Wohnen und Leben in der Gemeinde. In: Schwalb, Helmut; Theunissen, Georg (Hrsg.): Inklusion, Partizipation und Empowerment in der Behindertenarbeit. Best-Practice-Beispiele: Wohnen – Leben – Arbeit – Freizeit. Stuttgart: Kohlhammer. S. 37–42.

Theunissen, Georg (2012): Lebensweltbezogene Behindertenarbeit und Sozialraumorientierung. Freiburg: Lambertus.

Tölle, Rainer; Windgassen, Klaus (2003): Psychiatrie. 13. Auflage. Berlin: Springer.

Toresini, Lorenzo (1990): Der Mythos vom harten Kern. http://bidok.uibk.ac.at/library/toresini-kern.html (10.05.2024).

Trescher, Hendrik (2018): Inklusion und Dekonstruktion. In: Zeitschrift für Inklusion 2/2018. URL: https://www.inklusion-online.net/index.php/inklusion-online/article/view/411/348 (10.05.2024).

Trescher, Hendrik (2018a): Selbstbestimmung – Ambivalenzen pädagogischen Handelns. www.szh-csps.ch/z2018-07-01 Schweizerische Zeitschrift für Heilpädagogik, 24(2018)7–8, 6–12.

Urig, Stefanie (2020): Wie wir uns die Zukunft ausmalen. In: Spektrum.de, 21.06.2020. URL: https://www.spektrum.de/news/kognition-wie-wir-uns-die-zukunft-vorstellen/1744962 (10.05.2024).

Varoufakis, Yanis (2017): Die ganze Geschichte. Meine Auseinandersetzung mit Europas Establishment. München: Kunstmann.

Vetter, Theo (1972): Das geistig behinderte Kind, seine Bildung und Erziehung. Villingen: Neckar-Verlag.

Verschuer, Otmar Freiherr von (1937): Erbpathologie. Dresden, Leipzig: Verlag Steinkopff.

Wacker, Elisabeth; Metzler, Heidrun; Trost, Rainer; Kolbe, Hermann (1985): Belastungselemente in der Arbeitssituation professioneller Behindertenbetreuer. In: Wacker, Elisabeth; Neumann, Johannes (Hrsg.)(1985): Geistige Behinderung und soziales Leben. Frankfurt/M.: Campus. S. 281–299.

Wacker, Elisabeth; Wetzler, Rainer; Metzler, Heidrun; Hornung, Claudia (1998): Leben im Heim. Angebotsstrukturen und Chancen selbständiger Lebensführung in Wohneinrichtungen der Behindertenhilfe. Band 102 Schriftenreihe des Bundesministeriums für Gesundheit. Baden-Baden: Nomos.

Walpen, Bernhard (2003): „Armee ist bloß ein Plural von Soldat" oder: Methodologische Robinsonaden. Zum Verhältnis von Neoliberalismus und „methodologischem Individualismus". In: Peripherie 23(2003) 90/91. Verlag Westfälisches Dampfboot, Münster, S. 263–292.

Walpen, Bernhard (2004): Die offenen Feinde und ihre Gesellschaft. Eine hegemonietheoretische Studie zur Mont Pélerin Society. Hamburg: VSA.

Wallraff, Günter (1969): 13 unerwünschte Reportagen. Köln: Kiepenheuer & Witsch.

Weber, Max (1972): Wirtschaft und Gesellschaft. Tübingen: Mohr.

Weingärtner, Christian (2005): Selbstbestimmung und Menschen mit schwerer geistiger Behinderung. Dissertation Eberhard-Karls-Universität Tübingen. URL: https://publikationen.uni-tuebingen.de/xmlui/bitstream/handle/10900/47332/pdf/ydisscopy.pdf?sequence=1 (10.05.2024).

Weizsäcker, Richard von (1993): Ansprache von Bundespräsident Richard von Weizsäcker bei der Eröffnungsveranstaltung der Tagung der Bundesarbeitsgemeinschaft Hilfe für Behinderte. URL: www.bundespraesident.de/SharedDocs/Reden/DE/Richard-von-Weizsaecker/Reden/1993/07/19930701_Rede.html (10.05.2024).

Welzer, Harald (2013): Selbst denken. Eine Anleitung zum Widerstand. 2. Aufl. Frankfurt/M.: S. Fischer.

Welzer, Harald (2019): Mehr Zukunft wagen. Zeit für Wirklichkeit – aber eine andere. In: Blätter für deutsche und internationale Politik 64(2019)4, 53–64.

Werner, C. (1900): Zur Wärterfrage. In: Psychiatrische Wochenschrift Nr. 16, S. 157–159.

WHO (Weltgesundheitsorganisation)(2003): Weltbericht Gewalt und Gesundheit. URL: https://iris.who.int/bitstream/handle/10665/42512/9241545623_ger.pdf;js (10.05.2024).

Wichterich, Christa (2017): Der neue Businessfeminismus. In: Blätter für deutsche und internationale Politik 62(2017)7, S. 79–85.

Wocken, Hans (2011): Über die Entkernung der Behindertenrechtskonvention. Zeitschrift für Inklusion 4, 2011. www.inklusion-online.net (10.05.2024).

Wohlfahrt, Norbert (2004): Wer steuert die Diakonie wohin? In: Ulshöfer, Gotling; Bartmann, Peter; Segbers, Franz; Schmidt, Kurt W.: Ökonomisierung der Diakonie. Kulturwende im Krankenhaus und bei sozialen Einrichtungen. Frankfurt/M.: Haag + Herchen. S. 66–72.

Wöhrle, Armin (2003): Grundlagen des Managements in der Sozialwirtschaft. Baden-Baden: Nomos.

Wulff, Erich (1983): Sozialpolitische Probleme beim Übergang von der Anstaltspsychiatrie zur gemeinsamen Psychiatrie. In: Jantzen, Wolfgang/Feuser, Georg (Hrsg.): Jahrbuch für Psychopathologie und Psychotherapie III/1983. Köln: Pahl-Rugenstein, 12–18.

Wulff, Erich (2007): Der marktwirtschaftliche Überfall auf die Psychiatrie. Zum Vorrücken des neoliberalen Zeit- und Sprachregimes. In: Forum Kritische Psychologie 51, 6–12. URL: https://www.kritische-psychologie.de/2007/fkp-51 (10.05.2024).

Wunder, Michael (2006): Community Care und bürgerschaftliches Engagement: Chancen und Risiken. In: Inklusion online 2/2006. URL: www.inklusion-online.net (10.05.2024).

Wunder, Michael (2010): Inklusion – nur ein neues Wort oder ein anderes Konzept. In: Wittig-Koppe, Holger; Bremer, Fritz; Hansen, Hartwig (Hrsg.): Teilhabe in Zeiten verschärfter Ausgrenzung?. Neumünster: Paranus. S. 22–37.

Zedler, Johann Heinrich (1731–1754): Großes vollständiges Universal-Lexicon aller Wissenschaften und Künste. Band 52 https://www.zedler-lexikon.de/ (10.05.2024).

Ziegler, K. (1901): Unser Erziehungsberuf an Schwachsinnigen. In: Die Kinderfehler. Zeitschrift für Kindesforschung unter besonderer Berücksichtigung der pädagogischen Pathologie. 6. Jahrgang. Langensalza: Verlag Hermann Beyer und Söhne. S. 97–101.

Ziemen, Kerstin (2011): Habitus. In: Dederich, Markus, Jantzen, Wolfgang, Walthes, Renate (Hrsg): Sinne, Körper und Bewegung. Enzyklopädisches Handbuch der Behindertenpädagogik Band 9. Stuttgart: Kohlhammer, 122–129.

Zimmer, Katharina (1979): Die Gesellschaft der harten Herzen. In: Die Zeit Nr. 17/1979, S. 1.